철수회哲隨會 15인의 철학수필·7

인간
철학 · 수필

철수회哲隨會 15인의 철학수필·7

인간·철학·수필

초판 1쇄 발행 2025년 9월 18일

지은이 맹난자 외 14인
펴낸이 정선모
디자인 유정인

펴낸곳 도서출판 SUN
출판등록 제25100-2016-000022호
주 소   서울시 노원구 덕릉로 94길 21. 205-102
mobile 010. 5213. 0476
e-mail 44jsm@hanmail.net

ISBN 979-11-88270-97-2 (03810)
값 15,000원

철수회哲隨會 15인의 철학수필·7

인간
철학 · 수필

SUN

철수회의 일곱 번째 책을 펴내며

작년에 '철수회'의 여섯 번째 책을 낸 이후 시간상으로는 만 1년밖에 지나지 않았다. 그 반응을 미처 다 살피기도 전에, 시간의 화살은 우리를 하루가 다르게 변하는 AI 세계로 성큼 데려다 놓았다. 챗GPT를 우리의 경쟁자로 볼 것이냐 아니면 동행자로 보아 비서처럼 활용할 것이냐 하는 이슈가 지금 우리의 당면 과제로 떠올랐다.

이 글을 쓰기 전에 챗GPT에 철학적 에세이와 문학의 차이점이 무엇이냐고 물었더니 기대했던 이상의 지적인 답이 바로 돌아왔다. 철학과 문학의 공통점은 '인간 존재의 의미, 삶의 목적, 도덕적 가치, 사회적 문제, 우주의 본질 등 근본적인 질문'에 접근하는 점이나 그 접근 방식에서 차이가 있다는 것이다. 철학적 에세이는 명확한 주장과 논증을 제시하고 독자의 이성적 이해를 목표로 하지만, 문학의 장르들은 작가의 경험, 감정, 상상력으로 세계를 재현하여 독자의 공감, 정서적 체험, 미적 감동을 불러일으킨다. 우리가 하는 말로 철학이 '주장'으로 독자들이 철학적 사유를 경험하도록 하는 것이라면, 문학은 '보여줌'으로 의미를 전달하여 독자가 스스로 진리를 발견하게 한다는 것이다. 그 이상 더 어떻게 철학과 문학을 알려준단 말인가.

지금이 바야흐로 AI 시대인 것이 맞고 우리의 스승, 동료, 벗으로 챗GPT를 환영하지 않을 수 없게 되었다. 하지만 우리에게 할 일은 여전히 남아 있다. 철학과 문학을 통합하여 철학도 되면서 문학도 되는 새로운 영역을 개척하는 일 말이다. 바로 철수회 존재 이유다.

　이 책의 구성은 세 부분으로 되어 있다. 첫 번째는 '사랑'이라는 공동주제를 다뤘다. 철학자 엄정식 교수의 초대수필 〈사랑에 관하여〉는 이 책 전체를 관통하는 물음의 시작이다. 우리는 왜 여전히 사랑을 이야기해야 하는가. 왜 늘 새롭게 사랑을 배워야만 하는가. 엄 교수는 플라톤에서 아우구스티누스, 러셀에 이르기까지 철학자들이 사랑을 어떻게 사유했는지 섬세히 짚어주었다. 사랑이란 결국 "고통을 감내하는 기술이자, 존재가 존재로서 머무르기 위한 절실한 다짐"임을 설득력 있게 보여준다.

　이어지는 필자들의 글은 삶의 한 가운데서 본 사랑을 자유롭게 피력한다. 어떤 글은 철학자들의 언어를 통해 사랑의 본질을 묻고, 어떤 글은 문학작품 속 인물과 서사를 통해 사랑이 갖는 윤리적 의미를 탐색한다. 또 어떤 글은 한 사람의 기억 속에 남은 오래된 풍경과 목소리를 따라가며, 사랑이란 결국 누군가를 끝까지 기억하는 일임을 일깨운다. 이 글들은 사랑을 존재와 언어, 책임과 관계의 문제로까지 확장시킨다.

두 번째는 문학과 철학을 가로지르는 작가론과 작품론이다. 각각의 필자는 자신이 주목한 작가와 작품을 깊이 있게 분석한다. 조선시대 서화담에서 현대의 한강과 이승우까지, 서구의 하이데거와 메를로퐁티에서 사라마구까지, 동서고금을 아우르는 작가들과 작품들이 등장한다. 이 비평적 글들은 문학과 철학의 경계 위에서 인간 존재의 진실을 읽어내려 한다.

세 번째는 삶의 구체적 경험에서 우러나온 자유주제의 수필들이다. 이 글들에는 개인의 삶을 깊이 들여다보는 진솔한 시선이 담겨 있다. 병고의 시간에서 발견한 삶의 의미, 세월의 경계에서 만난 예기치 못한 깨달음, 스승의 한마디에서 비롯된 내면의 변화 등. 이 책의 가장 큰 힘은 바로 다양성 속의 진정성이다. 글마다 사유의 결이 다르고, 문장의 리듬도 다르지만, 모든 글이 하나의 태도를 공유하고 있다. 조급하지 않으면서도 끝까지 정직하게 질문을 던진다는 점에서, 이 책은 여러 방향으로 뻗어 나가면서도 어느 한 자리에 함께 머무른다. 그것은 아마도 '생각하는 삶'을 향한 공통된 열망일 것이다.

지금 우리는 빠르게 변하는 시대를 살고 있다. 즉답을 요구하는 질문들과 단순화된 감정에 익숙한 세태 속에서 이 책은 오히려 속도를 늦추고, 삶을 깊이 있게 들여다보려고 시도하며, 구석구석에서 건져 올린 작고 확실한 감정들을 섬세하게 그려낸다. 독자들은 이 책을 통해 사유의 여유와 깊이를 되찾고, 자신만의 질문을 발견하며, 타인과 세계를 이해하는 새로운 언어를 만날 수 있기를 기대한다.

이 책이 어떤 확정된 답을 제시하려는 것은 아니다. 오히려 서로 다르기 때문에 더 풍성해지는 사유의 지형을 함께 그리려는 탐구이자, 각자의 시선을 통해 자신을 돌아보게 하는 기회를 제공한다.

이 책에 동참해 주신 엄정식 교수님과 후배들을 격려하기 위해 큰마음을 내주신 백임현 원로작가 등 염천의 날씨에도 불구하고 원고를 써주신 철수회 회원들께 깊은 감사를 드린다.

2025년 가을에
성민선

인간·철학·수필

사랑에 관하여

엄정식서강대 명예교수

|

요즈음 유난히 '사랑'이라는 표현을 많이 쓰는 것 같다. 우리에게 서로 사랑해야 할 일이 많아졌기 때문이기도 하겠지만 그 표현이 다소 헤퍼진 탓도 있을 것이다. 특히 영어권의 문화가 만연하여 이 문화권의 표현 방식이 우리의 일상생활에 영향을 끼쳤기 때문이기도 하다. 잘 알려져 있는 바와 같이 서구 문화권에서는 '사랑하다love'라는 표현을 매우 광범위하게 써서 '좋아하다', '즐기다', '귀엽다' 뿐만 아니라 육체적인 성관계를 갖고 싶다는 뜻에 이르기까지 아주 다양하게 활용하는 경향이 있다. 이러한 표현을 주로 은밀한 장소에서 아주 내밀한 감정을 떨리는 목소리로 전달하던 우리 문화권의 기성세대에게는 다소 혼란스러운 것도 사실이다.

물론 비트겐슈타인L. Wittgenstein이 주장하듯이, 어떤 표현의 의미는 고정되어 있는 것이 아니라 쓰이는 맥락에 따라 달라지기 때문에 그것이 어떻게 쓰이는지 살펴보지 않으면 안 된다. 더구나 어떤 단어의 필요충분조건을 찾는 것은 가능하지도 않고 바람직한 것도 아니다. 그러나 오늘날 우리 사회에서처럼 사랑이란 단어가 이토록 애매하게 쓰이면 원래 혼란스러웠던 그 표현이 더욱 혼란스러워질 것임이 틀림없다. 도대체 "주님은 당신을 사랑합니다"와 "고객님, 사랑합니다" 사이에 어떤 공통점이 있을까. 이 사랑들은 괴테의 '젊은 베르테르'가 절규하던 그 절망적이고 치명적인 사랑, 그리고 네루다Pablo Neruda가 "사랑은 그토록 짧고, 왜 망각은 이토록 긴가?"라고 읊었을 때 그 사랑과는 어떤 관계를 지니는 것일까.

일반적으로 사랑은 인간의 근원적인 감정으로서 모든 인류에게 공통적이고 보편적으로 적용되는 생래적이고 생물학적인 경험이기도 하다. 그것은 또한 문화적 차원에서 인격적인 교제를 통해 인간적인 삶 자체를 가능하게 하는 감정이며, 그렇기 때문에 역사적으로나 지리적으로 혹은 교제의 형태에 따라 다양하게 나타날 수밖에 없다. 흔히 증오의 대립 개념으로 이해되기도 하나 아주 광범위한 뜻으로 해석하여 사랑을 생명의 근원적인 원리로 파악하면 오히려 그것을 포용하는 개념이 된다. 사실 이러한 경우에는 그것이 인간의 원초적인 생리적 표현이기 때문에 특별히 누구를 사랑하라고 가르치는 것은 사소한 일이 되어버리고 만다. 여하튼 사랑은 매우 광범위하고 심오한 감정이기 때문에 인간의 본성에 관해 관심이 있다면 당연히 이 주제를 한 번쯤 진지하게 다루어보지 않으면 안 된다.

‖

흥미롭게도 철학자들은 사랑의 문제에 대해서 본격적으로 탐구하려는 자세를 별로 보이지 않는 편이다. 아마 철학은 어떤 주제를 다루든지 간에 그것을 합리적으로 체계화하려는 경향이 있고, 사랑과 같은 원초적 감정을 합리화하는 데에는 분명히 한계가 있기 때문일 것이다. 더구나 철학자들은 동서와 고금을 막론하고 철학한다는 것이 스스로 감정을 제어하고 다스려야 하는 수련으로 인식되기도 했기 때문에, 이 학문의 연마를 통해서 모든 감정의 근원이라고 할 수 있는 본능적 사랑을 전면에 부각시키는 것은 바람직하지 않은 것으로 간주할 수도 있다.

서양철학에서 사랑을 논의할 때 교과서적으로 플라톤의 《향연》을 언급한 다음 대뜸 아우구스티누스로 내려와서 기독교적인 '사랑의 질서ordo amoris'를 논의하게 되는데, 여기서 우리는 철학자들이 이 주제를 교묘하게 회피할 뿐만 아니라 그것을 다룬다고 해도 슬쩍 서둘러 형이상학적이거나 종교적인 맥락으로 흘러가 버리는 경향이 있음을 엿볼 수 있다. 가령 플라톤은 육체보다는 아름다운 영혼의 사랑을 강조하며, 아우구스티누스의 경우 진정한 의미의 사랑은 뉴턴의 중력과도 같은 것이어서 신을 향한 사랑이 있을 뿐이다. 이와 같이 인간을 이성적 동물로 취급하는 철학에서 남녀의 사랑은 하나의 우발적인 사건이고 흐려진 이성에 유감스러운 결과를 초래하는 감정의 혼돈에 불과하다고 여기기도 하는 것이다.

《향연》에서 플라톤은 사랑을 논의함에 있어서 무엇보다 인간은 완전한 존재가 아님을 전제로 한다. 따라서 인간의 사랑도 완벽하지 않다. 신화에 나오는 사랑의 신 에로스는 궁핍의 신인 페니아와 풍요의 신인 포로스의 자식으로 되어 있다. 사랑에 빠지면 갈망하는 마음을 충족시키고자 허둥대는 이유가 여기에 있다고나 할까. 이러한 상황에서 플라톤은 바람직한 사랑을 위해서는 우선 바람직한 육체를 지녀야 육체적 아름다움을 지닌다는 점을 강조한다. 이러한 몸을 가진 사람을 많이 알게 되면 이제 육체적 아름다움 그 자체를 찾게 된다. 그러나 인간의 정신은 육체보다 훨씬 더 아름답기 때문에 정신적 아름다움을 사랑하는 것이 더 바람직하다고, 그리하여 결국 바람직한 삶을 살게 될 것이라고 역설한다. 이와 같이 그에게 사랑은 육체적 즐거움을 넘어 정신의 고귀함으로 우리를 이끄는 가교의 역할을 한다고 말할 수 있다.

한편 아우구스티누스에게 인간은 하나의 피조물로서 신의 은총을 받지 못하면 긴장과 갈망 속에서 헤맬 수밖에 없으며 인간의 욕구와 충동은 이 은총을 받아보려는 몸부림에 지나지 않는다. 그에 의하면 인간이 "신을 향해 있다는 사실은 본성에 바탕을 둔 것"이며, 이 본성 혹은 자연에 따라 일정한 방향으로 움직이는 역동적인 힘을 그는 '사랑'이라고 부른다. 말하자면 질량을 가진 모든 물체가 인력에 따라 움직이듯이 영혼을 가진 인간들은 사랑의 빛을 좇아 신에게로 향한다는 것이다.

사실 남녀 간의 사랑을 특별한 주제로 다루었던 다른 철학자들도 대부분 피상적으로 접근했거나 우리를 더욱 혼란에 빠뜨리는 편이었다. 가령 쇼펜하우어, 키르케고르, 니체, 사르트르, 푸코 등이 그 좋은 예인데, 이들의 입장을 추적하다 보면 결국 미로에서 헤매기 십상이다. 그렇지 않으면 그리스도교적 취향에 따라 '존재론적' 사랑을 거론하게 된다. 가령 쉘러Max Scheler는 사랑을 "자신의 자아를 총체적 존재에게 바치는 것"으로 규정하고, 그렇기 때문에 사랑을 통해 그 존재의 본질이 나타나며 그러한 의미로 그것은 "현상학적 지식의 한 국면"을 드러낸다고 한다. 역시 사랑은 야스퍼스K. Jaspers가 갈파한 대로 "절대의식의 가장 근거 없으면서도 가장 자명한, 그래서 가장 이 해하기 어려운 현실"인지도 모른다.

그러나 철학자라고 해서 낭만적인 사랑에 전혀 무관심했던 것은 아 니다. 중세에는 아벨라르와 엘로이즈의 비극적인 사랑이 있고, 근대 에 들어와서는 키르케고르와 레기네의 안타까운 이별, 루 살로메에 대한 니체의 짝사랑, 테일러 부인과 존 스튜어트 밀의 애절한 사랑, 하이데거와 한나 아렌트의 은밀한 불륜, 사르트르와 보부아르의 소 문난 계약 결혼 등 이루 헬 수조차 없다. 그런데 그중에서도 역시 러 셀의 네 번에 걸친 결혼과 수없이 뿌려진 염문은 특별히 기억해 둘만 한 가치가 있다. 도대체 철학자 개인에게 사랑이란 무엇일까. 특히 러 셀의 경우에는 그것이 무엇을 의미하는 것일까.

러셀B. Russell은 그의 《자서전》에서 자신의 생애를 지배한 것은 세 가지 열정이었다고 술회한 바 있다. 사랑에 대한 갈망과 지식에 대한 추구, 그리고 인류의 고통에 대한 참을 수 없는 연민이 그것이다. 그 가 이 열정을 서로 구분한 것은 그것이 각기 다른 범주에 속한다고 생각했기 때문일 것이다. 물론 우리는 지식이나 인류, 혹은 신에 대해 서도 '사랑'이라는 표현을 얼마든지 쓸 수 있다. '지식욕'이라든지 '인 류애' 같은 것이 그 좋은 예들인 것이다. 그뿐만 아니라 "하나님은 당 신을 사랑한다"든지, "우리는 고객님을 사랑한다"라는 등의 경우와 같이 그 표현을 아주 넓은 뜻으로 쓰거나 은유적으로, 혹은 다소 과

장해서 쓸 수도 있다. 그러나 고유한 의미의 사랑은 역시 젊은 남녀 사이에서 생길 수 있는 낭만적인 열정이라고 할 수 있지 않을까. 러셀은 그러한 의미의 사랑을 갈망한 이유를 이렇게 설명한다.

> 나는 사랑을 갈망했는데, 우선 그것은 희열을, 불과 몇 시간의 이 기쁨을 위해서 라면 여생을 모두 바쳐도 좋을 정도로 그렇게 엄청난 희열을 가져다주기 때문이 다. 그다음 사랑은 외로움을, 이 세상 언저리에서, 저 깊고 차디찬 무생명의 심 연을 들여다보며 몸서리치게 하는 그 지독한 외로움을 달래주기 때문이다. 마지 막으로, 성인들과 시인들이 그려온 천국의 모습이 사랑의 결합 속에 신비롭게 축소된 형태로 존재함을 확인하기 때문에 나는 그것을 갈망했던 것이다.

이와 같이 러셀이 갈망했던 것은 분명히 높고 깊은 지식의 획득이나 인간의 고통에 대한 연민 같은 것이 아니었다. 그것은 한 남성으로서 어떤 여인에게 갖는 사랑의 감정이었으며, 좀 더 구체적으로는 클림트G. Klimt의 〈키스〉에서 묘사하듯이 육체와 영혼을 지닌 한 개체로서 어떤 욕구를 충족시킴으로써 마침내 하나가 되고 싶은 원망의 표현이었다. 그러므로 무엇보다 이런 의미의 사랑은 차원 높은 지식을 추구할 때 나타나는 탐구욕의 일종이 아니며, 보편적 인류의 운명이나 고통에서 느끼는 연민과도 구별되지 않으면 안 된다.

III

사랑의 감정이 한 개체로서의 인간이 경험하는 것이고 그 개체가 공중에 구름처럼 떠다니는 한 줄기의 연기 같은 것이 아니라 생물학적으로 다른 동물처럼 작동하는 하나의 육체이기도 하다면, 그것은 분명히 인류학적이고 생물학적인 기반을 가지고 있다. 이러한 맥락에서 볼 때 우리는 어떻게 인간이 최초로 사랑의 감정을 갖게 되었는지 의문을 제기할 수 있다. 그것은 도대체 인간이 무엇 때문에 사랑이라는 것을 하게 되었고 또 할 수밖에 없었는지의 근원적인 문제와 연결되어 있다. 그것은 오늘날 인간이 왜 사랑을 하고 또 해야 하는지의 문제와 구분된다.

진화심리학자에 의하면 사랑은 진화의 산물이며 동시에 유전적 재능의 일부일 뿐이다. 생식적인 면에서 볼 때 진화는 성공의 기록이라고 볼 수 있다. 그런 의미에서 우리는 다른 인간들과 맞서고 적대적인 환경과 싸워서 이김으로써 생식에 성공한 이들의 유전 형질을 물려받았다고 해야 할 것이다. 그리고 여기서 승리를 쟁취하려면 남녀는 서로 사랑할 수밖에 없다. 그런데 성공적인 생식은 생식 기술이나 능력에만 의존하는 것이 아니다. 유전 형질이 제대로 전수되기 위해서는 자손들에게도 바람직한 여건이 마련되어야 한다. 가령 남자는 힘이 세고 여자는 생식력이 왕성할 필요가 있다. 그리고 이러한 여건은 다음 세대로 전수되고 유전적 재능의 변이를 거치는 동안 점차 그 종의 보편적 특성이 될 것이다.

한편 이러한 특성은 단순히 신체적 차원에만 머무는 것이 아니라 종의 특성을 보존할 수 있는 감정의 진화를 수반하지 않으면 안 된다. 여자는 자식을 제대로 양육할 수 있도록 자기 자신과 아이에게 헌신적이어야 하고 동시에 남자가 이에 호응할 수 있도록 유도해야 하며,

남자는 기꺼이 이에 응함으로써 무의식적 양상으로 결국 육욕과 같은 구조를 보이며 새로운 특성으로 발전할 것이다. 진화심리학에 의하면 이렇게 진화된 감정이 사랑과 아주 흡사한 형태를 띠게 된다는 것이다. 더구나 오늘날 인지과학은 그러한 감정을 느낄 줄 아는 능력이 유전적 변이에서 얼마든지 야기될 수 있으며 여기에서 다시 유전형질로 자리 잡을 수 있다고 주장한다.

진화심리학적 설명이 옳다면 사랑은 유전적으로 결정된 것이며, 그러므로 보편적이고 불변하는 이른바 '인간성'의 한 표현일 뿐이다. 이와 같은 유전적인 견해를 받아들인다면 우리가 인간의 본성을 바꿀 수 없기 때문에 남녀 간에 나타나는 기질도 바꿀 수 없고 사랑의 다양한 양태와 표현도 필연적인 것이며, 따라서 그것을 찬양하거나 비난하는 것도 무의미한 일이 된다. 그러나 이러한 견해는 우리의 직관과 일치하지 않는다. 우리는 성춘향의 절개와 이몽룡의 의리를 찬양하고, 로미오와 줄리엣의 비극을 안타까워하며, 베르테르의 그 고뇌에 동참하고 싶어 한다. 이러한 이야기에 공감하고 감동하는 현상을 어떻게 이해하고 설명할 것인가. 아마 우리는 유전적인 요소와 영향에 따라 선사시대의 사람들과 별로 다르지 않게 욕망을 드러내고 사랑을 표현하겠지만 그것을 사고하고 이해하는 방식, 다시 말해서 우리의 욕망을 어떻게 판단하고 평가할 것인지에 대해서는 얼마든지 달라질 수 있다고 해야 할 것이다. 이것을 우리는 사랑의 역사적이고 문화적인 측면이라고 할 수 있다.

생물학적 관점에서 볼 때 사랑은 생래적이고 공통적이며 보편적인 것일 수도 있겠지만 그것을 인식하고 표현하는 방식에 따라 역사적이고 문화적이며 시대적인 것인 특성을 나타낸다. 인류의 역사는 지역마다 다른 문화권을 형성해 왔으며, 문화권이나 시대에 따라 사랑에 대해 다른 신념을 형성했고 그것을 표현하는 방식도 다양해졌다. 가령 동양이나 서양에서는 세계관이나 가치관, 혹은 인생관에 따라 사랑관이 서로 대조를 이루며, 서양에서도 시대에 따라 그 인식과 태도가 달라진 것이다. 고대에는 살로메처럼 너무 사랑하기 때문에 상대방을 살해하는 결단을 내렸고, 근대에는 베르테르처럼 자신의 목숨을 바치는 태도를 보였으며, 현대에 들어와서는 카사노바처럼 수많은 여인을 섭렵하는 행동을 자행하기도 하는 것이다. 이러한 유형이 전형적이라고 말할 수는 없겠으나 어느 정도 시대나 문화적 특성을 나타내는 것은 부인하기 어려우며, 앞으로 문화가 어떤 형태로 전개되는지에 따라 새로운 방식의 사랑의 유형이 등장할 것이다.

　사랑은 인간이 추구하는 가치에 따라 다양한 모습으로 변신하고 확대하여 해석되기도 한다. 무엇보다 인간은 생물학적 개체임과 동시에 이성적이고 사회적인 동물이기도 하다. 이성적이기 때문에 어떠한 방식으로 사랑하는 것이 바람직한 것인지 반성할 수 있는 능력이 있다. 만약 본능적인 욕구에 따라 즉흥적이고 관능적인 사랑에만 몰두하거나 남의 행복을 짓밟는 사랑에 연루된다면 그것이 결국 오래가지 못할 뿐 아니라 결국 자신을 해치게 된다는 사실을 깨닫게 된다. 그리하여 우리는 사랑을 통해서 생물학적 개체로서의 나와 윤리적 주체로서의 내가 필연적으로 갈등을 일으킬 수도 있는 상황에 처하게 된다. 이렇게 해서 사랑은 도덕적 개념으로 변신하고 선이나 정의와 만나며 증오와 악, 또는 불의와 대립되는 개념으로 확립된다.

인간·철학·수필

자연적 환경이 너무 열악하거나 경제적 및 정치적으로 경쟁이 심화되어 투쟁이 매우 격화될 때 현자나 성자들이 등장하여 이웃에 대해서 단순히 무관심하거나 용서하는 차원을 넘어 그들이 심지어 원수일지라도 사랑하고 자비를 베풀며 인류애를 실천하라고 가르친다. 이와 같이 사랑을 보편적 인류애로 확대하여 적용하고 구원과 해탈의 원리로 승화시킬 때 종교가 그 모습을 드러낸다고 볼 수 있다. 그러나 여기서 우리는 새삼스럽게 소크라테스식의 반성적 사고가 필요함을 의식해야 한다. 사랑에 대한 인식과 표현의 방식이 서로 다를 수 있기 때문에 남의 것을 배척한다면 그것은 '사랑의 이름'으로 증오를 가르치고 선과 정의를 빙자해서 악과 불의를 재생산하는 결과를 빚어낼 수 있기 때문이다. 사랑은 그것이 낭만적이든 종교적이든 상관없이 너무 열정적이거나 광신적일 때 역설적으로 증오의 옷을 입고 나타날 수 있다는 것이다.

　서구에서 사랑의 원초적인 모습이 중세의 암흑시대를 지나 계몽주의를 거친 다음 낭만주의 시대에 다시 등장했다는 것은 흥미 있는 일이다. 르네상스를 기점으로 해서 인간은 개체로서의 자신과 육체로서의 자아를 재발견하는 계기를 마련하였다. 그리하여 세속적인 사랑은 감성적인 정신세계와 관능적인 육체적 표현의 형태를 띠기 시작하였다. 눈부실 정도로 현란한 미술품들과 조각들은 열정과 환희의 극치를 나타내고, 소나타든 협주곡이든 교향곡이든 다양한 음악 형식은 젊음의 희열과 낭만의 극적인 순간을 유감없이 표출해 준다. 이제 사랑은 한 유기체로서의 유전적 필연과 상관없이 자유분방한 젊은 남녀가 감성과 관능을 한껏 발산할 수 있는 매체의 역할을 할 뿐이라는 인상을 준다. 문학 작품들에서는 이러한 특성이 더욱 선명하게 드러난다. 우리는 그 좋은 예를 로미오와 줄리엣에서 찾아볼 수 있다. 그들은 단 하룻밤을 지낸 다음 죽음을 맞이하는데 서로의 열정이 지속될 보장이 없었고 그것을 기대할 여건도 전혀 마련되어 있지 않았다. 상대방의 능력이나 취향 같은 것을 알 필요가 없었으며 서로의 의견이나 신념을 이해할 이유도 없었다. 그들은 다만 사랑했을 뿐이다.

사랑을 위한 사랑만을 감행한 것은 괴테가 창조한 '젊은 베르테르'의 경우도 마찬가지이다. 그는 이루어질 수 없는 것을 분명히 알면서도 남의 약혼녀인 롯테와 함께 있을 것을 갈망한다. 그리고 이 작품의 대부분은 이 갈망의 절망적인 심리상태를 묘사하는 것으로 이루어져 있다. 마침내 그녀는 베르테르에게 '삶에서 중요한 단 하나'가 되고 '빛'이 된다. 그는 마지막 순간에 이렇게 울부짖는다.

사랑이 없다면 세상이 도대체 무슨 의미가 있을까? 빛이 없다면 마법의 등잔이 무슨 소용이란 말인가?

괴테는 이러한 종류의 사랑을 꾸며낸 것이 아니다. 원래 사랑이란 서로 다른 개체가 하나로 다시 태어나려는 갈증의 표현인데 그 갈증을 충격적으로 그려내었을 뿐이다. 그러한 갈증은 에밀리 브론테의 소설 《폭풍의 언덕》에서 더욱 충격적으로 묘사된다. 여주인공 캐서린은 하녀 넬리에게 연인 히스클리프와의 관계를 이렇게 말한다. "넬리, 내가 바로 히스클리프야. 그는 언제까지나, 언제나 내 마음속에 있어. 나 자신이 반드시 나의 기쁨이 아닌 것처럼 그도 그저 기쁨으로서가 아니라 나 자신으로서 내 마음속에 있는 거야." 상대와 구분되지 않는 강렬한 사랑의 감정을 이렇게 표현한 것이다. 신이나 인류 혹은 민족에 대한 사랑도 그것이 진정한 의미로 사랑이라면 그러한 갈증을 내포하는 열정이어야 할 것이다.

IV

오늘날 우리는 낭만적인 사랑의 흔적을 주위에서 쉽게 찾아볼 수 있다. 많은 젊은 남녀가 '사랑을 위한 사랑'을 하는 것처럼 보이기 때문이다. 그러나 이러한 유형의 사랑은 순수성을 요체로 한다. 그것은 사랑 외에 다른 것을 갈망하지 않는 사랑이다. 성적 쾌락만을 추구했다면 그것은 온전한 사랑이 아니다. 사랑은 영혼의 갈증도 해소하고자 하는 갈망이기도 하기 때문이다. 또한 어떤 사람이 사랑 외에 다른 것을 갈망했다면 그것도 사랑은 아니다. 사랑을 위한 사랑을 하듯 그것을 갈망했을 뿐이기 때문이다. 최근에 작고한 '이 시대의 영웅'으로 추앙받는 스티브 잡스Steve Jobs는 이런 말을 남겼다고 전해진다.

> 진정으로 만족하는 유일한 길은 당신이 위대하다고 믿는 일을 하는 것이고, 위대한 일을 하는 유일한 길은 당신이 사랑하는 일을 하는 것이다. 사랑하는 사람을 찾듯이 사랑하는 일을 찾도록 하라.

이 말은 그가 어떠한 자세로 삶을 살아내었는지 잘 표현해 주고 있다. 거의 낭만적으로 일을 사랑했고 일에 대한 갈증으로 그의 육체와 영혼이 함께 소진될 수밖에 없었음을 보여준다. 그러나 일을 사랑하는 것은 고유한 의미의 사랑이 아니다. 여기서 '사랑'은 이성 간의 사랑을 비유로 사용했을 뿐이기 때문이다. 오늘날 젊은이들은 일이나 명예, 권력이나 재부, 혹은 그 밖의 가치들에 대한 지나친 갈망 때문에 사랑을 수단으로 삼거나 외면하는 경향이 있다. 그러므로 그만큼 인간은 고독해지고 삶은 피폐해질 수밖에 없다. 사랑은 인간의 근원적인 원초적 감정이기 때문에 그것을 남용하거나 오용하거나 외면할 것이 아니라 정교하게 다듬고 정성껏 가꾸어서 생존의 원동력이 되고 문화의 꽃으로 다시 피어나게 해야 할 것이다.

맹난자

사랑을 위하여
서화담 선생의 기론氣論에 대하여
흰 연꽃의 눈

숙명여중고 졸업. 이화여대 국문과와
동국대 불교학과를 수료했다.
《수필공원》(현《에세이문학》) 1996년 여름
호로 추천완료했다. 월간 《신행불교》
편집장(1969~1979), 《에세이문학》 발행
인(2002. 11~2008. 3), 한국수필문학진흥
회 회장을 역임했다. 현재 국제펜클럽
한국본부 자문위원, 한국수필문학진
흥회 고문, 《The 수필》 선정위원으로
활동 중이다.
1996년 11월 첫 수필집 《빈 배에 가
득한 달빛》을 비롯하여 《사유의 뜰》,
《삶을 원하거든 죽음을 기억하라》,
《주역에게 길을 묻다》, 《그들 앞에 서
면 내 영혼에 불이 켜진다》1·2권, 《나
이대로 좋다》, 《본래 그 자리》, 《시간
의 강가에서》, 《하늘의 피리소리》 외
다수를 펴냈다.
현대수필문학상. 신곡문학대상. 조경
희문학상 대상. 현대수필문학대상.
제15회 김우종문학상 대상, 제7회
시대의 에세이스트상 등을 수상했다.

사랑을 위하여

사랑은 태양처럼 국경이 없다.
차별이 없는 그것은 커다란 하나.

사랑은 관념이 아니라
실천하는 손길.

만물을 양육良育하며
넘어진 사람을 일으켜 세운다

사랑은 생명. 병든 사람의 임종을 가슴에
안은 사람, 마더 테레사를 생각나게 한다.

그동안 나는 왜 사람들을 활발히 사랑하지 못했을까.
음지陰地에 선 이 못난 마음, 부끄럽고 죄송하다.

얼마 남지 않은 내 생명의 심지
앞으로 허여된 시간은 얼마나 될까.

울컥 뜨거워진 가슴, 慈와 悲의 두 손을 포개고
세상을 향하여 허리를 굽힌다.

맹난자

서화담 선생의 기론氣論에 대하여

　화담 서경덕(1489~1546)은 개성의 화정리에서 태어났다. 동문 밖 화담花潭 위에 서사정逝斯亭이라는 초막을 짓고 단좌묵상하면서 오직 진리 탐구에만 전념하니 사람들이 그를 화담 선생이라 불렀다. 한미한 무반 출신의 가문에서 태어나 일정한 스승 없이 다만 궁리와 격치格致를 중심으로 탐구와 사색을 거듭하여 자득自得의 경지에 이르렀다.

　그는 하늘의 이치를 알고 싶으면 '하늘 天 자'를 벽에 붙여놓고 문을 잠그고 한없이 글자를 바라보며 그 이치를 생각하였다. 《대학》을 읽다가 '격물치지格物致知' 장에 이르자 기쁨의 눈물을 철철 흘리며 이렇게 다짐한다.

　아! 사람이 되어서 우주의 진리, 그를 깨닫지 못하고서야 어찌 사람이며 선비

　가 되어서 그를 격구格究치 못하고야 글을 읽어 무엇하랴?

　분발하면서 며칠씩 잠을 자지 않기도 하고 조금 눈을 붙이면 꿈속에서 풀지 못한 이치를 알아내었다고 한다. 나중에는 문지방을 넘지 못

할 정도로 쇠약해졌으며, 나이 40에 벌써 60 노인처럼 보였다고 한다.

어릴 때, 어머니가 그에게 들에 나가 나물을 뜯어오게 하였는데 매일 늦게 돌아오면서도 바구니에는 나물이 조금밖에 들어 있지 않았다. 어머니가 그 까닭을 묻자 "나물을 뜯다가 새 새끼가 나는 것을 보았습니다. 첫날은 땅에서 한 치를 날고, 다음 날은 두 치, 다시 그다음 날은 세 치를 날다가 차차 하늘을 날게 되었습니다. 저는 새 새끼가 나는 것을 보고 속으로 그 이치를 곰곰이 생각해 보았으나 터득하지 못하여 나물도 못 뜯고 귀가가 늦어지게 된 것입니다"라고 했다. 벌거숭이 종달새 새끼가 털이 나고 날개가 생기더니 공중에 날아오른다. 김을 매다 보니 땅속에서는 씨앗이 돋는다.

"무엇이 그렇게 하는 것인가?" 기자이氣自爾. 기 스스로 그렇게 한다며 끝없는 궁리를 거듭하던 어느 날 육안으로는 볼 수 없는 '무형無形의 지기地氣'를 깨닫는다. 화담은 기氣를 중심으로 세계를 설명하였으며 성리학 이해에 있어서 특히 《주역》을 중시하였다.

그의 호 '복재復齋'는 지뢰복괘에서 연유하며 자字 '가구可久'는 《주역》〈계사전〉의 '유친즉가구 유공즉가대有親則可久 有功則可大'에서 따왔다.

지뢰복괘는 음이 극성한 동짓날 11월의 괘로써 한창 추울 때다. 얼어붙은 땅속에 초목의 종자가 발아하는 모습으로 이를 본받아 군자君子는 어려운 과정을 이겨내고 참고 노력하여 사람으로서의 본성을 회복하자는 극기복례克己復禮의 뜻을 담고 있다. 그는 "복괘에서 천지의 마음을 본다復其見天地之心乎"는 유명한 글을 남겼다. 동짓날[至日]은 바로 하늘과 땅이 처음으로 회선回旋을 시작하고 음과 양이 처음으로 변화하는 날이다. 그러므로 "복괘는 천지의 마음을 보여주는 것"이라고 언급했다.

성리학의 철학적 기초는 《주역》의 우주론적 이기론理氣論에 그 근원을 두고 있다. 오천 년 전, 중국의 복희씨가 나라를 다스릴 때 황하에서 용마가 나왔다. 용마龍馬의 등에 있는 점박이 무늬를 관찰하고 그는 이 그림[河圖]이 10진법의 수리임에 착안하여 몇 가지 만물 존재의 원칙을 발견해냈다. 첫째, 우주 만물은 하나에서 나와서 하나로 돌아가는 유기적 변화의 구조라는 것. 둘째, 현상세계의 만물은 모두 상대적 음과 양[태극]의 관계로 존재한다는 것이다.

'만물의 근원은 태극'이라는 《태극도설》을 지은 북송의 주돈이(1017~1073)는 《주역》〈계사전〉의 "역易에 태극이 있으니 이것이 양의兩儀=음양를 낳는다"라는 구절에다 우주의 이론적 근거를 두고 그 내용을 발전시킨 것인데, 동動과 정靜이 이른바 운동인運動因이 되어 음과 양이라는 기氣를 생한다. 이 두 가지 음양의 기가 일종의 현상만물을 이루는 재료, 또는 원질로서 서로 감응하여 만물을 생성한다는 우주 발생론을 내놓기에 이른다. 주자(1130~1200)는 주돈이의 태극론, 정이천의 이理 철학, 장횡거의 기氣 철학을 기반으로 경서 연구를 추진하여 새로운 해석으로 신주新注를 성립시켰다.

주자는 이기론理氣論에서 이理를 중시하고, 기氣를 경시한 정이천의 입장과 기를 강조하고 이를 홀시한 장횡거의 입장을 종합하여 '이선기후理先氣後', '이재사선理在事先' 등의 개념을 제시하였다. 즉 주돈이의 태극·음양 등 만물의 발생을 '기氣의 생성론'으로 이해했다. 장횡거는

한 걸음 더 나아가 기氣 의 취산을 일기一氣로 설명하였는데 그의 기일
원론은 화담과 율곡에게 큰 영향을 미쳤다.

이理와 기氣의 근원을 추구한 〈원리기原理氣〉에서 화담은 말한다.

> 태허太虛는 맑고 형체가 없는데, 이를 일컬어 선천先天이라 한다. 그 크기는 한
> 이 없고 그에 앞서는 아무런 시작도 없었으며 그 유래는 추궁할 수도 없는데,
> 그 맑고 비고 고요한 것이 '기氣'의 근원이다. … 그 맑은 본체를 말로 표현하여
> '일기一氣'라 하고, 그 혼연된 둘레를 말로 표현하여 '태일太一'이라 한다.

주돈이도 이에 대하여는 어찌할 수 없어서 다만 '무극無極이면서도
태극太極'이라 표현하였다. 화담은 또한 〈이기설理氣說〉에서 "'기'의 밖
에는 '이理'가 없다. '이理'는 '기'의 주재主宰다. 이른바 지배자라는 것
은 밖으로부터 오는 것이 아니며 지배자로서 그 '기'의 작용을 지시하
여 바르게 저절로 그렇게 될 근거를 잃지 않게 하기 때문에 그것을 지
배자라 말하는 것이라 한다. '이理'는 '기氣'보다 앞선 것이 아닌데 '기'
는 시작이 없으니 '이'는 본시부터 시작이 없는 것이다. 만약 '이'가
'기'보다 앞서는 것이라 한다면 곧 '기'는 시작이 있게 될 것이다"라며
주자의 '이선기후'를 비판하였다.

허즉기虛則氣

"'태허'는 비었으면서도 비어 있지 아니하니, '허虛'는 곧 '기氣'이기
때문이다. … 비고 고요함[虛靜]은 곧 '기'의 본체이고, 모이고 흩어짐은

그 작용이기 때문인 것이다. 노자老子는 무無에서 낳은 것이 있다 하였는데 '허'는 곧 '기'임을 알지 못한 때문이다. … '기'는 시작도 없고 낳음도 없다. 이미 시작이 없다면 어디서 끝날 것인가? 이미 낳음이 없다면 어디서 없어질 것인가?"라며 화담은 여전히 미진한 듯 〈태허설太虛說〉에서 또다시 설명을 추가한다. 만년에 그는 〈원리기原理氣〉, 〈이기설理氣說〉, 〈태허설太虛說〉, 〈귀신생사론〉 등의 글을 내놓았다.

〈귀신생사론〉에서는 "사람이 죽어 흩어짐은 형체만 흩어질 뿐이요, 담일 청허한 기운의 뭉침은 끝까지 흩어지지 아니하느니 흩어진다 해도 태허 담일한 안에 있어 그와 동일한 기氣"라고 밝혔다.

그는 사死와 생生, 인人과 귀鬼란 다만 기氣의 뭉침과 흩어짐일 뿐이라고 생각했다. 촛불이 타서 없어지는 것 같지만 그 기는 우주 안에 그대로 있는 것과 같이 사람도 죽으면 보이지 않는 우주 속에 그대로 있다는 것이다. 기가 모이면 일정한 사물이 이루어지고 흩어지면 소멸하게 되는 것, '기氣의 취산聚散이 있을 뿐' 사물의 유무가 있는 것은 아니라고 언명하였다. 이 대목에서 나는 "개인은 죽으면서 사라져버리지만, 본질 자체는 종말을 맞은 것이 아니므로 우리는 죽음에서 잃을 것이 아무것도 없다"라는 쇼펜하우어의 말을 떠올린다. 죽음이 두려운 이들에게 얼마나 위안이 되는 말씀인가. 임종을 앞둔 화담 선생은 제자들의 물음에 이렇게 답했다.

"생사의 이치를 안 지 이미 오래이니 심경은 편안하기만 하다."

생사의 이치를 선생은 〈만인挽人〉이란 시에서 다음과 같이 친절하게 짚어준다.

사람의 죽음을 슬퍼함挽人

만물은 어디로부터 왔다가 또 어디로 가는가?

음과 양이 모였다 흩어졌다 하는 이치와 빌미는 오묘하다.

구름이 생겼다 없어졌다 함을 깨우쳤는가 못 깨우쳤는가?

만물의 이치를 보면 달이 차고 기욺과 같다

시작에서 끝남으로 돌아가는 것이니 항아리 치며 노래한[1] 뜻 알겠고

몸이 풀리어 혼백이 떠남은 본시 목표로 돌아감과 같다

아아, 인생이 약상弱喪[2] 같다는 이 그 얼마나 되는가?

제집으로 돌아가는 걸로 생각함이 정해진 하늘의 뜻 깨친 걸세.

   – 〈挽人〉의 1절

생사란 음양의 합산合散 이치, 생이란 한 조각 구름이 일어남이며, 죽음이란 한 조각 구름이 스러짐이다. 만물의 이치란 달의 영측盈仄, 그 차고 기욺과 같다. 한번 양陽되고 한번 음陰되는 반복 순환, 제자리로 돌아가는 원시반종原始反終이다.

음양의 법칙, 이것이 도道요, 자연의 질서다. 한때 내 꿈은 아버지의 고향 통천에서 금강산 일만 이천 봉의 만물상을 둘러보고 장단으로 내려와 개성 서북쪽 영통동靈通洞에 들러 선생의 오두막을 찾고 싶었는데 해가 이미 서산에 기울어 금생에서는 틀렸다. 대신 《화담문집》

---

1) 《장자》의 지락편에 장자의 처가 죽어 혜자가 문상 가니 다리를 뻗고 항아리 치며 노래 부르고 있었다는 기록.

2) 약상이란 나이 어려 난리로 말미암아 고향을 버리고 떠나가 살면서 돌아갈 줄 모르는 것.

의 시편을 통해 선생의 진면목과 잠시나마 마주하고자 한다.

벽에 하도河圖를 붙여놓고/ 거적 속에서 삼 년간 생각에 잠겼네.

태초의 혼돈으로 소급해 보면/ 음양오행은 누가 움직이게 했을까?

이들이 상응하며 주고받고 작용하는 곳에/ 환히 '하늘의 빌미[天機]'가 보인다.

– 〈천기天機〉의 서두

…

봄이 돌아오면 어진 덕[仁德]이 베풀어짐을 보고

가을이 되면 위세가 발휘됨을 알며

바람이 자면 달빛이 밝게 비치고

비 갠 뒤면 풀이 더욱 향기롭네

알고 보면 모두가 음양의 변화로 말미암는 것이며

물건과 물건들은 서로 의지하며 존재하네

오묘한 빌미를 꿰뚫어 알고 나서

고요한 빈방에 앉아 있으니 광채 더욱 밝네

– 〈천기〉의 결미 부분

　우주의 진리를 풀고자 벽에 〈하도〉를 붙여놓고 음양오행이 작용하는 그곳에서 하늘의 빌미[天機]를 본다. 봄에 인덕仁德과 가을의 의덕義德, 춘하추동 사시四時에서 원형이정元亨利貞의 4덕을 체득하고 바람과 달빛, 비 갠 뒤 향기로운 풀, 서로 의지하며 존재한다. 모두가 음양의 변화, 이것을 꿰뚫어 알고 나서 고요한 빈방에 앉아 있으니 광채 더욱 밝다고 하시는 분.

"… 공부하여 의심 없게 되니 쾌활해져 헛되이 백 년 사는 사람이 되지 않게 되었네"라고 술회하시는 분. 성인들이 전해 주지 않은 경지를 무사자통無師自通으로 터득하신 분의 높은 학문과 고결한 인품을 어찌 사모치 않을 수 있으랴.

화담의 오두막 띠집에서 궁약窮約하게 사시면서도 벼슬길에 나아가지 않고, 평생을 베옷으로 마치신 분이다. 내가 존경하는 이토정과 허균의 아버지 허엽도 화담 선생의 제자다.

선생의 《화담집》은 중국에서 높게 인정되어 《사고전서四庫全書》에 한국인의 개인 저서로는 유일하게 등재되었다.

흰 연꽃의 눈

일본 작가 나츠메 소세키의 만년처럼 요즘 나도 거실 창밖 유리문 안에 갇혀 지낸다. 계절의 순환을 그저 바깥 풍경에나 의지한다. 기척 없던 나무에 연둣빛이 감돌더니 목련꽃이 만개했다. 생명으로 눈부신 봄, 우리 부부는 거실과 안방에서 불편한 호흡으로 이 봄을 건너고 있다. 약봉지를 찢어 그의 손바닥에 수북이 올려주면 "이렇게 오래 살게 해서 무얼 해?" 콧줄에 의지하고 있는 지아비의 말에 대꾸할 말조차 옹색하다.

요즘 내 가슴속에서도 누군가 가느다란 실로 현絃을 켜는 것처럼 작은 풀벌레 소리가 난다. '꾸꾸' 할 때도 있고 명부에서 보내는 타전인가 하다가 개의치 않기로 한다. 활짝 핀 목련 꽃잎들이 뒤틀린 사지로 나를 바라보고 있다. 저렇게는 되지 말아야 할 텐데….

내가 해야 할 일은 90세의 환자를 선종善終으로 배웅하고, 이 몸도 낙화落花하는 일이다.

오늘따라 늘 그 자리에 있었건만 잊고 지냈던 거실 좌측 벽면의 액

자가 눈길을 붙잡는다.

'유마불이문維摩不二門'

50여 년 전에 은사 김구용 선생께서 써 주신 글귀이다. 거기에 김동화 선생님의 차분한 음성도 실려 온다. '생사즉 열반' '번뇌즉 보리'. 《금강경》 강의를 마치고 선생께서 택한 교재가 《유마경》이었다. 《유마경》은 《금강경》처럼 반야부의 일부로 선생께서는 당시 대학생 연극에 몰두한 나를 배려하신 듯 이 경전이 극적 구성으로 되었음을 몇 번씩이나 강조하셨다.

책이 귀하던 1965년, 광우 스님께 책을 빌려와 사무실에서 가리방으로 긁어 등사판 인쇄로 일요일 아침마다 가져갔건만 귀에 남은 것은 '생사즉 열반' '번뇌즉 보리〔지혜〕'가 둘이 아니라는 불이不二의 말씀이었다. 생사生死 따로, 열반涅槃 따로 있는 게 아니라 그 둘이 '즉即해 있다는 것을 알아라' 넌지시 말씀하시는 것 같다.

생사불이不二, 생사일여一如. 거기에 머물러 있던 내 관점이 오늘은 왜 그 '즉即' 자에 휘감겨 드는지 알 수 없다.

번뇌를 떠나 보리〔지혜〕가 따로 있는 게 아니라 그 둘이 즉即해 있다는 것. 생사와 열반이 따로 있는 게 아니라 서로 함께한다는 것은 파도가 물을 떠난 적이 없듯 '생사와 열반이 상공화相共和'라는 말씀〔법성게〕이 아닌가. 파도의 현상이 곧 바닷물의 본질이요, 현상과 본질이 등배지간이듯 파도와 바닷물은 둘이 아니다. 분단分段 생사하는 우리의 현상이 곧 열반적정涅槃寂靜이요, 본질이라는 그 관계성을 더듬어 보게 된다.

저 목련나무의 꽃이 다 떨어진 날, 나무는 다시 한가한 평정심에 들리라. 나 또한 그렇게 하리라. 모든 존재는 연기緣起이므로 실체가 없는 공空이다. 그러나 인연으로 발생한 현상으로서의 존재는 유有가 아닌가. 있으면서 없는 '색즉시공色卽是空'이요, 없으면서 있는 '공즉시색空卽是色'이다. 있는 것도 아니고 없는 것도 아닌 그 '즉卽'에 비유非有와 비무非無, 진공묘유眞空妙有를 깨닫는다. 현상과 본질, 생사와 열반, 이 둘이 서로 맞물려 연관되어 있다는 것은 대립과 모순이 기실은 하나라는 그것이 궁극적 진리가 아닐까 한다. 무아無我에서 진아眞我를 생각하게 된다.

김동화 선생님 댁으로 《신행불교》 원고를 받으러 간 어느 날, 선생님께서는 내게 불명을 내려주셨다. 《실상묘법연화경實相妙法蓮華經》에서 따와 '실상實相'이라고 하셨다. '실상'은 있는 그대로의 타타타 tathātā, 진여眞如를 말함이다.

《연화경蓮華經》의 연꽃은 꽃과 열매를 동시에 품고 있는 화과동시花果同時다. 원인과 결과가 동시에 있다. 마치 임신한 여인의 태胎 속에 이미 죽음이 싹트고 있는 것처럼, 생과 사가 즉卽해 있다. 모양이 변했지만, 그 본질은 그대로 있다.

후설[3]을 빌려오자면 그것은 본질을 드러내는 '형상적形相的 환원'이다. 그 연꽃의 화과동시는 음과 양을 한 몸에 지닌 듯하다. 생사라는 것도 기실 음과 양의 대대처럼 보이나 그것들은 서로 꼬리를 품고 있

---

3) 후설: 독일의 현상학 철학자(1859~1938).

인간·철학·수필

는 부음이포양負陰而抱陽[4]인 것이다.

일태극太極 안의 음양처럼 그것들은 대립이 아닌, 모순과 대립을 초월한 '상공화相共和', 그 상보성이 생사生死의 본질이 아닐까도 싶다.

오래전 내게 역易을 가르쳐 주신 노석老石 유충엽 선생이 지어주신 호는 관여觀如다. 모든 존재의 여여如如한 모습을 있는 그대로 관觀하라는 '관여'. 이 또한 '실상實相'과 다르지 않은 동의어다. 두 분 선생님의 심장深臟한 의중을 짐작해 본다.

무슨 인연일까. 우리 어머니 이름은 김묘연妙蓮. 김구용 선생은 '백화시실白華詩室' 주인의 당체當體이시다. 관여, 실상實相은 흰 연꽃의 눈. 그 이슬방울에서 생과 사의 즉即을 본다. 나 이제 그만 공기空氣 속으로 돌아갔으면 한다.

---

4) 부음이포양負陰而抱陽: 음을 등에 지고 양을 안은 태극의 형상 ☯.

문윤정

어머니라는 영원한 조각
월든 호숫가에서 소로우의 철학을 읽다
내가 나를 놓는 시간

1998년 《에세이문학》 겨울호를 통하여 수필가로 등단. 건국대학교대학원 문학예술심리치료학과 문학치료 전공. 저서로는 《당신의 아침을 위하여》, 《마음의 눈》, 《신들의 땅에서 찾은 행복 한줌》(2006 문화예술위원회 우수도서 선정), 《잣나무는 언제 부처가 되나》, 《선재야 선재야》(2009년 문광부 우수교양도서 선정)《마음이 마음에게 묻다》, 《답일소》(2011년 올해의 불서10 선정), 《외로운 존재는 자신을 즐긴다》(2013년 현대수필문학상 수상)《걷는 자의 꿈, 실크로드》, 《바람이 꽃밭을 지나오면》《당신도 여행 작가다》, 《터키 낯선 시간에 흐르다》(2016년 세종도서 문학 나눔 선정), 《세계문호와의 가상 인터뷰》, 《시간을 걷는 유럽 인문여행》 등이 있다.
2013년 현대수필문학상 수상, 2017년 신곡문학상 수상.
지금은 서울교대 평생교육원에서 강의. ㈔한국여행작가협회 정회원, 한국문학치료학회 회원

어머니라는 영원한 조각

토론토를 여행하면서 캐나다 3대 박물관 중 하나인 온타리오 아트 갤러리Art Gallery of Ontario를 방문했다. 나는 익숙한 유럽 거장들의 그림 사이를 지나 헨리 무어 조각 센터로 향했다. 헨리 무어는 영국 출신인데도 불구하고 온타리오 미술관이 세계에서 가장 많은 무어의 작품을 소장하고 있음에 놀랐다.

오래전 미술 교과서에서 본 헨리 무어의 작품을 커다란 돌덩어리로 인식했고, 그것은 강렬한 이미지로 남아 있다. '자연과 인간을 빚어낸 거장'으로 불리는 헨리 무어Henry Moore(1898~1986)와의 뜻하지 않은 만남에 벅찬 감정이 밀려왔다. 영국의 요크셔 광산 마을에서 태어난 헨리 무어는 열한 살에 조각가가 되기를 꿈꾸었다. 런던의 왕립미술 칼리지와 대영 박물관을 오가며 예술에 대한 안목을 넓혀 나갔다. 미켈란젤로 작품을 좋아하여 깊이 공부하였다.

헨리 무어 조각실에 들어서는 순간, 거대한 형태의 조각 앞에서 나는 할 말을 잃었다. 굵고도 단순한 선으로 이루어진 인체 조각들은 마치 오랜 세월 풍파를 견뎌낸 바위나 웅장한 산맥을 연상시켰다. 특히 어머니를 닮은 듯한 여인상들은, 모든 생명을 품고 키우며 다시 거두어들이는, 생명력이 넘치는 대지와 맞닿아 있는 듯했다.

세부 묘사를 거부하고 부드러운 곡선과 흐르는 듯한 윤곽선으로 단순하게 처리된 거대한 조각품은 보는 이를 압도했다. 조각의 거대함도 있지만, 작품이 내뿜는 아우라는 시간과 변화를 초월하여 영원히 그 자리에 존재하는 듯한 느낌이었다. 그것은 마치 시간이 정지된 듯, 영원한 어머니의 품을 응축해 놓은 듯했다. 두 팔은 없지만 커다란 가슴과 불룩 나온 배를 가진 여인상 앞에서 내 어머니를 떠올렸다. 어머니의 따뜻한 가슴, 무한정으로 사랑이 샘솟는 가슴을 연상했다.

헨리 무어의 조각에 이토록 깊은 울림이 깃든 것은 아마도 그의 유년 시절에서 비롯되었을 것이다. 그는 어린 시절, 류머티스 관절염으로 고통받는 어머니의 모습을 지켜보며 자랐다. 어머니의 일그러진 손에서 그는 '아름답고 자연스러운 형태'를 발견했다고 회고했다. 어머니의 고통스러운 형상이 그의 예술에 깊이 각인되어, 그의 조각에는 인체의 굴곡진 형태와 견고한 뼈대의 이미지가 동시에 드러난다. 무어의 조각은 대지의 풍요로움과 여성성을 상징하는 것이 많은 편이다. 그는 어머니를 통해 모든 생명을 잉태하고 관장하는 대지의 여신 '가이아'를 떠올렸을 것이다.

넓고 둥근 등을 가진 여인상 앞에서 내 어머니를 생각하면서 오래도록 머물렀다. 나에겐 큰 의지처였던, 산처럼 든든해 보였던 어머니의 등이 세월에 닳아서 연약한 풀잎처럼 구부러져 버렸다. 모든 것을 다 내어주고도 여전히 더 주고 싶어 하는 어머니의 마음을, 이제야 나는 온몸으로 이해한다. 지금은 치매로 정신이 혼미한 어머니를 내가 보살피고 있지만, 어머니의 끝없는 사랑은 단 한순간도 잊을 수 없다.

인간·철학·수필

어머니를 우리 집에 모시면서, 나는 치매 초기부터 점점 깊어지는 모습을 지켜보아야만 했다. 이제는 화장실 출입마저 누군가의 부축 없이는 힘겹다. 어머니를 목욕시켜 드리고 기저귀를 갈아드릴 때면 갓난쟁이 나를 돌보던 새댁 시절의 어머니를 상상하기도 한다. 그러면 나도 모르게 눈물이 핑 돌고, 어머니의 은혜를 아주 조금이나마 갚을 수 있음을 다행으로 생각한다.

아버지가 퇴직하신 후 전원생활을 시작하시면서 텃밭을 가꾸었다. 부지런한 두 분은 그곳에서 수확한 머위 나물, 쪽파, 감자, 고구마, 호박 등 사철 다양한 작물들을 보내주었다. 마치 작은 농장이라도 운영하는 듯했다. 어머니를 모시기 전까지는 해마다 김장김치도 보내주었지만, 그땐 고마움도 모르고 그저 받기만 했다. 그동안 어머니가 챙겨 주었던 고추장, 된장, 밑반찬 등을 직접 마련하면서, 어머니의 헌신적인 사랑을 깊이 깨달았다. 가끔 요리를 하다가 잘 모르는 것이 있으면 치매를 앓는 어머니에게 묻곤 했다. 그럴 때면 "이젠 모르겠다"고 말씀하신다. 어머니의 기억과 지혜마저 스러져가는 모습은 그 어떤 슬픔보다 아프게 다가왔다.

어머니는 나에게 단순한 호칭이 아니라 고유명사이며, 세계에서 하나뿐인 절대적 존재이다. 거대한 돌이 세월의 풍화 속에서도 흔들리지 않는 자태를 지니듯, 어머니라는 이름 속에는 지워지지 않는 사랑의 무늬가 새겨져 있다. 내가 이 세상에 온 순간부터 쉬지 않고 품어준 어머니의 사랑은 내 삶을 조각하는 근원이었다.

시간이 지나면 돌 고유의 성질이 드러나듯, 어머니의 육체가 노쇠해지면서 온몸으로 자식들을 키워낸 희생정신이 돋보인다. 새벽 4시면 일어나 자식들의 무탈을 기원하면서 《금강경》을 독송하는 어머니의 목소리가 들리는 듯하다. 내 몸과 마음에는 어머니의 간절한 염원이 담겨 있다.

무어는 〈와상臥像〉을 연작으로 제작했다. 누워 있는 인물들이 상반신은 서 있는 듯하고 하반신은 누운 듯한 이중적인 자세를 취하고 있다. 누운 상태는 죽음을, 서 있는 상태는 삶을 상징한다. 호흡을 놓치면 곧 죽음이라는 것을 생각하면 숨탄 모든 것은 삶과 죽음의 경계를 한 몸에 품고 있음을 깊이 느낀다. 나는 삶과 죽음 사이를 오가는 어머니의 현재를 본다. 누워 있는 몸이지만 외출하려는 나에게 '밥은 먹었는지'를 묻곤 하는 어머니에게서 온 생을 펼쳐 지켜주었던 그 사랑이 아직도 온전하다는 생각이 든다.

형제들과 친인척들은 나에게 "그만큼 했으면 할 만큼 다했다. 이젠 요양원으로 모시라"고 말한다. 하지만 어머니가 주무시는 방문을 조용히 열어볼 때면, 웅크리고 잠든 그 작고 연약한 모습에 눈물이 핑 돈다. 낯선 공간에서 황망해하실 어머니의 모습을 상상하면 가슴이 미어진다. 언젠가는 홀로 이승을 떠나야겠지만, 내 어머니가 요양원의 낯선 침대에 누워 계시는 모습을 상상하면 가슴이 내려앉는 것 같다.

무어의 조각이 시간의 흐름 속에서 자연스럽게 풍화되어 가듯이 어머니 또한 시간을 이길 수는 없다. 어머니의 몸은 점점 쇠잔해 가고 있지만, 그 속에서 빛나는 사랑은 바위의 문양처럼 오래도록 내 마음에 각인되어 있을 것이다.

월든 호숫가에서 소로우의 철학을 읽다

　소로우는 미국 초월주의 문학을 대표하는 작가이자 사상가이며, 서양의 '노자'라고도 한다. 하버드대학 졸업 후 다양한 직업을 갖기도 했지만, 문명을 등지고 고향 콩코드와 월든 숲에서 산책과 노동, 명상을 하며 영적인 삶을 추구했다. 대표작으로는 《월든》과 《시민의 불복종》 등이 있다.

　월든 호수 주립 보호구역에는 소로우가 《월든》을 집필하며 생활했던 그의 여러 흔적이 남아 있다. 1845년부터 1847년까지 약 2년 2개월 동안 소로우가 실제로 생활했던 오두막 터가 남아 있다. 오두막이 서 있었던 터 주변을 화강암 기둥으로 둥글게 울타리를 쳐놓았다. 나는 탑돌이 하듯 주변을 세 바퀴 돌았다.

　오두막 터 근처에는 방문객들이 가져온 돌을 하나씩 쌓아 올린 돌무덤이 있다. 돌무덤은 소로우를 기리고 그의 사상에 공감하는 사람들이 자발적으로 만든 상징적인 기념물이다. 소로우의 친구 '브론슨 올컷'이 처음으로 돌을 놓아둔 것이 시초가 되었다. 노란색 해바라기가 그려진 돌, 만다라가 그려진 돌, 자신의 소원을 적은 돌 등 다양한 돌이 놓여 있다. 나도 소로우를 흠모하는 마음을 표시하고 싶었다. 숲으로 난 길을 한참 걸어 올라가서 작은 돌 하나를 주워서 돌무덤에 올려놓았다.

월든 호수의 방문자 센터에는 소로우의 오두막을 실제 크기와 형태로 복원해 놓았기에 그의 흔적을 느낄 수 있다. 오두막 앞에 부드러운 미소를 짓고 있는 소로우 동상과 진한 포옹을 하여 나의 존재를 알렸다. 재현해 놓은 오두막 안으로는 들어갈 수 없다. 방명록에 한글로 내 이름을 썼다. 한글로 이름을 쓰는 나를 소로우가 반갑게 맞아줄 것 같았다. 나는 우리나라에서 처음으로 출판된 소로우의 《월든》 초판본을 가지고 있으며, 책에 밑줄을 그어가면서 여러 번 통독했다. 이 정도면 소로우를 흠모할 자격을 갖추지 않았을까.

소로우는 20살 때 자신의 일생에 가장 중요한 사람 랄프 왈도 에머슨을 만났다. 에머슨은 소로우에게 훌륭한 스승이었고, 소로우의 문학적 재능을 분출할 수 있는 통로가 되었다. 소로우는 인간 내면의 도덕성과 영성을 강조하고, 자연을 통해 '초월적 진리'를 인식할 수 있다고 보았다. 인간의 정신과 양심이 자연과 우주 질서의 일부분이라 생각했다. 기존 제도와 관습적 사고에 비판적으로 접근하는 것이 특징이다.

소로우가 오두막을 짓고 살았던 월든 호숫가의 땅은 에머슨의 소유였다. 소로우는 에머슨에게 토지 사용 허락을 받고, 도끼를 빌려 소나무를 베어 통나무집을 지었다. 오두막의 크기는 4.5평이 채 안 된다. 집안을 들여다보았다. 집안에는 벽난로가 설치되어 있고, 가구는 침대 하나와 의자 3개, 서랍이 달린 초록색 책상이 전부다. 소박하고 간소한 삶을 추구했던 소로우는 "호화스러운 집 때문에 푸른 하늘을 잃는 것은 불행이며, 호화스러운 주택을 얻기 위해 투자하는 것은 무덤을 위한 투자와 다를 것이 없다"라고 했다. "집은 협소하지만, 내 집 뒤의 소나무 숲은 언제나 손님을 맞을 수 있는 나의 가장 좋은 방이요, 응접실"이라고 찬탄했다.

아무런 장식도 없는 침대 위로 햇살이 내려앉아 방을 환하게 비춰준다. 소로우의 오두막에서 유명한 의자 세 개가 눈에 들어왔다. 하나는 고독을 위해서, 다른 하나는 우정을 위해서, 또 하나는 사교를 위한 의자다. 벽난로 가까이 있는 짙은 갈색 의자는 많이 사용한 흔적이 남아 있는 것으로 보아 소로우가 즐겨 앉았던 고독의 의자일 것 같다. 등받이에 포도, 배, 복숭아, 열대과일이 그려진 의자는 사교를 위한 의자일 것 같다. 우정을 위한 의자에는 누가 앉았을지 궁금하다.

벽난로 옆에 있는 고독의 의자에 앉아 소로우가 즐겨 읽었던 호메로스, 단테, 셰익스피어의 책을 읽고 싶었다. 《일리아드》를 좋아한 그는 "글로 기록된 언어는 역사의 유물 중에서도 가장 귀중한 유물"이라고 극찬했다. 그에게 고전은 모든 인간의 입술에서 호흡처럼 토해질 수 있는 것이며, 생명의 호흡 자체로 조각될 수도 있는 것이다.

월든 호수 쪽으로 천천히 발걸음을 옮겼다. 멀리 보이는 호수의 색깔은 깊은 청색이고, 유월의 태양이 잔잔한 물결 위로 쏟아졌다. "숲속의 은자처럼 오랜 세월을 과묵하고 엄격한 생활을 한 호수"라는 소로우의 말을 가슴에 품고 왔다. 고요한 호수를 기대했는데, 바캉스를 즐기는 한 무리의 사람들로 소란스러웠다.

야외용 스피커에서 흘러나오는 음악은 허공을 흔들었다. 호수에서 보트를 타는 젊은 사람들도 보였다. 나는 마치 월든 호수가 훼손된 것처럼 속이 상했고, 호수의 침묵을 깨뜨리는 사람들이 미웠다. 소로우의 책을 읽고 태고의 신비를 간직한 호수로, 물오리들이나 물새들만이 호수 위를 미끄러지듯 내달리는 그런 곳으로 생각했다. 잠시 마음을 가라앉히고 호수 주변을 걸었다.

소로우에게 만병통치약은 "희석하지 않은 아침 공기를 들이마시는 것"이라 했다. 자연은 인간에게 무한한 동정심을 가지고 있기에 어느 누구라도 정당한 이유로 슬퍼한다면 온 자연이 함께 슬퍼해 줄 것이며, 바람도 한숨을 내쉴 것이라는 구절에 많은 위로를 받았다.

소로우가 숲으로 들어간 이유는 "삶의 본질적인 사실들만 마주 대하고서 삶이 가르치는 바를 내가 배울 수 있는지를 알고 싶었던 것"이다. 자신은 누구에게 강요받기 위해 태어난 것이 아니며, 자기만의 방식대로 삶의 길을 찾아 그 길을 따를 것이라고 했다.

소로우는 동료들이 하버드대학의 학벌을 자랑할 때, 다양한 분야의 독서에 빠져들었다. 하버드를 졸업할 때 양피지로 만들어진 졸업장을 받기 위한 수수료 1달러 지불을 거부했다. "양가죽은 양들이 갖고 있도록 내버려 둡시다"라는 말에는 기존 제도와 관습적 사고에 비판적으로 접근하는 소로우의 사상이 담겨 있다.

유월의 햇살은 뜨거웠다. 목이 타는 듯하여 생수를 사려고 했지만 판매하는 곳이 없어 당황했다. 호수에 발을 담그고 바캉스 의자에 앉아 독서 삼매경에 빠진 할아버지를 발견했다. 진정 소로우의 후예가 아닐까 싶다.

소로우는 사람들이 새로운 뉴스에 열광하는 것을 보고 "당신의 삶을 신문이 지배하게 하지 마십시오"라고 했다. 우리는 어떤 값진 보물이라도 있는 양 시간만 나면 유튜브를 들여다본다. 유튜브 세상이 된 21세기엔 소로우의 가르침이 더욱 필요한 때인 것 같다. 유튜브 쇼츠는 중독성이 강해 핸드폰을 손에서 놓을 수가 없다. 자신을 그런 식으로 소모해버리는 것을 안타까워하는 그는 "삶이 아닌 것들을 모두 몰아내고 깨어 있는 삶을 살라"고 한다.

채식주의자인 소로우는 빵과 견과류만으로도 행복한 식사를 했다. 고대 그리스의 철학자 에피쿠로스도 물과 빵만으로 성찬이 될 수 있다고 했다. 간소한 삶은 먹는 것에서 시작되는 것인가 보다.

우리나라에 소로우 열풍을 일으킨 이는 지금은 고인이 되신 법정 스님이다. 평생 소박하고 간소한 삶을 실천한 법정 스님의 《무소유》는 자신을 돌아보게 했다. 작은 것 하나에도 감동할 수 있는 마음자리를 만들어가는 삶을 추구하도록 했다. 하지만 시장원리를 앞세우는 '신자유사상'이 지구촌을 휩쓸고 나서는 부와 성공을 부추기는 '자기계발서'가 넘쳐났다. '소박하다, 검소하다' 이런 단어는 설 자리를 잃었다.

나는 소로우의 오두막을 한 번 더 둘러보았다. 월든에서 자급자족의 생활을 했던 그의 삶은 충만했고, 영성은 깊어만 갔다. 영적인 사람이 되고 싶다면 소로우의 삶의 원칙을 따르면 될 것 같다.

상대적인 빈곤에 시달리는 현대인들에겐 "내가 가진 재산은 무한합니다. 내 은행 잔고는 아무리 꺼내 써도 다 쓸 수가 없습니다. 나의 재산은 소유가 아닌 향유이기 때문입니다"라는 소로우의 말이 좋은 치료제가 될 것 같다.

내가 나를 놓는 시간

달의 기운을 가득 머금은 풀문 싱잉볼이 첫 울림을 터뜨린다. 둥~~~. 그 소리는 고막을 넘어 온몸의 세포를 깨우며 깊이 스며든다. 보름달이 뜰 때 제작했다고 하여 풀문full moon 싱잉볼이라 하는데, 소리가 깊고 장중하다. 우주의 모든 것이 진동하듯, 이 파동은 내 몸의 빈 공간을 흔들고 만지며 고요한 세계로 이끈다.

싱잉볼 명상 수업 마지막 날이다. 이완된 몸과 마음은 크고 작은 싱잉볼의 진동과 파동을 감지한다. 물결치듯 흐르는 소리에 집중하다 보면 내 의식은 허공을 유영하기도 하고, 때론 광활한 물결 위에 사뿐히 내려앉기도 한다. 명상을 주도하는 스님의 나지막한 목소리가 들린다.

"여러분들은 지금 바람 부는 들판에 홀로 서 있습니다. 죽음을 앞두고 제일 먼저 버리고 싶은 것부터 하나씩 버려보세요."

나는 소유한 것들을 하나씩 놓아주기로 했다. 물질을 버리는 것은 가장 쉬운 일이었다. 그다음은 인간관계를 정리하기로 했다. 그동안 가족을 위해 고생 많았다고 인사하며 남편을 먼저 놓아준다. 눈에 넣어도 아프지 않을 딸은 어떻게 해야 하나. 딸 또한 성인이니 제 앞가림은 할 수 있으니, 애착을 내려놓는다.

내가 좋아하는 행위에 머무르는 마음 또한 버려야만 미련 없이 이승을 떠날 수 있으리라. 글쓰기에 대한 애착심마저 손에서 놓는다. 다음 생에 작가로 태어날 수 있도록 약간의 애착은 남겨야 하나. 이런 미련마저도 파동 속에 흘려보낸다.

이제 세상을 인식하고 나를 지탱해 온 감각 기관을 버려야 한다. 안이비설신眼耳鼻舌身 중 무엇부터 버려야 할까. 내 존재를 구성하는 요소이니, 소중하지 않은 것이 하나도 없다. 싱잉볼은 때로는 낮게, 때로는 둔탁하게, 날카롭게 울린다. 소낙비가 쏟아지는 듯한 소리, 귀는 이 정보를 빠르게 뇌에 보고한다. 일순간 어떤 공포심이 나를 휘감는다.

눈은 인식의 첫 관문이자, 나를 '나'로 만들어 온 일등공신이다. 세상을 보고, 타인을 보고, 거울 속 나를 바라보며 나는 나를 확신해 왔다. 사람들은 눈으로 본 것을 가장 확실한 진실이라 믿는다. 눈은 아름다움에 반응하고, 아픔에 눈물짓고, 때로는 외면함으로써 고통을 거부해 왔다. 눈을 감는다는 것은 보는 것을 멈추는 것이 아니라, 보아야만 했던 것들과 작별하는 일이다.

귀는 소리를 듣고 감정을 들썩이게 했다. 칭찬의 부드러운 파동에 어깨를 으쓱이고, 비난의 날카로운 진동에 가슴앓이했던 날들이 떠오른다. 로스트로포비치의 '바흐 무반주 첼로' 연주를 들으면서 설렘으로 가득했던 그 순간을 기억한다. 귀를 버린다는 것은, 세상과의 소통을 단절하고 아름다운 음악과 사랑하는 이의 목소리, 자연의 경이로운 소리마저 포기해야 함을 의미한다.

잠시 미각과 후각을 담당하는 혀와 코를 스캔한다. 대화를 나누고, 음식의 맛을 보게 하여 날마다 소소한 기쁨을 누리게 한 혀와도 작별해야 한다. 숨 쉬는 통로인 코에 대한 미련은 쉽게 내려놓을 수 있다. 이젠 맛에 대한 기억, 향기에 대한 추억을 흘려보내야 한다.

연꽃이 해가 지고 나면 조용히 꽃잎을 오므리듯이, 죽음의 긴 여정 출발점은 눈꺼풀도 닫고, 귀도 닫고, 입술도 다무는 것이다. 한 송이 꽃도 허상일까.

내 몸은 지수화풍地水火風 4대로 이루어져 있다. 땅의 요소부터 먼저 사라지고, 물의 요소가 사라지고, 뜨거운 기운이 사라지며 호흡이 끊어진다. 이 모든 육체적 소멸 전에 마지막으로 버려야 할 것이 '나'라는 에고다. 현자들은 "에고를 버려라", "에고를 내려놓아라"는 가르침을 준다. 어쩔 수 없이 죽음 직전에야 버려야 하는 에고를 수행을 통해 미리 놓아버릴 수 있다면 얼마나 좋을까. 에고는 세상 어떤 건물보다도 더 견고하고 완강하다.

삶의 마지막까지도 '나'라는 감옥에 갇혀 가족과 세상을 향해 품었던 감정을 내려놓지 못한 채 이 세상을 마감하는 경우가 많다고 한다. 호스피스 봉사자는 "그들의 고통은 죽음 그 자체보다, 자신이 만든 에고의 그림자와 이별을 거부하는 데서 비롯된다"라고 덧붙였다.

생애 동안 축적된 기억과 켜켜이 쌓여 있는 감정들, 다양한 인간관계, '내 것'이라는 소유욕은 한 겹의 껍질에 불과하다고 현자들은 말한다. 우리는 그 껍질을 '나'라고 착각하고 있기에 죽음이란 그것을 잃어버리는 것이라 여긴다. 삶이란 상실의 연속이며, 죽음 앞에서 모든 것을 상실해야만 한다. 죽음을 두려워하지만, 그것은 존재의 일부이며, 삶의 완성이다. 되돌아가야 할 고요의 자리다.

싱잉볼의 마지막 울림이 내 감각을 일깨운다. 바람 부는 들판에 혼자 서 있던 그 막막한 느낌에서 깨어난다. 눈을 뜨자 주변이 낯설게 다가왔다. 싱잉볼의 여운은 사라졌지만, 그 고요는 어디론가 스며들었다. 내가 잠시 멈춰 서 있었던 그 자리에 지금 무엇이 남아 있을까.

박금아

사랑, '어린 물고기'가 떠난 자리에 남는 것
은빛 나귀가 쓴 '벌거숭이의 시詩' - 후안 라몬 히메네스의 《플라테로와 나》를 중심으로
시베리아의 풀꽃

남쪽 바다, 가구 수 십여 호의 작은 섬에서 어부의 딸로 태어났다.

초등학교에 입학하면서 부모를 떠나 뭍으로 나왔다. 삼천포여중, 진주 삼현여고를 거쳐 숙명여자대학교 불문과를 졸업한 뒤 삼성그룹에서 사보 기자로 일했다.

전업주부로 살면서 좌충우돌한 시간을 버텨내느라 글을 쓰기 시작했다.

우연한 기회에 아버지의 이야기를 쓴 글로 해양문학상을 받았고, 이듬해 2015년에 《매일신문》 신춘문예에 수필 〈조율사〉가 당선되면서 작품 활동을 시작했다.

해양문학상(2014, 2016), 등대문학상(2017), 천강문학상(2019), 창작21작가상(2022) 등을 수상했고, 2019년에 한국문화예술위원회 문학창작기금 수혜작가로 선정되었다.

수필집으로 《무화과가 익는 밤》(2021. 푸른사상. 문학나눔 우수도서 선정)이 있으며, 현재 한국문인협회 평생교육원에서 수필 창작을 지도하고 있다.

사랑, '어린 물고기'가 떠난 자리에 남는 것

행복했던 때를 떠올리면 어린 날로 돌아간다.

학교에 다니느라 일찍부터 섬에 있던 집을 떠나 친할아버지 집에 머물렀던 나는, 방학이면 외가로 가는 것이 큰 즐거움이었다. 친가에서 외가까지는 버스로 삼십 분 거리였다. 내려야 할 정거장을 놓칠까봐 가는 내내 창에 눈을 박다시피 했다. 출발하고 십 분 정도 지나면 '남양 고아원'이라고 적힌 분홍 간판이 나오고, 남양 지서를 지나면 친척 할머니 집이었다. 꽃나무가 많던 그 집을 보며 우리 집에도 나무가 많았으면 하고 생각에 잠긴 사이, 멀리 대포 바다가 보이기 시작하면 큰이모네가 저 바다 마을 어디쯤일까 헤아려보았다. 그러다 버스옆구리로 포도밭이 보이면 금세 용현초등학교 앞이었다. 버스에서 내리면 버스가 일으키고 간 먼지 속을 달려 구멍가게로 갔다.

낡은 나무문을 밀고 들어서면 가겟집 할머니는 기다리고 있었던 것처럼 "자야, 왔나?" 하며 허리를 펴고 일어나 커다란 왕사탕 한 알을 내밀었다. 외할머니가 외상 장부에 미리 올려 두었기 때문에 나는 늘당당했다. 그 가게를 지나 외가까지는 삼십 분을 더 걸어야 했다. 미루나무가 줄지어 선 길을 따라 걷다 보면 들판에서 일하던 이웃 어른들이 "자야, 방학해서 외갓집에 오나?" 하고 반겨주었다. 길 모롱이를 몇 번 돌아 외가 지붕이 보이면, 길가에 나와 기다리고 있던 외할머니가 "자야, 어서 오니라" 하며 나를 향해 달려왔다. 그때면 입안의 사탕은 작아져 있었다.

사탕을 건네던 가게 할머니의 눈빛, 들녘에서 이름을 불러주던 목소리, 양팔 가득 벌리며 달려오던 외할머니의 모습까지 외가로 향하던 그 길은, 나를 부르던 사람들의 기억으로 가득하다.

누군가를 사랑한다는 것은 그 존재를 삶으로 계속해서 호명하는 일이다.

그러나 요즘 사람들은 하루가 다 가도록 한 번도 누군가의 이름을 부르지 않고도, 누군가의 눈빛을 마주하지 않고도, 속내를 나누지 않고도 잘 살아가는 것 같다. 서로를 그다지 필요로 하지 않는 시대가 된 걸까. 언제부터인가 '혼자 자는 방'을 일컫는 '혼방'이라는 단어가 생겨나더니 '혼밥', '혼술', '혼코노', '혼영', '혼카'까지…. 언어의 온상에서 병아리처럼 신조어들이 부화했다. '혼덕질'에 이어, '혼살' 족이 살기 좋은 주거 환경을 일컫는 '혼세권'이라는 말까지 일상어가 되어가고 있다. 이제 사람들은 정말로 사랑 없이도 살아갈 수 있는 걸까.

에리히 프롬Erich Fromm은 사랑을 인간의 근원적인 고립감을 극복하려는 행위라고 했다. 인간은 세상에 태어날 때부터 분리되어 버린 존재들이며, 그 분리의 아픔 속에서 '다시 연결되려는' 갈망을 품는다고 말이다. 수많은 예술 작품이 사랑을 노래하는 것도, 인류가 오래도록 추구해 온 본능적 기쁨과 희망의 접점이 '사랑'이기 때문일 것이다. 그 사랑으로 우리는 지금까지 살아올 수 있었다.

하지만 현대에도 사랑은 여전히 태어나는가?

사랑은 다른 존재와의 관계 속에서 탄생하지만, 많은 사람은 점점 혼자 사는 삶을 택하며, 그것을 '자유'라고 부른다. 누군가를 기다리거나, 누군가에게 기다려지기를 포기한 이 시대에 사랑은 미처 태어나지도 못하고 스러지는 감정처럼 보인다. 또 사랑은 긴 시간을 들여 천천히 자라나는 감정이어서 광속처럼 빠르게 흘러가는 일상을 사는 현대인들에게는 점점 낯설고 어색하게 느껴진다.

영화 〈오키쿠와 세계〉는 그런 세상 속에서도 사랑이 어떻게 태어나는지를 보여준다. 영화는 몰락한 사무라이의 외동딸 '오키쿠'와 인분人糞을 퍼다 농부들에게 팔아서 먹고사는 '츄지'의 사랑 이야기를 담고 있다. 오키쿠의 아버지는 어느 날 결투에 나섰다가 목숨을 잃는데, 그날 아침 화장실에서 똥을 가지러 온 츄지를 만난다. 츄지가 자기 딸과 이루어갈 사랑을 내다보기라도 했던 것일까. 불쑥, '세계'에 관해 묻고는 말한다. "세계는 끝이 없어. 사랑하는 여자가 생기면 이 세계에서 당신이 제일 좋다고 말해줘. 그보다 더 좋은 말은 없어." 유언과도 같은 말을 남기고 밖에서 기다리고 있던 사무라이들을 따라나선다. 아버지가 결투에 나섰다는 것을 나중에야 안 '오키쿠'는 아버지를 찾아 나섰다가 성대聲帶를 다쳐 목소리를 잃는다.

오키쿠는 말을 할 수 없는 존재가 되어 세상과 단절된 채로 일 년여를 방 안에서 보낸다. 이웃 사람들이 그녀를 돌보는 장면은 인상적이다. 매일 그녀의 문 앞에 다가가 아주 작은 소리로 방문을 두드리고, 나지막이 이름을 불러준다. 그들은 침묵에 동행하는 방식으로 그녀를 사랑한다. 어느 이웃이 집에서 구워 가지고 와서 오키쿠의 방문 앞에 놓고 간 작은 정어리 두 마리는 '우리는 언제나 너와 함께 있으며, 우리 모두 지금의 모습 그대로 너를 사랑하고 있다'고 말해 주는 듯하다.

마침내 오키쿠는 세상 속으로 걸어 나온다. 어느 겨울 아침, 조심스레 만든 주먹밥을 들고 츄지의 집을 찾아 나서는데, 수레에 부딪혀 넘어지면서 주먹밥은 수레바퀴에 깔려버리고 만다. 츄지를 만난 오키쿠는 마음을 전하고 싶어 하지만 그럴수록 더 답답해진다. 결국 자신을 내던지듯, 츄지의 가슴에 주먹밥을 싼 껍데기를 거칠게 안겨주며 울음을 터뜨린다. 그제야 츄지는 울컥하며 묻는다. 당신은 무사의 딸이고 나는 이런 신분인데 괜찮겠냐고. 괜찮다는 오키쿠의 끄덕임에 츄지의 눈빛이 빛나는가 싶더니 무슨 말인가를 찾는다. 망설이던 츄지는 말로는 대답할 수 없다며 갑자기 주먹으로 가슴을 치기 시작한다. 이마를 치고 땅바닥에 앉아 하늘 끝을 가리켰다가 땅을 친다. 먼 데를 가리키는 손끝은 떨리고, 눈빛은 막막하다. 그때 눈이 내리고…, 몸짓은 격해진다. 할 수만 있다면 세상의 언어를 다 끌어모아서라도 사랑을 전하겠다는 결기로 몇 번이나 하늘을 가리키고 땅을 치는 행동을 반복한다. 마침내 주먹밥을 싼 껍데기를 펼치더니 격한 동작으로 먹는 시늉을 한다. 오키쿠가 꼭꼭 싸서 담아 건넨 사랑의 마음을 온전히 다 받아들이겠다는 듯이. 함지박에는 눈이 반쯤 쌓이고, 오키쿠의 가슴에도 사랑의 말들이 소복이 쌓여간다. 이 장면에서 '눈'은 말보다 강한 언어가 된다. 오키쿠와 츄지는 말없이 서로를 껴안는다.

그들을 덮은 눈처럼 사랑은 그들의 세계를 덮는다.

이 영화는 묻는다. 사랑은 왜 말로 다 표현될 수 없는가. 프롬이 말했듯 사랑은 단순한 감정이 아니라 기술이고, 태도이며, 훈련이고, 관계 속에서 실현되는 활동이기 때문이다. 그 기술에는 네 가지 요소인 배려와 책임, 존경, 이해가 필요하며, 그것들이 모여야 비로소 사랑은 완성된다. 영화 〈오키쿠와 세계〉는 그 네 가지를 다 보여준다.

그런데…. 사랑은 어떻게 발견되는가?

사랑은 종종 지난 뒤에 더 또렷해진다. 영화 〈라벤더의 연인들 Ladies In Lavender〉은 그 점을 잘 보여준다. 사랑 한 번 하지 못한 채 노년에 이른 '우르술라'에게 어느 날 사랑이 찾아온다. 우르술라는 언니와 함께 파도에 실려 해변으로 떠밀려 온 청년 안드레아를 구하고, 기억을 잃은 그를 자기 집에 머물게 하면서 회복을 돕는다. 시간이 지날수록 우르술라는 지금껏 느껴보지 못한 사랑의 감정에 휩싸인다. 그러나 한 번도 적극적으로 감정을 표현하지 못한 채로 그를 떠나보낸다. 슬픔으로 보내던 어느 날, 우르술라는 안드레아의 연주회 소식을 듣고 언니와 함께 찾아간다. 객석에서 안드레아의 연주를 들으며 함께했던 날들을 떠올린다. 그러다가 안드레아를 발견했던 바닷가에서 손안에 든 작은 물고기를 놓아주는 상상을 한다. 어린 물고기는 그녀를 벗어나지만, 우르술라의 빈손에는 사랑이 남는다. 순간 조슈아 벨 Joshua Bell의 바이올린 연주가 애절하게 울린다. 말로 전하지 못했기에 더 간절한 사랑. 떠나보냄으로써 온전히 드러난 사랑. 어린 물고기가 떠난 빈손처럼, 사랑은 떠나간 자리에서 더 돌올하다. 영화 〈라벤더의 연인들〉에는 라벤더꽃이 한 번도 나오지 않는데, 사랑은 이런 것이라고 또렷이 보여줄 수 없기 때문인지도 모른다. 칼릴 지브란의 말처럼, 보여줄 수 있는 사랑은 아주 작다. 그러니 보이지 않는다고 해서, 찾지 못했다고 해서 사랑이 존재하지 않는 것은 아니다.

찰리 맥커시는 그림책 《소년과 두더지와 여우와 말》에서 소년의 입을 통해 우리에게 묻는다. 성공이 무엇이라고 생각하는지를. 그 물음에 두더지는 "사랑하는 것"이라고 대답한다. 성공하기를 목표로 살아가는 현대인들에게 건네는 선물 같은 말이다. 그리고 이어지는 이야기를 통해 두더지는 말한다. '사랑'은 집으로 가는 길을 잃었을 때, 우리를 집으로 데려다주는 그런 것이라고.

겨울밤 장독에서 꺼내주던 외할머니의 홍시, 처음 학교 가던 날 복을 빌며 등 뒤에서 기도하던 아버지의 눈길, 화롯가에 내 몫으로 남겨져 있던 밤 몇 알, 힘들었던 신혼 시절 내 눈물을 말없이 닦아주던 친구의 손수건…. 모두는 시간 속에서 사라졌지만, 기억 속에서는 '사랑'으로 남아 나를 호명하며 끝끝내 나를 포기하지 않는다. 그리고 가끔, 내가 길을 잃었을 때, 내 이름을 불러 다시 집으로 데려다 준다.

온 생애를 다해 배우고 익혀도 사랑은 여전히 어려운 기술이다. 성경이 계명의 완성을 '사랑'이라 말하는 이유도 그 때문일 것이다. 사랑은, 영화 〈라벤더의 연인들〉에서 '우르술라'가 그랬던 것처럼, 자신이 지켜낸 '어린 물고기'를 움켜쥐지 않고 놓아주는 기술을 평생에 걸쳐 배워가는 것이지, 다다를 수 있는 것이 아니다. 조금씩 조금씩 그것을 향해 나아갈 뿐이다.

떠나보냄으로써 오히려 온전하게 남는 사랑. 그렇게 남은 사랑은 우리의 생을 유영하며 어느 순간 문득, 가슴을 파닥이며 살아 있음을 깨닫게 할 것이다. 그래서 신神은, 우리가 평생을 통해 배워야 할 과제로 '사랑'을 남겨둔 것이 아닐까.

은빛 나귀가 쓴 '벌거숭이의 시詩'

– 후안 라몬 히메네스의 《플라테로와 나》를 중심으로

《플라테로와 나》를 펼쳐 들고 있으면 포도 향기가 달콤하게 번지는 언덕 위에 앉은 듯하다. 보랏빛 노을 속으로 "목가적인 방울 소리"가 퍼지고, 또각또각, 어린 당나귀의 말발굽 소리가 들려온다. 조금 있으면 마을 산책을 마친 나귀와 시인이 은빛 갈퀴를 흩날리며 포도밭 어귀를 돌아 나올 것이다. 또각! 안장에 작은 보퉁이를 얹은 당나귀는 흠칫 놀라 걸음을 멈출 테지. 그러고는 금세 "흑수정으로 만든 딱정벌레처럼 단단한 눈망울"을 굴리며 언제 그랬냐는 듯이 다정한 울음소리를 낼 테고, 그러면 "홍방울새와 검은방울새와 박새" 몇 마리가 "언제나 푸르고 시들지 않는 선인장과 접시꽃과 인동덩굴이 무성한" 풀밭 사이로 날아갈 것만 같다.

20세기 스페인 문학의 백미로 손꼽히는 《플라테로와 나》는 후안 라몬 히메네스Juan Ramón Jiménez(1881~1958)가 쓴 산문 시집詩集이다. '안달루시아 애가哀歌'라고도 불리는 이 시집으로 히메네스는 장식 없는 투명한 언어naked poetry를 통해 스페인어의 미학을 극대화하여 시적 순수성을 획득했다는 공로를 인정받아 1956년, 노벨문학상을 수상했다. 1914년에 초판이 발행된 이 시집은 시인의 고향인 스페인 남부 안달루시아의 작은 도시 모게르를 배경으로 하고 있지만, 고향을 넘어 20세기 초 스페인 전역의 시대적 아픔을 품고 있다.

히메네스는 포도주 사업을 하던 가정의 막내로 태어나 열다섯 살 때부터 시를 쓰기 시작했다. 첫 시집을 펴내던 해, 아버지의 갑작스러운 죽음으로 고향으로 돌아갔고, 심한 우울증을 앓으며 마드리드에 있던 주치의 루이스 시마로 박사의 집에서 2년간 요양했다. 그곳에서 철학과 문학을 깊이 있게 탐독하며 시적 토대를 닦지만, 고향에 대한 그리움을 이겨내지 못하고 다시 모게르로 돌아간다.

돌아와 다시 본 고향은 완전히 바뀌어 있었다. 유년의 영혼이 담겨 있던 옛 고향은 사라지고, 내전으로 파괴된 황폐한 고향이 남아 있을 뿐이었다. 구리광산 개발로 강은 오염되고, 포도밭도 물고기도 사라져 버렸던 것. 남은 것은 가난한 아이들과 겁에 질린 사람들, "쉬 부서지는 가냘픈 유리 붓꽃"과 "시커멓고 무시무시한" 그림자들뿐이었다. 시인은 은빛 당나귀와 함께 고향길을 걸으며 깊은 침묵으로 응시한다. 그리고 시를 통해 그 존재들로부터 유년의 고향을 복원해 낸다.

히메네스에게는 여러 명의 스승이 있었다. 그중, 히메네스의 시 세계에 깊은 영향을 준 인물은 두 명이다. 자연주의 교육자 프란시스코 히네르(1839~1915), 그리고 인도의 시성 타고르다. 히네르는 인간을 바꾸는 힘은 정치나 무력이 아니라 사상과 교육에 있다고 믿었으며, 자연을 스승 삼아 존재를 있는 그대로 바라보는 법을 가르쳤다. 히메네스는 이런 생각을 '자연과 예술과 삶은 하나'라는 신념으로 받아들였다. 이어 그는 아내 세노비아가 주도한 타고르의 《기탄잘리》 번역에 참여하며 동양적 정신과 우주적 감성에 눈떴고, 어린이와 자연을 진리의 원형으로 보는 세계관을 자신의 시학으로 발전시켰다.

1915년, 《플라테로와 나》 출간[1] 이듬해 그는 세노비아와 결혼하고 미국 여행을 떠나며 언어와 사상의 지평을 확장한다. 이후 《영혼의 소네트》, 《갓 결혼한 시인의 일기》 등을 잇따라 발표하면서 문학의 본질에 더욱 가까워진다. 시 외에도 단편소설과 비평 등을 쓰며 왕성한 활동을 이어가던 그는 어머니의 사망을 계기로 다시 칩거에 들어간다. 이후 '죽음'은 시인의 시적 세계를 이루는 중요한 요소가 된다.

1936년에 일어난 스페인 내전은 그의 삶에 중대한 영향을 끼친다. 그는 파시즘에 반대하는 지식인으로서 결국 망명길에 오른다. 그 후, 생애 마지막 22년을 푸에르토리코와 남미 대륙에서 집필과 강연으로 바쁜 날들을 이어가지만, 모국어를 쓰는 사람들과 함께하지 못하는 상실감에 시달렸다. 그는 '망명자라는 것은 내 언어가 곁에 없다는 의미'라며, 자국어를 말하며 살아가지 못하는 자신을 '죽음보다 더 죽은 존재'로 인식했다. 신경쇠약이 악화하면서 스페인어권으로 가라는 조언을 듣고 푸에르토리코에 정착하던 중에 노벨문학상을 받지만 사흘 후 평생의 동반자였던 아내를 떠나보내고, 1년 반 후 그도 아내의 뒤를 따른다.

《플라테로와 나》는 내적 성찰과 깊은 관조로 시적 미학을 극대화

---

1) 《플라테로와 나》 초판은 1914년 출간되었지만, 현재 알려진 완성판은 1917년에 나옴.

한 작품이라는 찬사와 함께, 문학에서 소외되었던 자연과 동물, 어린이의 세계를 철학적 응시로 담아냈다는 점에서 히메네스의 시 철학을 집대성한 책으로 평가받는다. 그는 자신의 시가 오직 플라테로의 눈빛처럼 따뜻한 감성으로 채워지기를 바랐다. 시는 대상이 지닌 몸과 마음, 그리고 영혼까지 다 품어야 내적 진실에 닿을 수 있다고 보고, 수사학적 장식을 배제하려고 했다. 이런 시도는 시의 내용과 함께 형식에도 변화를 불러왔으며, 시와 산문의 경계를 허물었다. 《플라테로와 나》는 히메네스가 완성한 '벌거숭이 시론詩論'의 시발점이자, 이후 그의 문학을 전기와 후기로 나누는 경계가 된다.

  '플라테로'는 시인의 고향에 있던 '은빛 나귀'를 부르는 말이다. 그러나 《플라테로와 나》는 시인이 키웠던 한 마리 당나귀만을 대상으로 쓴 글이 아니다. 은빛 나귀들 전체에 관한 이야기라는 점에서 이 시집은 단지 한 마리 당나귀에 대한 헌사라기보다는, 은빛 나귀들이 상징하는 보편적 존재들에 대한 노래다. 시인은 플라테로라는 은빛 나귀를 존재의 본질을 비추는 거울로 삼는다. 말은 하지 않지만, 시인의 언어를 알아듣고 함께 응시하며 걷는 플라테로는 영혼의 동반자이자 내면의 타자다. 그는 자라더라도 사람처럼 변하지 않고, 변하더라도 타락하지 않는다. 플라테로와 함께 고향 마을을 걷는 일은 곧 삶의 근원을 찾아가는 성찰이자, 투명한 시로 나아가는 길이다.

  히메네스의 시적 여정은 현실을 외면하지 않는다. 오히려 당나귀처럼 두 발로 굳건히 딛고 있다. 시집의 서문에는 "플라테로의 두 귀와 같이 즐거움과 고통이 쌍둥이처럼 짝을 이룬 이 조그만 책"이라는 구절이 나온다. 이는 우주 속 존재가 지닌 양면성을 시를 통해 꿰뚫어

본 시인의 통찰이다. 기쁨과 슬픔, 생과 죽음, 시작과 끝은 모두 같은 자리에서 짝을 이루고 있으며, 시는 그 모순 속에서 피어난다는 메시지다. 삶 또한 결코 단선적이지 않으며, 그 양면성으로 인해 더 단단해지고, 시는 그 복잡한 그물망을 투명하게 받아 안는 언어라는 역설이다.

시집 속 사람들은 대부분 가난하고 힘없는 존재들이다. 이는 히메네스가 《시적 정치》에서 "시인은 불공평과 기아, 가난, 인기와 증오, 범죄가 가장 나쁜 것임을 잊지 말아야 한다"고 한 세계관과 닿아 있다. 특히 어린이는 히메네스의 시 세계를 관통하는 존재다. 아이는 타고르가 말한 것처럼 "우주의 리듬에 가장 가까운 존재"이며, "신이 우주에 심은 꽃"이다. 아이들의 손짓과 말은 시가 되고, 그 순수한 감성은 어른들이 잃어버린 순수의 세계를 비추는 거울이 된다. 히메네스에게는 전쟁과 가난으로 희생된 아이들을 돌보는 삶 자체가 곧 시의 연장이었다.

《플라테로와 나》가 출간되었을 당시, 많은 독자는 이 책을 어린이를 위한 작품으로 알았지만, 시인은 서문에서 단호히 "아니다"라고 썼다. 그는 성인이 읽는 책은 아이들도 읽을 수 있다고 믿었기에 아이들만을 위한 책은 써본 적도 없고 앞으로도 쓰지 않을 것이라고 했다. 그에게 시는 특정 독자를 가르는 장르가 아니라 삶 그 자체를 담아내는 언어의 그릇이었다.

히메네스의 생애를 톺아가다 보면 그가 시와 함께 성장했다는 걸 알 수 있다. 그에게 시詩와 삶은 하나였다. 꿰뚫는 시선으로 일상 속 존재가 가지는 서정의 본질을 보편적인 언어로 담아내며 한 사람 한 사람의 영혼과 만나게 한다. 그는 시를 문장의 가두리로 가두지 않는다. 그의 시가 깊은 철학적 성찰을 담고 있으면서도 어른은 물론, 어린이들에게도 쉽게 읽히며 오래도록 사랑받는 이유다.

> "플라테로야, 네가 나보다 먼저 죽더라도 … 늪지대나 산길 벼랑에 버려지는
> 일은 없을 거야. … 나는 네가 좋아하는 피냐 언덕의 크고 둥근 소나무 아래에
> 너를 묻어줄게. … 사내아이들은 신이 나서 뛰어다니고, 여자아이들은 네 곁
> 작고 나지막한 의자에 앉아 바느질을 하겠지. 내가 외로울 때는 네게 시를 읽
> 어 줄 거야. 오렌지밭에서 빨래하는 처녀들의 노랫소리도 들을 수 있을 거야."
> – 시 〈네가 죽으면〉 부분

은빛 나귀 플라테로는 끝내 한마디 말도 하지 않지만, 존재 전체로 시인의 기도를 듣고 응답한다. 이 침묵 속의 동행이야말로 히메네스가 꿈꾼 시의 궁극이었다.

《플라테로와 나》를 다 읽고 나면 스페인의 작은 마을 포도밭 어귀에서 시인과 플라테로가 올리는 삼종기도[2] 소리가 들려오는 듯하다. 기도를 올리는 그 순간에도 삶은 여전히 우리를 슬프게 하겠지만, 은빛 나귀와 함께라면 우리의 영혼은 어느새 깜깜한 밤, 삼나무숲 우듬지 너머에서 반짝이는 별에 가 닿아 있을 것이다.

---

2) 가톨릭교회에서 하루 세 번 아침, 낮, 저녁에 종을 칠 때마다 드리는 기도.

시베리아의 풀꽃

　그해 여름 나는 시베리아를 향해 달려가고 있었다. 이름을 듣는 것만으로도 무서웠던 땅, 어떻게 가야 하는지 한 번도 궁금해 본 적 없던 땅을 찾아 나선 것은 남북이 철도로 연결되기를 꿈꾸며 남북을 잇는 철로에 필요한 침목枕木 놓기 운동을 하는 사람들을 만난 인연 때문이었다.

　비행기가 이륙하자 다른 여행 때와는 달리 마음이 무거웠다. 눈을 감았다. 동토, 툰드라, 순록, 보드카와 비밀경찰, 안나 카레리나, 닥터 지바고, 나타샤와 카투사…. 제법 많은 단어가 떠올랐지만, 서로는 불통한 채로, 둥둥 섬으로 떠다녔다. 얼마나 날았을까. 블라디보스토크 착륙을 알리는 기내 방송이 나왔다. 시계를 보니 두 시간 삼십 분을 날았을 뿐이다. 그 가까운 거리가 내겐 왜 그토록 멀게 느껴졌던 걸까?

　저녁 7시에 모스크바행 횡단 열차에 올랐다. 블라디보스토크에서 출발한 열차는 밤을 새워 열세 시간을 달린 끝에 하바롭스크에 도착했다. 삼십 분을 정차한다는 안내원의 말에 플랫폼에 내리자마자 재래시장을 향해 달려갔다. 레닌 동상 아래서 마음씨 좋게 생긴 중년의 남성이 큰소리로 "시베리아 꿀"을 외치고 있었다. 큰 숟갈로 떠서 맛을 보여주는데 향이 깊었다. 시베리아 야생화에서 채취한 벌꿀은 세계 최고라는 말에 세 통이나 샀다.

다시 열차는 평원을 달렸다. 멀리 푸른 숲이 이어지고 있었다. 자작나무와 붉은 소나무, 갈매나무라고 했다. 얼마나 많은 사람이 저 숲을 지나 타이거를 넘어 툰드라의 광풍 속으로 사라져갔을까. 열차와 나무들 사이에 펼쳐진 넓은 초원 위로 야생화가 지천이었다. 데카브리스트와 그들을 따라 걸었던 아내들의 숭고한 사랑 이야기들이 들꽃으로 피어나고 있는 것 같았다. 가끔 기찻길을 고치는 인부들이 보였다. 광활한 들판에서 놀랍게도 그들은 혼자였다. 그들도 오래전 유배자들이 남겨놓은 풀씨였을까.

객실에서는 일행과 함께하는 만남의 시간이 있었다. 시민운동가와 언론인, 대학교수, 시인, 자영업자, 주부 등 이력이 다양했다. 최고령자인 80세의 할아버지는 월남 1세대였다. 흥남 철수 때 부모 손에 이끌려 메러디스 빅토리호를 타고 남한 땅에 내린 뒤 풀꽃처럼 살아온 날을 회상할 때는 눈물이 맺혔다. 반도를 떠나 광활한 대륙을 체험하고 싶어 왔다는 시민운동가, 시베리아 들꽃을 사진에 담으려고 온 회사원, 횡단 열차를 타고 유럽까지 달리고 싶다는 시인도 있었다. 모두는 살아온 땅과 흙이 다른 만큼 피워내는 색과 향이 달랐지만, 시베리아의 들풀처럼 녹록한 삶이라고는 없었다. 이리 밟히고 저리 밟혀 흙밭에 쓰러졌다가도 일어나 피느라 아프게 흔들리면서도 꺾이지 않고 끝내 살아낸 풀꽃들이었다.

기찻길 옆으로 하양, 분홍, 보라, 노랑의 야생화들이 피어나 있었다. 매화바람꽃, 구름국화, 알타이 쑥부쟁이, 큰제비고깔, 별꿩의밥…. 들꽃들은 한시도 가만히 있지 않고 제각각으로 흔들리며 제 색깔로 피어나고 있었다. 시린 냉기 속에서도 구김살 하나 없이 어찌 그리 해맑을 수 있는지. 숲의 정령들이 머무는 듯했다.

열차는 사흘을 달린 끝에 우리의 목적지인 이르쿠츠크에 도착했다. 햇볕이 쏟아지는 거리는 사람들로 붐볐다. 온통 꽃밭이었다. 여성들은 저마다 화려한 색깔의 정장을 차려입고서 경쾌한 걸음으로 활보했다. 어딘가에서 잔치라도 열리는 걸까. 모두 연회에 초대받은 손님들 같았다. 넋을 잃고 바라보는 내게 그들은 "즈드라스트 부이체!" 하고 인사하고는 손을 흔들며 가던 길을 바쁘게 갔다.

일 년 중 일곱 달 이상이 겨울인 나라에서 살아내자면 그래야 했을 거다. 눈 속에서 피어나 꽃 피우고, 열매 맺어 겨울이 오기 전에 목숨과도 같은 풀씨 하나 남기려면 얼마나 바쁜 걸음이었을까. 짧은 여름의 태양을 뼛속 깊이 간직하려는 몸짓이었을 거다.

구월부터 시작된 겨울은 사월이 되어야 끝이 난다. 동토를 뒤덮었던 얼음이 몸을 들썩이고, 언 땅 느슨해진 틈새로 야생화가 돋아나기 시작하면 오월이다. 유월이면 풀들은 자라 칠월이면 형형색색으로 꽃을 피우고, 팔월에 이르러 씨를 퍼뜨린다. 그러면 금세 구월이 오고, 겨울이 시작된다. 그 짧은 기간 동안 시베리아의 야생화들은 뿌리 끝으로 언 땅을 갈라지게 하여 씨를 틔우고, 그 힘으로 땅을 포슬포슬하게 만들어 몸을 밀어 올리고 꽃 피워 맺은 열매를 종자로 남긴다. 그리고 이듬해 봄, 다시 얼음을 깨고 소명처럼 씨앗을 틔워내니 풀꽃의 힘이란 얼마나 놀라운가.

풀꽃들은 그렇게 얻은 풀씨를, 제 몸속 어디에 그토록 단단한 공간이 있어 상처 하나 없이 온전히 저장해 둘 수 있는 걸까. 생명을 지닌 것들의 소명일까. 제 속에 각인된 짧은 햇볕의 기억 때문이리라. 한 송이 이름 없는 들꽃인 나도 생애 어느 한순간 받은 따뜻한 햇살의 추억이 있어 시린 시간도 무사히 건너올 수 있었다. 그 볕뉘 한 조각의 기억을 '사랑'이라고 부르고 싶다.

시베리아의 야생화들이 세상의 어머니들 같았다. 혜영이 엄마, 윤정이 엄마, 기준이 엄마, 지훈이 엄마 같았다. 나의 어머니와 횡단 열차 속 일행들의 어머니와 시베리아 철로 변의 인부, 데카브리스트와 그 아내들의 어머니 같았다. 어미들은 그랬다. 평생을 시린 땅에 서 있어도 몸속 어딘가에 보루堡壘 하나 마련해 두고 자식만은 따숩게 담아 놓았다가 꽃으로 피워내지 않았던가.

할 수만 있다면 횡단 열차를 멈추게 하고 싶었다. 기차에서 내려 평원으로 달려가 무릎을 꿇고, 극한의 땅에 풀씨 하나 밀어 올리느라 서럽도록 낮게 피어나는 풀꽃들의 발치에 엎디어 오래도록 바라보아 주고 싶었다.

그 아침, 시베리아 횡단 열차가 달려가는 길은 밤새 해산의 진통을 겪은 산모가 아기를 받아 안고서 맞는 첫 아침인 듯 온통 눈부셨다.

박소현

등대지기
과정철학의 창시자 화이트헤드 –《과정과 실재》를 중심으로
인동 장씨 채란 여사

경남 남해 출생.
2002년 《책과 인생》에 수필 〈가지 않
는 길〉로 등단했다.
아르코 문학창작기금 수혜자로 2회
당선되었으며(2008, 2020년),
경북문화체험 전국수필대전 대상, 해
인문학상 대상, 계간문예수필문학상,
권대근문학상 등을 받았다.
종합문예지 《에세이문예》에 〈박소현
의 명작 산책〉을 7년째 연재 중이다.
한국문인협회, 국제펜클럽 한국본부,
한국산문작가협회, 철수회 회원으로
활동하고 있다.
수필집 《별들은 나이를 세지 않는다》,
《내 안의 윤슬이 빛날 때》 외에 공저
다수가 있다.

등대지기

처음 만난 아이에게 뜬금없는 말을 했다.

"혹시… 할아버지 성함이 용ㅇㅇ 님이시니?"

아이는 똥그랗게 눈을 떴다. 하얀 얼굴, 호리호리한 키, 깍듯이 인사하는 용 씨 성을 가진 그 아이를 본 순간 오래전 기억 하나가 파노라마처럼 밀려왔다. '어쩜 저렇게도 닮았을까?' 50여 년의 세월이 흐른 지금 내 기억의 오류일지도 모르는데 괜히 가슴이 뛰었다.

중학교 1학년 입학 첫날, 내가 배정된 1학년 4반 교실로 갔다. 창문 사이로 들어온 3월 햇살이 14살짜리 소녀들 얼굴만큼이나 눈부셨다.

"드르륵~" 교실 문이 열리고 마치 영화의 한 장면처럼 깔끔하게 양복을 차려입은 키다리 선생님이 조용히 들어오셨다. 우리와의 만남이 어색한지 잠시 머뭇거리시더니 단정한 서울말로 인사를 했다. 투박한 경상도 사투리를 쓰던 우리에게 선생님 목소리는 하늘에서 내려온 신선처럼 느껴졌다. 우리 반 담임 용ㅇㅇ 선생님이었다. 교단에 서는 것이 처음이라고 했다. 섬마을 바닷가에 있는 작은 중학교, 첫 발령의 설렘을 안고 교사의 길에 들어선 선생님과 중학교 1학년이 된 우리의 첫 만남이었다. 숨죽여 바라보던 여학생들 눈동자가 일제히 일렁였다. 누구는 주먹을 꼭 쥐었고, 또 누군가는 옆에 앉은 친구 얼굴을 보며 기쁨에 찬 표정을 지었다.

선생님은 학생들 하나하나에게 물었다. 꿈이 무어냐고. 인간은 꿈을 가져야 한다며 앞으로 우리 반을 즐겁고 행복한 반으로 가꾸자고 하셨다. 선생님 말씀에 아이들 마음은 한껏 부풀어 올랐다. 나뿐 아니라 이제 막 사춘기에 들어선 우리 반 62명 여학생 거의 모두가 선생님을 흠모하며 어떤 기대에 차 있었다. 그때 선생님은 어떤 생각을 했을까. 그 어린 아이들의 순수한 눈망울을 보며 위대한 스승의 길을 가고자 했던 건 아니었을까? 선생님은 영화 〈죽은 시인의 사회〉에 나오는 '존 키팅' 선생님처럼 자유롭고 따뜻하게, 공부보다는 어떻게 살아가야 하는지를 가르치셨던 진정한 스승이었다.

몇 달 후, 청천벽력 같은 소식이 전해졌다. 선생님이 전근을 가신다고 했다. 아니 어떻게, 어떻게 한 학기도 마치지 않고 다른 학교로 전근을 간단 말인가? 우리는 분노했고 찬란히 꽃피던 교실은 일시에 먹빛으로 변했다.

선생님의 마지막 종례 시간, 교실은 숙연해졌고 숨소리조차 조심스러웠다.

"선생님은 너희들 오래 기억할 거야. 다음에 꼭 다시 올게."

여기저기서 훌쩍이는 소리가 들렸다. "차렷!" 나는 울면 안 된다고 속으로 몇 번이나 다짐했지만, 목이 메어 다음 말인 "경례"를 제대로 하지도 못했다. 선생님도 눈시울이 붉어지며 조용히 고개를 숙였다. 푸른 칠판 위로 비치는 햇살 사이로도 그렁그렁 눈물이 맺혔다.

합천 ○○중학교로 가신다고 했다. 선생님이 탄 버스가 보이지 않을 때까지 손을 흔들며 발을 동동 굴렀던 아이들. 그렇게 선생님은 우리 가슴에 그리움만 남기고 떠나셨다.

용 선생님 후임으로 전북대 출신의 정○○ 선생님이 새로 담임이 되었다. 정 선생님 역시 첫 발령을 받은 분으로 가정을 가르치셨다. 아이들은 눈을 흘기며 선생님 눈길을 피했다. 남녀 차별이 당연시되던 시대, 대학에서 전교 부회장을 하셨다는 선생님은 여성으로서의 정체성을 잃지 말라고, 부당한 차별 앞에 침묵하지 말고 당당히 맞서야 한다고 단호하게 우리를 일깨우셨다. 나는 그때 선생님의 그 눈빛과 목소리에서 불의에 맞서는 용기를 배웠다. 남녀공학 학교에서 전교 회장에 왜 여학생은 출마하지 못하느냐고 항의하며 우리 편이 되어주셨던 선생님. 그런 고마운 선생님을 두고도 우리는 한동안 용 선생님을 그리워했다.

전근 가신 지 얼마 안 돼 선생님이 편지를 보내셨다. 중학교 1학년밖에 안 된 내가 아버지가 없다는 게 선생님은 많이 안쓰러웠나 보았다. "용기를 잃지 마, 큰 꿈을 가져야 해, 넌 뭐든 할 수 있어, 항상 널 응원할게." 선생님의 편지에는 늘 그런 내용으로 가득했다. 그 따뜻한 편지들은 가끔 방향을 잃고 휘청거릴 때마다 나를 환히 비춰주던 등대였다. 선생님께 편지를 쓰고 기다리는 일이 공부보다 더 소중하게 생각됐던 날들이었다.

어느 가을, 편지로 소식을 전하던 선생님이 우리를 만나러 학교로 오시겠다고 연락을 했다. 교정을 둘러싼 탱자나무 울타리에서 노란 탱자가 탱탱하게 익어가던 10월이었다. "너희들 보고 싶어 왔지…"

내 가슴 어딘가가 뜨겁게 차올랐다. 바다가 보이는 학교 운동장 끄트머리 잔디밭에 앉아 전근 가신 학교와 우리 학교 이야기를 하며 우리는 시간 가는 줄 몰랐다. 쪽빛 바다도 마치 우리 이야기를 듣고 있는 듯 파도 한 점 없이 잔잔했다. 선생님은 낮고 부드러운 목소리로 노래를 불렀다.

> 얼어붙은 달그림자 물결 위에 차고/ 한겨울에 거센 파도 모으는 작은 섬
> 생각하라 저 등대를 지키는 사람의/ 거룩하고 아름다운 사랑의 마음을~

가수 은희가 부른 동요 〈등대지기〉였다. 다음 날, 부반장 정선이는 어디서 알아 왔는지 〈등대지기〉 가사를 칠판에 적었고 그 노래는 우리 반 반가班歌처럼 불렸다. 바다 물결보다 더 부드럽게 내 마음속으로 밀려왔던 그 노래. 당시에는 가사도 다 알지 못했지만 그건 단순한 노래가 아니었다. 어린 제자들 앞날에 등대가 되어주려 했던 선생님의 사랑이었다.

세월은 흘렀지만, 선생님과의 추억은 아직도 마음속 깊이 남아 있다. 인터넷이 상용화되어 '스승 찾기' 프로그램을 통해 경남교육청 홈페이지에서 선생님을 찾아봤지만, 교직을 떠나셨는지 흔적을 찾을 길이 없었다. 창을 열면 파도 소리가 수업을 알리는 종소리처럼 은은히 들려왔던 우리 교실, 요즘도 가끔 〈등대지기〉를 흥얼거리며 그 시절을 떠올린다.

"아니에요. 저희 할아버지 성함은 용 ㅇ자 ㅇ자 님이에요."

반세기가 흘러 선생님을 꼭 닮은 아이가 내 앞에 서 있다. 그 아이

성이 김 씨나 이 씨였으면 내가 그렇게 물었을까? 용 선생님 이후로 나는 용 씨 성을 가진 사람을 직접 만난 건 처음이었기 때문이다.

이 아이에게 나는 어떤 선생으로 남게 될까? 그날 찍었던 흑백사진 속에서 선생님은 아직도 20대 앳된 얼굴로 조용히 미소 짓고 계신다. 어린 날 내 눈시울을 뜨겁게 했던 나의 중학교 첫 선생님.

과정철학의 창시자 화이트헤드
- 《과정과 실재》를 중심으로

'앨프리드 노스 화이트헤드Alfred North Whitehead'는 20세기 가장 영향력 있는 수학자이자 철학자로 평가받는다. 그가 창시한 '과정철학Process Philosophy'은 화이트헤드 자신이 '유기체철학'으로 명명했으며, 현대 과학철학과 과정신학에 지대한 영향을 미쳤다.

화이트헤드의 대표 저술인 《과정과 실재》는 그가 '기포드 강연 Gifford Lectures'에서 사변철학을 주제로 펼쳤던 강연을 엮은 책이다. 그의 나이 68세에 저술한 이 책은 서구 형이상학의 가장 훌륭한 지침서가 되었다.

기포드 강연은 스코틀랜드 법률가 애덤 기포드Adam Gifford 경의 유언에 따라 '자연신학natural theology'에 대한 연구 증진 및 확산 목적으로 설립된 영국 신학계의 권위 있는 정통 강연 프로그램이다. 세계적인 석학들을 초청해 신학뿐 아니라 종교학, 철학, 과학 등 다양한 분야를 강의한다. 발표 후 강의 내용은 책으로 출판되며 1888년 시작된 이래 매년 개최되고 있다.

"세계는 과정이며, 과정은 생성이다." 이 문장은 화이트헤드의 철학적 관점을 집약적으로 보여주는 표현이다. 《과정과 실재》에서 그는 세상은 고정된 것이 아니라 끊임없이 생성과 변화를 거듭하는 과정이라고 주장했다. 즉, 모든 존재는 유기적 의존 관계 속에서 완전을 향해 가는 과정이라는 것이다. 세상 모든 것은 순수하게 개별적으로 존재하는 것은 없으며 창조적 과정이나 추상적인 것들까지도 유기적으로 의존 관계를 맺으며 과정이 실재가 되고, 실재가 과정이 되는 관계로 존재한다는 것이다.

 일반적으로 과정철학에서는 실재의 근본 성질은 존재 또는 실체가 아니라 과정이라 하며, 불변하는 실체나 기계적이고 자존적 개체보다는 사건이나 유기적 관계성이 실제로는 더욱 근본적이고 포괄적인 양태라고 주장한다.

 화이트헤드의 과정철학은 자연과학과 수학 외에도 기존 형이상학을 아우르는 방대한 범위를 다뤘는데, 가장 치밀하고 난해한 철학사상이라는 평가와 철학사의 모든 것들이 다 망라되어 있어 '서양철학사의 요지경'이라는 평가가 동시에 존재한다. 그 난해함은 그의 제자 버트런드 러셀조차도 이해하지 못할 정도였다고 한다.

 화이트헤드의 철학은 서구철학 진영에서 워낙 어려운 사상으로 취급받은지라 그의 명성이 제대로 알려지지 않다가 20세기 후반에 들어서야 관심을 받게 된다. 그의 철학은 제자이자 조교였던 찰스 핫슌, 존 캅 등에 의해 계승되었고, 미국 클레어몬트대학교의 과정연구소를 중심으로 폭넓은 분야에 걸쳐 연구되고 있으며 우리나라에도 화이트헤드 학회가 있다.

기포드 강연 당시 그의 강의 내용이 얼마나 어려웠던지 강연 둘째 날에는 전날 참석한 청중의 절반밖에 오지 않았고 마지막 날에는 거의 남지 않았다는 에피소드가 전해진다. 한국의 유명 철학자이자 사상가인 도올 김용옥조차도 자신이 하버드에서 철학박사 학위를 공부하던 시절 아무리 읽어도 정복하지 못한 책이 바로 《과정과 실재》였다고 술회한 바 있다. 그러면서도 그는 "화이트헤드는 서역의 붓다다. 안타깝게도 서양인들은 이를 쳐다볼 눈이 없다"라며 그를 칭송했다.

화이트헤드는 데카르트 이후 서양철학의 주류를 이룬 심신이원론을 비판하고, 정신과 물질을 연속 선상에 있는 것으로 보는 유기체철학philosophy of organism을 발전시켰다. 그에게 있어 모든 존재는 다양한 수준의 주관성과 감수성을 지닌 유기체적 과정이다.

그는 철학에 상대성이론과 양자역학을 접목시키기도 했다. 상대성이론이 뉴턴역학과 달리 관계에 관한 학문이라는 것에 착안해 관계를 통해 형이상학적 개념들을 재정의하려 한 것이다. 또한 철학에서의 핵심 개념은 '실제 존재actual entities'이며, 실제 존재는 영속적인 물질이 아니라 잠재성에서 현실로 전환되는 순간적인 사건으로 보았다. 예를 들어, 내가 지금 커피를 마시는 순간은 과거의 경험이나 환경, 감각이 얽힌 사건이며, 이는 곧 새로운 실제 존재로 대체된다는 것이다.

화이트헤드의 과정철학은 전통적인 서양철학을 근본적으로 뒤흔들었다. 1922년에 나온 《상대성원리》에서 그는 근대 과학철학이 결정적으로 범하고 있는 오류는 '잘못 놓인 구체성의 오류'라며 이런 오류가 과학과 철학에 깔려 있다고 했다. 아인슈타인의 상대성원리에 나타난 시간과 공간도 피상적이고 이론적인 시간과 공간이라며 비판했다.

그는 세계를 정적인 실체가 아닌 창조적 과정으로 보았으며 모든 것은 변화하며 상호 작용하는 사건의 네트워크로 이루어져 있다고 했다. 존재를 고정된 본질이나 실체로 보았던 아리스토텔레스나 데카르트 같은 철학자들의 학설을 정면으로 반박한 것이다.

생애

화이트헤드는 1861년 2월 15일, 영국 켄트주 램스게이트에서 태어났다. 성공회 성직자였던 할아버지와 아버지 영향으로 어린 시절 종교적인 분위기에서 자랐다. 청소년기에는 남잉글랜드 중부 도세트주의 사립 샤번학교에 입학해 라틴어와 그리스어 등 고전 교육을 받았으며 수학과 철학에 뛰어난 재능을 발휘했다. 낭만주의 시인인 워즈워스와 퍼시 비시 셸리의 시를 즐겼으며 각종 스포츠에도 능했다.

1880년, 케임브리지대학교 트리니티 칼리지에 입학해 수학을 전공했으나 종교, 철학, 정치, 예술, 문학 등에도 관심을 보였다. 이후 특별연구원으로 선발되며 30년간 수리물리학과 역학을 강의했고 대수론, 기하학, 물질 세계에 대한 책들을 썼다. 이 시기 독자적인 연구를 통해 첫 저서인 《보편 대수론》을 출간했으며 이듬해인 1890년 에벌린 웨이드와 결혼하며 2남 1녀를 두었다. 1903년 《보편 대수론》의 업적을 인정받아 왕립학회 회원이 되었으며 1945년 메리트 훈장을 받았다.

케임브리지대학을 거쳐 런던 왕립대학에서 응용수학과 물리학을 가르쳤으며 1950년 노벨문학상 수상자이자 20세기 위대한 수학자인 버트런드 러셀을 제자로 배출시킨 이학계의 거성巨擘이기도 하다. 러셀과는 공동 저술로 《수학 원리Principia Mathematica》(전3권)를 출간했다. 수학 기초론과 현대 논리학의 성립에 기여한 이 저작은 모든 시대를 통틀어 가장 위대한 기념비로 칭송받는다. 화이트헤드는 이 책에서 모든 수학이 논리적 원리에서 유도될 수 있다는 논리주의를 정립하여 기호논리학의 금자탑을 이루었다.

하지만 책 내용이 얼마나 어려운지 원고를 읽어본 케임브리지 출판부에서 난색을 표할 정도였다. 이 책을 제대로 읽고 이해한 사람은 공저자인 러셀과 화이트헤드, 그리고 후배인 쿠르트 괴델뿐이라는 루머가 있을 정도였다. 하지만 이 저작은 러셀을 세계적 수학자로 이름을 떨치게 했다.

1910년 화이트헤드는 케임브리지대학을 떠나 런던대학에서 수학과 과학철학을 가르쳤다. 대학에 재직하며 《자연 인식의 여러 원리에 관한 연구》, 《자연의 개념》, 《상대성원리》 등의 과학철학 관련 저서들을 내놓게 된다. 이후 화이트헤드의 관심은 점차 과학과 철학 탐구로 확장되었다.

1924년, 런던대학 퇴임 후 하버드대학교의 초청을 받아 철학과 정교수로 부임한다. 늦은 나이에 시작된 이 새로운 여정은 그의 철학적 사유를 본격적으로 꽃피운 시기였다. 이 시기 《과학의 개념》, 《종교의 형성》, 《과정과 실재》와 같은 주요 저서를 집필했다. 논리학과 과학철학을 넘어 형이상학으로의 확장을 도모하며 과정 철학의 기틀을 마련한 것이다.

1947년 12월 30일 86세의 나이로 매사추세츠주 케임브리지에서 서거할 때까지 그는 끊임없이 사유하며, 철학과 과학의 통합을 모색했다. 죽은 뒤 그의 몸은 화장되었고 장례식은 하지 않았다. 출판되지 않았던 원고와 편지들은 그의 유언에 따라 아내가 없앴다.

종교에 대한 화이트헤드의 견해

화이트헤드의 사상은 다양한 분야에 영향을 미쳤다. 《종교란 무엇인가》에서 그는 종교는 인간 내면을 정화하는 믿음의 힘이며, 개체로서의 인간이 자신의 고독으로 이루어내는 것이라고 했다. 즉, 종교는 고독이며 집단적 열광이나 신앙 부흥 운동 등은 종교의 장식물이자 외형에 지나지 않는다고 했다. 종교의 목적은 이 모든 것 너머에 있다는 것이다. 과학적 관심은 종교적 관심의 변종에 지나지 않는다고도 했다.

화이트헤드는 신을 과정 속 존재로 보았다. 즉 신은 절대자이거나 명령하는 존재가 아니라 세계와 함께 변화하고 참여하며 고통과 아름다움을 함께 체험하고 공감하는 존재로 본 것이다. 그는 전통적이고 초월적인 신 개념을 비판하고 '결과적 본성을 지닌 신'이라는 개념을 제안한다. 또한 신은 우주의 창조자가 아니라 모든 현실적 계기들의 경험을 수용하고 이에 반응한다고 주장했다. 《종교의 형성》에서는 "신은 세계의 시인이며, 온화한 인내로 세계를 이끈다"고 표현했다. 이는 강제적 권위가 아닌 설득과 유인을 통해 우주에 영향을 미치는 신의 역할을 강조한 것이다.

화이트헤드의 신에 대한 이런 해석은 전통 신학자들과 갈등을 낳았다. 전통 신학에서 신은 불변하고 전지전능한 존재로 묘사되지만, 화이트헤드는 신을 원초적 본성과 결과적 본성을 가진 존재로 봤기 때문이다. 즉 신은 절대자이거나 명령하는 존재가 아니라 세계와 함께 변화하고 참여하며 고통과 아름다움을 함께 체험하고 공감하는 존재로 본 것이다. 이러한 화이트헤드의 사상은 과정신학으로 이어지며 종교철학에도 깊은 영향을 미쳤다. 이는 그의 철학이 고정된 답을 주기보다는 질문을 열어 놓는 철학임을 반증한다.

화이트헤드는 단순히 학문적 이론가에 머물지 않고, 인간 경험과 우주의 본질을 통합적으로 탐구한 사상가로 오늘날까지도 주목받고 있다. 그의 사상은 현대 과학, 신학, 생태학, 교육학 등 다양한 분야에 깊은 영향을 미쳤으며, 과학과 철학을 융합하여 세계를 정적인 실체가 아닌 동적인 과정으로 이해하는 새로운 형이상학을 제시했다. 특히 《과정과 실재》는 그의 철학적 업적의 정수로 평가받는다.

하지만 화이트헤드의 철학은 많은 비판을 받기도 한다. 실용적 문제 해결보다는 형이상학적 틀에 치중한다는 것과 복잡한 용어와 추상적 체계의 난해함 때문이다. 그러다 보니 그의 사상에 접근하기는 쉽지 않다.

프랑스 철학자 질 들뢰즈는 화이트헤드를 일컬어 '영미권의 마지막 위대한 철학자'로 칭송했다. 그러나 그는 명성에 비해 연구자가 많지 않은 철학자다. 그 이유는 추측건대 그가 추구한 과정철학의 진리를 담은 《과정과 실재》의 난해함 때문이 아닐까 싶다.

하지만 그의 이론은 고전 물리학의 기계론적 세계관을 넘어서는 새로운 형이상학을 제시한다. 현대에 들어 생명윤리나 환경윤리와 같은 유기체적인 문제가 점차 심각해지고 있는 현실에서 존재론적 물음을 주체적으로 전개한 그의 사상에 대한 관심은 더욱 높아지고 있다. 화이트헤드는 철학자이기에 앞서 수학자이자 물리학자다. 세계와 우주 자연을 관통하고 있는 그의 통찰은 현대를 살아가는 이들에게 깊은 영감과 도전을 던지고 있다.

참고문헌

《과정과 실재》(민음사, 2024)

《화이트헤드의 과정과 실재》(서광사, 2022)

《종교란 무엇인가》(사월의 책, 2023)

인동 장씨 채란 여사

어머니 2주기를 맞아 산소에 갔다. 동생 부부와 함께였다. 햇살은 잔잔하게 흘러내리고 봄바람은 부드럽게 묘지의 잔디를 어루만졌다. '밀양 박씨 전도 문중 묘원'. 누군가 정성스레 놓고 간 꽃다발들이 조용히 묘지를 밝히고 있었다.

어머니는 60대 중반부터 30년이 넘게 막내딸과 함께 살았다. 직장과 대학원을 다니는 딸을 대신해 외손들을 보살피기 위해서였다. 꼬맹이 손녀 손자 건사부터 사위 뒷바라지까지, 어머니는 당신이 사는 1층과 딸이 사는 2층을 무던히도 오르내렸다.

장례식을 마치고 어머니 방을 정리하는데 서랍 속에서 차곡차곡 모아 둔 공책 수십 권이 나왔다. 꾹꾹 눌러 쓴 손 글씨가 어찌나 정갈하던지 동생은 또 한 번 눈물을 쏟았다. 자신이 무학이어서 그랬을까? 어머니는 유난히 공부에 열심이었다. 막내 손자가 유치원에 다닐 때부터 방문 학습지를 할 때는 자신도 함께 국어와 한자를 공부했다. 제부가 공부에 목말라 하는 어머니를 위해 일반 학생들처럼 정식으로 등록을 해주었기 때문이다. 70이 넘은 할머니가 어린 손자와 같이 공부를 하며 "○○이는 잘도 하는데 나는 금방 잊어버린단 말이야" 하면서 안타까워하던 어머니. 그런 어머니에게 예쁜 공책과 연필을 사다주며 응원하던 제부. 사위 덕분에 어머니는 일기도 쓰고 한자도 어느 정도 읽는 수준이 되었다. 한풀이하듯 그렇게 문맹을 면한 어머니가 세상을 다 얻은 듯 함박웃음 짓던 모습이 눈에 선하다.

그렇게 열심히 살던 어머니가 90세 즈음 수시로 기억에 혼란이 왔다. 나에게 전화를 해서는 "유경이는 미국에서 어찌 지낸다노? 그 에린 기 말도 서툴낀데…" 하면서 걱정이 태산이었다. 대학을 마친 아이가 한국으로 돌아온 지 꽤 시간이 지났는데도 말이다. 치매 초기라고 했다. 그래도 심한 편이 아니라서 혼자 경로당도 가곤 했는데 코로나19로 문제가 생겼다. 오전에 요양보호사가 와서 말동무를 해주고 가면 텅 빈 집에 혼자 남게 된 어머니가 가끔 밖으로 나가 집을 잃어버리기도 했다. 그러다 보니 제부는 밖에서 일하다가도 어머니가 전화를 안 받으면 수시로 집으로 달려와 어머니를 찾아다녀야 했다.

한번은 동생이 퇴근하고 오는데 어머니가 길바닥에 앉아 신발도 벗어버린 채 자신을 기다리고 있더라고 했다. 그런데도 부부가 한 번도 불편한 내색을 하지 않았다. 막내에게 너무 미안해서 어머니를 요양병원으로 모시자고 설득했지만 제부는 그럴 수는 없다며 버텼다. 어머니가 해주신 밥을 가장 많이 얻어먹은 이가 자신이라며….

하지만 1년 후 거동까지 힘들어진 95세 어머니를 더 이상 집에서 모실 수 없어 요양병원으로 보낼 수밖에 없었다. 병원에서 건강검진도 하고 영양주사도 맞자며 거짓말을 하고는 어머니가 좋아하는 한식집에서 밥을 먹었다. 딸들 마음은 찢어지는데 아무것도 모르는 어머니는 반찬으로 나온 간장게장이 맛있다며 잘도 드셨다.

다행히 어머니는 '예쁜 치매'였다. 다른 건 기억 못 하면서도 신통하게 가족들은 알아보았다. 병원으로 전화해 "엄마 뭐 해?" 하고 물으면 아주 즐거운 목소리로 "이웃에 놀러 왔는데 이제 집에 가야지" 한다거나 삼촌 집에서 숙모하고 논다고도 했다. 늘 웃고 있는 어머니를 간호사들은 '행복한 할머니'라 불렀다.

꿈자리가 하도 뒤숭숭해서 요양병원에 계신 어머니를 해운대 호텔로 모셔왔다. 2주에 한 번 허용된 면회 날짜를 기다리기엔 마음이 너무 불안해서였다. 입소한 지 6개월, 그동안 어머니는 영어의 몸이 되어 작은 세상에 갇혀 지냈다. 자식들과 손자, 손녀들이 다 모여 어머니를 안아 드렸다. 큰외손녀는 할머니 손톱에 꽃분홍색 매니큐어를 칠해 주고는 "우리 할머니 예쁘다, 예쁘다"를 연발하며 호들갑을 떨었다. 그리고는 "할머니, 우리 노래 부를까?" 하면서 어머니 손을 잡고 〈봉선화 연정〉을 불렀다. 할머니가 좋아하는 노래라면서. 요양병원에서 가족을 찾는 일이 있으면 전업주부인 그녀는 할머니가 필요한 물품들을 챙겨 제일 먼저 달려가 말동무를 자처했다. "손대면 톡 하고 터질 것만 같은 그대~ 봉선화라 부르리… 터지는 화산처럼 막을 수 없는 봉선화 연정~~" 어머니도 이별을 연습하듯 나직이 따라 불렀다. 그리곤 회한에 잠긴 듯 멍하니 바다를 바라보셨다. 그때 어머니는 무슨 생각을 했을까?

어머니 80세 즈음부터 내가 부산에 갈 때면 우리는 항상 어머니를 모시고 해운대 리조트에서 잠을 잤다. 남해 바닷가 출신이어서 그런지 어머니가 유난히 바다를 좋아했기 때문이다. 이른 아침 딸들 손을 잡고 동백섬을 산책하거나 밤에 해운대 모래사장에 앉아 노래를 부르고, 연화리 해녀할매집에서 당신이 좋아하는 전복죽을 먹었다. 카페에서 수다를 떨 때면 어머니는 늘 우리에게 고맙다고 하셨다.

자신 생애에 가장 잘한 것이 나와 동생 공부시킨 것이라던 어머니. 초등학생 때 아버지가 암으로 돌아가시자 어머니는 머리에 함지박을 이고 7여 년을 생선 장사를 했다. 그 이유가 두 딸 '까막눈' 만들까 봐서였다니… 어머니의 그 희생을 어찌 잊을 수 있을까.

가족이 다 떠나고 언니와 어머니 목욕을 시키는데 가벼울 대로 가벼워진 어머니 몸이 그렇게 무거울 줄 몰랐다. "시원하다, 시원하다" 하면서도 "힘들제" 하면서 미안해하던 어머니. 호텔에서 이틀 밤을 지내고 어머니는 병원으로 돌아갔다. 간호사가 밀어주는 휠체어에 몸을 맡긴 채 뒤도 한번 돌아보지 않았다. 그게 살아생전 본 어머니 마지막 모습이다.

그로부터 이십여 일 후 일요일 아침, 조카가 울면서 전화를 했다. 그때 나는 아들과 함께 국립도서관에 자료를 찾으러 가던 길이었다. "이모, 할머니 이제 가셔. 마지막 인사해." 요양병원에서 어머니가 산소포화도가 떨어져 위급하다며 가족들을 불렀다고 했다. 숨은 멎어도 귀는 열려 있으니 마지막 인사를 하라는 조카 말에 나는 터져 나오는 울음을 주체할 수가 없었다.

"엄마 잘 가. 고마워, 공부시켜줘서 고마워. 엄마 사랑해. 엄마, 엄마…."

뒤죽박죽 터져 나오는 말들을 토해 내며 나는 오열했다. 운전하던 아들도 갓길에 차를 세우고 둘이서 한참을 울었다. 내 목소리는 전화기를 타고 저승으로 가는 어머니를 배웅하고 있었다. 허심무심, 자식들을 위해 희생만 했던 96세 어머니의 한 생애가 떠나가고 있었다.

평생 고기를 입에 대지 않고, 백내장 수술한 것 외에는 큰 병 앓은 적 없었던 어머니, '인동 장씨 채란 여사'는 가족들이 다 모여 지켜보는 가운데 그렇게 96년 생을 마감했다. 고요히…, 고요히…. 요양병원 입소한 지 7개월 때였다.

자식들한테 혹시라도 부담될까 스스로 수의를 장만해 놓고 장례보험까지 손수 들어놓았던 어머니. 산소를 내려오는데 제부는 내내 뒤를 돌아보고 있었다. 어머니 목소리도 우리를 따라오고 있었다. '자네, 그냥 가시게 뒤돌아보지 말고…'

박춘

사랑, 그 우문愚問에 대하여
한강《작별하지 않는다》
인연에 대하여

1952년 전남 보성에서 출생했다.
2015년 격월간 《에세이스트》 수필 등
단으로 작품 활동을 시작했고,
수필집 《그것을 이해해야 한다》(2024
년)를 출간했다.
《에세이스트》에서 '북 리뷰'를 잠깐
담당했고,
현재는 신인 등단 심사평을 쓰고 있다.

사랑, 그 우문愚問에 대하여

　사랑이 깊이 뿌리내려 단단하고 도처에 흔했다면 인류는 예술이라는 모든 장르와 철학과 종교를 동원해 사랑에 그토록 매달리지 않았을 것이다. 그렇게 오래전부터 사랑을 노래하지 않았을 것이다. 젊은 시절 읽고 아무런 감흥을 느끼지 못해 지나쳤다가 얼마 전 우연히 다시 읽고 침묵에 빠져버린 노래가 있다.

> 임이여 물을 건너지 마오/ 임은 결국 물을 건너시네
> 물에 빠져 죽었으니/ 장차 이 일을 어찌할꼬
> ─〈공무도하가公無渡河歌〉

　익히 알려져 있듯 곽리자고가 어느 날 강가에서 백수광부가 물로 들어가는 사태와 말리고 말리다 공무도하를 노래 부르며 뒤따라 강물로 들어간 아낙을 보고 집에 돌아와 띄엄띄엄 아내에게 전말을 전했고 그의 아내가 눈물 흘리며 다시 불렀다는, 오래전고조선 이어져 온 노래다. 그 아낙이 부른 노래가 절창이어서가 아니다. 이제서야 미쳐

야 되고 미친 마음이 되어 강물로 들어가야 하는 모진 생과 뒤따라 그 강물에 들어설 수밖에 없는 삶이 보이고 만져지는 것이다. 뒤따라 죽는다는 것은 죽은 '그'가 곧 '나'라는 것, 나일 수밖에 없다는 한계 정황을 드러내고 있다. 이것은 사랑이 아니다. 상실이자 고통이다. 사랑은 사랑으로는 말할 수 없어 사랑이 아닌 것으로 사랑을 말할 수밖에 없는 항목이라는 생각이 내 몸을 지나갈 때, 나는 비로소 공무도하를 삶과 목숨을 다한 사랑으로 받아들일 수 있었다.

> 이런 얘기를 들었어. 엄마가 깜박 잠이 든 사이 아기는 어떻게 올라갔는지 난간 위에서 놀고 있었대. 난간 밖은 허공이었지. 잠에서 깨어난 엄마는 난간의 아기를 보고 얼마나 놀랐는지 이름을 부르려 해도 입이 떨어지지 않았어. 아가, 조금만, 조금만 기다려. 엄마는 숨을 죽이며 아기에게로 한 걸음 한 걸음 다가갔어. 그러고는 온몸의 힘을 모아 아기를 끌어안았어. 그런데 아기를 향해 내뻗은 두 손에 잡힌 것은 허공 한 줌뿐이었지. 순간 엄마는 숨이 그만 멎어버렸어. 다행히도 아기는 난간 이쪽으로 굴러떨어졌지. 아기가 울자 죽은 엄마는 꿈에서 깬 듯 아기를 안고 병원으로 달렸어. 아기를 살려내야 한다는 생각 말고는 아무 생각도 할 수 없었지. 얼마 지나지 않아 아기는 울음을 그치고 잠이 들었어. 죽은 엄마는 아기를 안고 집으로 돌아와 아랫목에 뉘었어. 아기를 토닥거리면서 곁에 누운 엄마는 그 후로 다시는 깨어나지 못했지. 죽은 엄마는 그제서야 마음 놓고 죽을 수 있었던 거야. … 이하 하략.
>
> – 나희덕. 〈허공 한 줌〉

근간의 현대시에서 보면 보기 드물게 쉽다. 굳이 분석이나 해석을 요구하지 않는다. 망중한에 엄마가 잠깐 허리를 뉘었고 곤함에 사르르 얕은 잠에 빠졌다. 이 찰나의 순간에 아기는 손과 발로 기어가 베란다 난간을 잡고 일어서 올라갔을 것이다. 오감을 벗어난 기이한 파장이 엄마를 깨웠을 것이다. 숨을 죽이고 난간을 향해 기어가는 엄마를 상상하는 것만으로 이미 반쯤 숨이 막히는 지경이다. 아기가 떨어지는 순간, 허공을 움켜쥔 엄마는 죽는다. 말 그대로 숨이 멎어 죽었을 것이다. 죽은 엄마는 우는 아기를 안고 병원을 간다. 문법도 현실도 될 수 없는 죽은 엄마의 병원행이 문자를 두드리고 두드려서 세계는 일순간 정지되었을 것이다. 다행히 아기는 무사하다. 무사하다는 확인 다음 죽은 엄마는 안심하고 다시 죽어 깨어나지 않는다. 죽은 뒤라도 자식을 위해서는 죽을 수 없다는 계속 살아 있어야 한다는 절대의 지점이 모정이라는 특별한 사랑임을 우리는 안다. 앞의 〈공무도하〉도 뒤의 〈허공 한 줌〉도 죽음인데 사랑을 말하고 있다. 사랑인데 죽음을 지시한다. 있음에서 없음이 되는 상실의 고통에 사느니 죽어야 하는 사랑을 노래하고 있다.

사랑은 어디에 있을까. 혹은 어디서 어떻게 만들어지는가. 인류는 어느 날 "네 이웃을 사랑하라"는 명령과 지시를 전해 받는다. 이웃은 범사를 사이에 둔 일상적 관계를 지칭한다. 그래 '네 이웃은' 보편을 지시한다. 이제 사랑은 보편의 것이 된다. '사랑하라'는 명령은 사랑을 감정이 아닌 이성으로 이끌어야 한다는[이성화] 의미를 내포하고 있다. '사랑하라'는 언명은 자각이기보다 타의에 반응하는 수용성을 띠고 있고, 만들어내라는 강제를 띠기 때문이다. 종교는 죽음을 경계 삼는 사랑이라는 특별한 성질을 이웃과 범사의 보편으로 만들고 특별한 성질이 아닌 이성작용으로 만들었다. 그래 '사랑하라'는 세계 종교가 될 수 있었을 것이다.

〈공무도하〉와 〈허공 한 줌〉은 사랑은 우리 영육 어딘가에 숨어 있다고 한다. 찰나의 순간에 발생하는 때문이다. 반대로 '사랑하라'는 만들어낼 것을 요구한다. 능동성을 주문하는 때문이다. 무얼까, 문학은 우리 안에 사랑이 숨어 있다는 전언이고, 종교는 우리 안의 욕망을 알고 있다는 인식의 경계처럼 보인다.

이제 삶과 죽음의 경계였던 사랑이 보편과 이성작용으로 도처에 출몰한다. 그렇다고 오늘의 사랑을 대수롭다 말해서는 안 된다. 〈공무도하〉도 〈허공 한 줌〉도 한가지로 죽음을 빗대 사랑을 노래한 것은 세상에 어떤 가난한 만남과 헤어짐도 가슴 깊숙이 열정과 통증으로 남는 영원히 아름다운 드문 영혼의 사태라는 지시다. 사랑이 목숨만큼 소중하지만, 목숨을 잃을 만큼 치명적이기도 하는 특별한 것임을 말하고 있다.

내가 그를 사랑하는 것은 그를 원하는 간절한 욕망. 그를 염려하는 한없는 마음. 이 모두는 내 영육에 있는 것. 이것은 사랑은 도처에 숨어 있거나 만들어지기를 기다리고 있다는 증언. 발견하지 못했거나 발생하지 않고 있을 뿐이라는 것.

어쩌면 인간이라는 불가해한 종족에게 사랑이나 우정 자비[헌신] 같은 것을 정의하려는 자체가 사랑을 어렵게 하고 우정과 자비[헌신]에서 멀어지게 만드는 것인지도 모른다. 내가 그를 좋아하고 그를 사랑하고 돕는다는 의식이 영육을 통과할 때 그것들은 알게 모르게 변질을 시작한다. 나는 그렇게 나약하다. 그나마 그것을 알고 있다는 사실에 스스로 위안하고 다행으로 받아들인다. 우리의 무엇이 사랑에 그토록 매달리게 하는지 나는 모르겠다. 아마 끝내 알지 못할 것이다.

한강 《작별하지 않는다》

산문이든 시든 문학작품은 제목이 정해지면 칠 할은 쓴 것이라는 말이 있습니다. 제목을 정하기 어려움을 말하고 제목에는 그만큼 작가가 말하고자 하는 생각이 깊이 숨어 있다는 의미겠습니다. 그래서 일겁니다. 소설 제목 《작별하지 않는다》에서 작가 한강의 심원을 느낍니다. '작별'은 임의의 선택입니다. 헤어진다는 의미의 말에는 이별이 있고 석별이 있고 작별이 있지요. 이별은 선택이기보다 주어진 상황에 가깝지요. 그래 임의로 할 수 없는 숙명적인 것을 내포해 보입니다. 석별은 상황이기보다 헤어지는 심사를 드러내 보입니다. 작별은 제 스스로 내린 결정으로 읽히지요. 선택이라고 말한 까닭이고 작가 한강이 제목에 작별을 택한 이유일 거라는 생각을 합니다. '하지 않는다'는 심연에 고인 의지를 드러내는 것으로 보입니다. 강렬한 의사 표명으로 읽힙니다. 표사에 적힌 문학평론가 신형철의 언명대로 '사력을 다해' 행하겠다는 표시겠습니다. 자신을 도구 삼아서라도 심원을 뒤쫓겠다는 뜻이겠습니다.

《작별하지 않는다》(이하 '작별'로 줄임)는 제주 4·3을 이야기합니다. 인류 문명사에 통과의례처럼 달라붙어 탄식하게 만드는 인간과 인간무리 속성의 추악하고 취약한 횡단면을 서술하고 있습니다. 한 사람이 품었던 염원을 빌리고 자취를 통해 기억을 거슬러 올라가지요. 우리 모두는 이 불행한 현대사를 알고 있습니다. 각자 자신이 처한 위치와 사회적 관계에서 그 역사를 기억하고 있는지도 모릅니다. 보통사람에게 기억은 자신이 알고 있는 것을 사실인 것으로 믿고 그렇게 인식합니다. 그러나 실은 자신의 성향과 관점으로 미화되어 재구성된 관념의 모습일 수도 있지요. 어쩐지 이 불행한 현대사를 바라보는 오늘의 우리 시선은 구체적이기보다 관념화된 집단의식으로 보입니다. 일부 한강 작품을 금서 취급하는 모습을 보면 자신이 속한 계층적 함의의 반응 같기도 합니다. 정체성에 따라 굴절되고 달라질 수 있음을 보여줍니다. 어찌할 수 없는 현상이기도 하겠습니다.

《작별》은 문학적 서술을 통해 그간의 관념을 벗어나 그 불행했던 과거를 되돌아보아 줄 것을 주문합니다. 각자의 위치에서 바라보던 시선, 시대성이나 역사적 문명사적인 관념을 벗어나 삶의 근원에서 생각해 줄 것을 요청하고 있습니다. 삶이 사회적 힘들(권력과 이데올로기, 그것들의 힘인 군과 경찰 그리고 서북청년단)에 의해 파괴되고 그 위에 권력이 생산되며 유지된다는 것을 보여줍니다. 문학적 서술은 문학성이라는 얼른 정의하기 쉽지 않은 표현방식을 말하겠지요. 여타의 정보가 갖추었던 인과성이나 논리(논증)적인 방식이 아닌 창의적 표현이겠습니다.

표현은 문학의 외피겠지요. 이야기 서술을 통해 독자 감정을 발화시키는 언어작용이겠습니다. 이야기를 전달하는 특별한 플롯입니다. 이야기는 서술되는 내용이고 플롯은 이야기가 조립되는 방식을 일컫는다고 합니다. 그러니까 문학성이라든가 문학적 표현은 플롯을 의미한다 말해도 틀리지 않아 보입니다. 당연히 작가의 내면화된 의식을 쫓아가는 것이겠지요. 한강 작가 노벨상 수상 선정 이유가 되었던 "역사적 트라우마에 맞서고 인간 삶의 연약함을 폭로한 강력한 시적 산문, 표현방식의 혁신"은 문학의 표현에 대한 찬사겠습니다.

노벨상 선정 이유 중 하나인 '강력한 시적 산문'을 생각합니다. 앞서 인용했던 신형철을 다시 불러옵니다. "산문에는 두 종류가 있다. 시가 된 산문과 그냥 산문, 산문시를 꿈꾼 흔적이 없는 산문은 시시하다. 예술은 먼저 예술 자체를 혁신하면서 우선 인간을 바꾸고, 멀게는 제도의 변혁에 기여하겠다는 가망 없는 희망에 헌신해야 한다." 그가 산문집 《느낌의 공동체》에 적어 놓은 글입니다. 따로 해석해야 할 것도 용납을 구할 이유도 없어 보입니다. 반대로 무엇이 독자로 하여금 글[산문]을 읽게 하고 탄식하게 만드는가를 추적해도 좋을 것 같습니다. 실은 미안하게도 지극히 단순합니다. 재미와 감동 그 위에 충격이지요. '가망 없는 희망'이라는 말은 어쩐지 인간 본래적 성질과 유한성을 직시한 말로 들리기도 합니다.

시는 무엇일까요. 시적이라는 뜻은 또 어떤 것일까요. 시인이 아니니 시를 말하거나 정의할 수 있는 역량이 저에게는 없습니다. 다만 늦게나마 시를 읽어왔고 읽고 있는 독자이니 그 지점에서 생각할 수는 있겠습니다. 시는 먼저 느끼게 합니다. 사물과 나와 나 아닌 것들을 빌려 영육의 흔들림을 감각하도록 만듭니다. 다음은 생각하게 합니다. 내가 거쳐 온 경험과 앎의 영역을 통해 무엇인가를 생각하게 하고 질문하게 만듭니다. 시는 무엇보다 뜨겁게 묻고 있지요. 끝으로 기대입니다. 한 행과 한 연 앞에 멈추게 만들고 어떤 기대를 품게 합니다. 꿈을 꾸게 만든다고 해도 무방합니다. 이 느낌과 생각하게 만드는 힘과 기대를 품게 하는 것이 시를 읽도록 만듭니다. 결국 본래적인 근원을 묻도록 시키는 것과 꿈을 품게 하는 것이 시이고 시적인 것으로 이해합니다. 누군가 그랬습니다. '품고 있는 꿈과 질문하는 만큼 살아낸다'라고.

편리하게 다른 사람 생각을 빌려오겠습니다. 헤겔은 문학의 미적거리 해설에서 "시의 과제는 감정으로'부터'가 아니고 감정 '속에서' 정신을 해방시키는 것"이라고 했지요. '감정으로부터'는 정조情調의 서정이라고 말할 수 있어 보입니다. 감정 충동에서 벗어나지 못하고 주체에게 붙잡힌 정신을 말하겠습니다. '감정 속에서'는 객관화시킨 자각을 의미하는 추체험으로 이해됩니다. 충동으로부터 구속당하지 않은 자유로운 정신이겠지요. 통속(념)과 편견으로부터 자유겠습니다. 박목월은 "나의 작품을 통하여 삶의 경험을 함께한다"고 소박하나 단정한 일체성을 꼽았지요. 한 시대의 정신이었던 하이데거는 "시인은 항상 나를 앞서간다"고 토로했습니다. "시는 산 위에서 소리를 듣고 철학은 존재를 본다"고도 했지요. 세상의 모든 언어는 의도적인 것을 피할 수 없다는 지점에서 시는 칸트의 정언명령, 목적이겠습니다.

《작별》은 그리 멀지 않은 과거사를 뒤쫓습니다. 허구의 이야기 속에 극도의 사실성을 배회시킵니다. 역사는 사실 기록입니다. 사실적 인과조차도 기록에서 배제해야 하는 것이 역사 기록입니다. 역사를 안다는 것은 기록을 읽고 지식으로 삼았다는 말입니다. 그러나 우리가 역사를 '안다'라고 하는 것이 실은 역사학자의 해석(재배치)을 읽었다는 것일 수도 있습니다.

우리에게 익숙한 역사는 '왜'가 생략되거나 권력의 힘이 작용한 도구화된 '왜'이기 쉽습니다. '왜'는 '어떻게'라는 서사를 통해 문학이 보여줄 수 있는 암중모색이겠습니다. 소설 《작별》은 한강이 세상에 보내는 도구화 된 역사 인식에 대한 항의로도 읽을 수 있겠습니다. 문학이 가진 다의성은 무한합니다.

나는 한강의 《작별》을 읽으며 현악기가 낼 수 있는 극고의 높은음, 끊어질 듯 끊어지지 않고 이어지는 감당하기 힘든 한계 음역이 떠오르고는 했습니다. 생활이라는 노정에서 두 사람의 짧은 만남이 있었고 두 사람은 무의식중에 서로를 단 한 사람으로 인식합니다. 시공간을 떠나 단 한 사람으로 인식할될 수 있는 놀라운 사실이 어떤 수사도 없이 녹아들어 있습니다. "누군가를 오래 만나다 보면 어떤 순간에 말을 아껴야 하는지 어렴풋이 배우게 된다"는 화자의 말처럼 스며들어 있습니다.

그는 예기치 못한 부상으로 말조차 하기 어렵고 손가락조차 움직여서도 안 되는 처지입니다. 나는 그의 부탁을 듣습니다. 조롱에 갇힌 '아마'라는 이름의 앵무새에게 물을 주는 일, 사소할 것 같은(실은 앵무새에게는 삶과 죽음의 경계이고 그에게는 유일한 가족일 수도 있는) 그 부탁으로부터 이야기는 발화됩니다. 최초의 발화로부터 이야기는 기억을 소환하며 어떤 넘침도 없이 낮은 목소리로 시대라는 변명, 문명이라는 괴물, 인간이라는 굴레를 소환하고 중심을 향해 다가갑니다. 다음 서사를 기대하고 마음 졸이게 하는 플롯의 힘에 무망 중에 휩쓸리게 합니다.

　내가 노벨상 수상 이유에는 언급되지 않은 플롯을 문학적 표현에 연결시킨 것은 《작별》 전체 서사를 끌고 가는 구조의 정교한 밀도 때문인지도 모르겠습니다. 나는 무망 중에 이음새도 보이지 않는 어김없이 둥근 원(球)과 같은 공학적 구조물(배치)을 마주 대하고 있는 듯했습니다. 시점의 원근에 따른 서사 직조가 화자인 나의 현재 상황과 순간순간 얽혀 매순간 새로운 지평을 엽니다. 화자의 독백과 의식 흐름 속에 비상한 긴장을 유발하는 보이지 않는 플롯으로 작동합니다. 나와 그의 인연, 그리고 엄마! 악몽을 물리치기 위해 요 밑에 쇠로 만든 실톱을 깔고 자야 하는 60년의 삶이 "꿈속에서 문득 다른 꿈의 문을 열고 들어선 것 같은(233쪽)" 플롯으로 열리고 닫힙니다. 언어의 선명하고 섬세함에 조금도 못 하지 않게, 오히려 더욱 돋보이게 만듭니다.

　생존자인 엄마가 겪어낸 절망적 상황과 가족 생사를 포기할 수 없는 염원이 그의 말을 통해, 때로는 그가 회상해 주었던 전말을 기억해 내는 나를 통해 재현됩니다. 삼자인 나의 서술이 오히려 구체화로 냉정하게 전달되는 구조가 되어줍니다. 더불어 서사 곳곳에 하나의 불가항력으로 작용하고 있는 시간이라는 한계상황이 특별한 감각으로 다가옵니다. 긴장과 집중을 배가시키는 장치가 되어주고 있습니다. 결국 산문에서 플롯이 가진 힘이란 인간사 속성인 소망과 절망을 희로애락을 통해 얼마나 솜씨 있게 전달시키는 구조를 세우고 있는가를 말하겠습니다. 고상하거나 저열함, 활력과 무기력, 소멸과 타락 같은 것들을 다양한 성질로 구성, 일관성 있게 조화시켜 서사를 강렬하게 만드는 것이겠습니다.

나는 한강의 문학에 대해 말할 수 없습니다. 다만 느낌만을 적을 수 있습니다. 그의 문장은 섬세하고 더할 수 없이 선명하고 유려합니다. 반대로 문맥은 부드러움 속에 강렬한 무엇이 숨겨져 있습니다. 어우러지기 힘든 고요와 격정이 함께하며 어떤 면에서는 무겁고 날카롭기까지 합니다. 산문은 생이 가진 삶의 범속성을 재현하여 생의 본래적 면목을 보여주는 것에 있다고 말합니다. 《작별》은 삶의 범속성을 그려내지 않으면서도 공허한 추상이 아닌 구체적 면목으로 형상화해냅니다. 산문을 이룬 시적 서정에 구체화되어 명징하게 드러냅니다. 노벨상 선정 이유 중의 하나인 시적 산문이라는 것은 산문 속에 신형철이 말한 바의 시 정신, 헤겔의 감정 속에서. 박목월의 일체성. 하이데거의 소리를 듣는 일. 칸트의 목적을 바탕하고 있다는 말이겠습니다. 그가 말하고자 하는 서사의 내용이 곧 시 정신으로부터 온 것이라는 의미겠습니다. 산문이라는 장르는 섬세하고 유려한 문체만으로는 서사가 면면부절 이어가지 못하지요. 《작별》은 그 지점을 잘 보여줍니다.

　한강은 제주 중산간이라는 낯선 곳의 눈과 바람, 어둠이라는 배경을 통해 가녀리고 섬세한 언어를 강철 같은 의지로 변화시킵니다. 화자의 의식, 내면 의지들이 어둠과 눈과 바람을 타고 명멸합니다. 특유의 정조로 마음을 뒤흔듭니다. 아무리 그렇다 해도 《작별》의 문학적 표현(시적 산문, 표현방식의 혁신)이 작가의 진실진리에 대한 깊은 인식 지평이 아니면 어떻게 저절로 섬세하고 강렬해질 수 있겠습니까. 작품의 가치는 작가의 삶에 대한 통찰, 인간 삶을 진실하고 심오하며 흥미롭게 하는가. 혹은 진부하고 피상적인 것에 그치고 마는가의 차이겠습니다. 산문이 아니었더라면 깨닫지 못했을 어떤 것을 산문이라는 특별한 방식[서새]을 통해 우리 정신의 지평을 깊게 하고 확장시켜 주는 것에 있겠습니다. 당연하게 문학은 결론을 이끌어낼 수 없지요. 다만 보여줄 수 있을 뿐입니다. 그래 나는 보았습니다.

인연에 대하여

10년 넘게 키우던 '폴리셔스'가 죽었다. 수형樹形을 낮추기 위해 웃자란 우듬지를 몽땅 자른 탓일 것이다. 2년에 한 차례씩 쭉 그래왔는데도 싹싹하게 잘 크던 녀석이 지난봄에는 무엇이 잘못되었는지 밀고 올라오던 새순이 시들더니 영 죽어 버렸다. 어쩌면 우듬지를 자른 시기가 약간 늦었던 탓인지도 모른다. 산수유가 봉우리를 내밀기 전 잘라 주어야 하는데 안이한 생각이 시기를 놓치게 한 모양이다.

'폴리'가 죽었다. 무엇에 열광하고 열중하는 것을 보면 무척 부럽다. 사람과 사람. 사람과 사물의 관계란 필요와 요구라는 구속과 인연의 끈에 얽매이지 않는 경우란 희귀하다. 사람. 짐승. 새와 나무. 사물들에 밝고 맑게 다가가는 글이나 꾸밈없는 마음으로 열광하는 사람을 보면 나는 씁쓸하다. 열광한다는 것은 말 그대로 뜨겁고 눈부시게, 더 할 수 없이 순결하게 몰입한다는 뜻일 것이다. 맑지 않으면 순수하지 못하고 순수하지 않으면 순결하지 못하다. 눈부신 것은 순수의 결정체고 뜨거운 것은 제 몸을 태우는 것들이다. 제 몸을 태우려면 참眞된 정이 깊은 사람이어야 한다. 새나 나무 같은 생명체와 단순한 사물, 나 아닌 어떤 것들에 예사롭지 않은 열정과 헌신. 깊은 울림을 그려놓은 글을 보면 눈이 습해진다. 진즉에 나는 맑지도 못하며 정이 깊지도 못하다는 것을 아는 탓이다.

스무 해 전쯤 고향 인근 도시 중학교에서 교편을 잡고 있는 친구의 초대를 받아 집을 방문한 적이 있다. 뜨락 한편에 꽤 공들인 것이 분명한 십여 평 정도의 온실이 있었다. 친구를 따라 들어서니 분재와 난이 즐비했다. 허리 높이의 받침대 위로 기기묘묘, 형형색색의 화분이 줄을 지었다. 큰놈, 작은놈, 고고한 놈, 딴청 부리는 놈, 단순한 놈, 나름의 무게를 드러내는 놈, 제멋대로 외튼 놈, 눈에 들어오는 대로 죄다 평범하지 않았다. 친구 말인즉 그럴듯한 화분은 하나에 천만 단위를 호가하는 놈도 있다 한다. 겨우 소나무 단풍나무 정도를 구별하는 내 처지에는 그놈이 저 녀석이고 이 녀석이 저놈으로 보이는 형편이었다.

오직 그뿐이다. 수형을 교정 당하느라 철사에 묶인 놈. 부러 웃자라지 못하도록 목이 잘린 놈. 모래땅에 뿌리를 드러내게 해놓고 돌에 의지시켜 간신히 버티게 해놓은 놈. 온통 불편해 보이는 녀석들뿐이다. 다만 친구의 분재에 대한 열광과 열정만큼은 경이로웠다. 내 집에는 그 흔한 화분 하나 없다. 나는 나무든 꽃이든 화분에 가둬두는 것을 내켜 하지 않았다. 산과 들. 울타리 틈새든 마당가든 어느 곳이나 제 생긴 대로 뿌리내린 대로 두는 것이 마땅한 것이 아닌가 하는 생각이 든 것은 이미 철들 무렵부터였다.

친구가 눈을 반짝이며 설명하는 난蘭 화분만 해도 그랬다. 선비. 지조. 무결. 속악을 벗어난 고아함. 맑은 골계미…. 고약한 시새움이 시키는 것인지 혹은 더 깊고 섬세하게 생각하기를 몰라서인지 그의 설명은 내게 겉돌고 있었다. 난은 염소도 뜯어먹지 않는다는 것을 이미 어렸을 적에 확인한 바다. 고향 본가의 뒤안 울울창창한 대나무밭 크고 작은 바위 틈새에, 조부님이 춘란이라고 아끼시던 풀이 듬성듬성 자생했다. 겨울에도 기세등등하게 새파랬다. 어느 해 겨울 염소에게 파란 풀을 먹이고 싶어 대밭으로 끌고 갔다. 염소는 춘란에 코를 대어 보더니 바로 돌아서 버렸다. 외려 곁에 뻗친 이름 모를 반쯤 마른 줄기를 질겅거리며 먹어치우고 흐뭇해한 꼴을 본 후 내게 춘란은 아예 쓸모없는 풀이 되었다.

다만 한 가지는 뚜렷하게 기억한다. 내가 키우던 염소도 시답잖아 하던 풀이 순백이 지나쳐 순청으로 물들어 보이는 꽃잎을 연두색 꽃대에 달고 있던 모습이다. 해를 가린 대숲의 어슴푸레한 그늘과 그늘에 잠긴 바위, 푸른 대나무의 몸통, 그리고 그윽한 고요, 그들 속에서 꽃은 혼자처럼 보였다. 그럴듯한 난 한 촉에 기백을 호가한다는 친구의 말에 나는 대나무 숲과 내가 키우던 새끼염소의 하얀 몸뚱이 같고, 그놈이 내던 울음 같던 꽃과 고요를 떠올리고 있었다.

십오륙 년 전 초가을 어느 날의 일이다. 아내와 외출에서 돌아오는 길이었다. 아파트 잔디밭 한쪽에 아직 빨간 꽃을 매달고 있는 나무가 뿌리가 뽑힌 채 버려져 있었다.(나중에야 기린 선인장인 줄 알았다.) 아내가 "이 꽃나무 그대로 두면 죽을 텐데 가져다 화분에 심어주자" 했다.(이 여자는 내 약점을 누구보다도 잘 알고 있다.) 아파트 현관 입구에 버려진 화분을 주워와 고놈을 심어 거실 한쪽에 놓아둔 것이 애초에 잘못된 일이었다. 은근히 죽으면 어쩌나 했던 녀석이 꾸역꾸역 힘을 내더니 지치지도 않고 계절도 없이 꽃을 피워대는 것이다. 어느 틈에 이놈 뒷바라지는 내 몫이 되어 있었다. 이것이 출발이었다. 어느 날은 관음죽을 주워오고 또 어떤 날은 이름도 모르는 꽃과 나무를 거두다 보니 어느새 화분이 열대여섯이 되고 말았다. '폴리'도 그중 하나였다.

하나같이 이름도 모른 채 그저 죽지만 말라는 심정으로 돌본 놈들이다. 그런데 십여 년이 넘도록 잘 버티던 폴리가 죽어버린 것이다. 세월이 그놈을 제법 우람한 고목 티를 내게 하고 임금이 쓴다는 일산처럼 양양하게 만들어 놓았는데… 분명 키가 높아 보여 키를 낮추고 옆으로 더 펴지도록 하고 싶어 웃자란 우듬지를 잘라버린 것이 화근일 것이다.

우리는 1년이 넘도록 죽은 폴리 화분을 치우지 못했다. 틈틈이 눈에 띄는 화원을 들여다보고 폴리를 찾아보았으나 찾지 못하고 시간이 흘렀다.(나무 이름을 몰라 눈으로 찾아야만 했고 화원에서는 형상을 설명해도 서로 헤매기만 했다.) 그렇게 지나던 중 우연한 기회에 시인이자 수필가이신 김현숙 선생님께 나무의 형상을 설명드렸더니 며칠 후 '폴리셔스'인 것 같다는 소식을 주셨다.

지난겨울이 채 물러가지 않은 이른 3월 초에 화원 순례를 시작했다. 서너 군데를 돌아도 답은 한결같았다. 폴리는 영상 10도 이하에서는 살지 못한다. 겨울철에는 화원에 내놓지 않고 날이 완전히 풀리는 4월에나 가져다 놓으니 그때 오라는 것이다. 지쳐 마지막으로 한 군데만 더 들려보고 가자는 심산으로 들어선 화원에 딱 한 놈이 있었다. 그런데 팔 수 없단다. 난생처음으로 돈 주고 나무 한 그루 사려는데 억울한 일이 벌어졌다. 아직은 옮기는 도중에도 나무가 상할 때이니 4월에 들리라는 것이다. 영하의 날씨는 벗어나서 괜찮을 것 같은데 굳이 다시 오란다. 손님을 문전박대(?)하는 이상한 장사꾼이 우러러 보이는 나는 또 무슨 심보인가. 3월 말에 그예 그 가게를 찾았다.

사 온 폴리 화분에는 여섯 그루가 뭉쳐 있었다. 화원 주인은 올해는 분리하지 않아야 한다고 당부했으나 세 그루씩 분리하기로 했다. 폴리라는 놈은 덩치에 비해 뿌리는 불쌍할 정도로 빈약하다. 원목에 굵은 뿌리는 없고 실 같은 잔뿌리만 달고 있다. 분리하다 보면 서로 엉킨 뿌리가 상하는 것을 면할 수 없다. 잘못하면 실뿌리 몇 가닥만 남을 것이다. 나는 차마 분리하는 중에 떨어져 나갈 뿌리 모습을 볼 수 없어 물 뜨러 간다는 핑계로 화장실로 가버렸다. 폴리는 원래 빈약한 뿌리에다 그나마 달려있는 약한 뿌리조차 상하게 되어 기왕의 나무 세력을 지탱하지 못해 죽게 될 위험한 지경에 빠질 것이다.

분갈이를 마친 이 녀석들의 뒷바라지는 이제 온전히 내 몫이다. 이 순간부터 폴리는 원줄기에 붙어 새순을 갈무리하고 있는 잎사귀 하나만은 살려야 하는 지독한 고통을 이겨내 주어야 한다. 어지간한 잎줄기는 미리미리 제거해야 한다. 수분과 영양 공급에 비해 가지와 잎이 많으면 밑에서부터 차례차례 시들어가다 원줄기마저 고사해 버린다. 원줄기의 새순을 보존시키는 것이 살리는 요령이다.

나는 내가 돌보는 화분들의 이름을 대부분 모른다. 폴리도 죽은 다음에야 이리저리 묻고 다닌 끝에 알았다. 굳이 알려 하지 않는 이유는 나도 확실하게 설명되지 않는다. 다만 서로 아무런 구속도 요구도 짐 지우지 않고 있는 그대로 함께하면 좋은 것이라는 생각인지도 모른다. 혹은 새로운 관계에 대한 서투름의 기피 증세일 수도 있다. 인연을 호명하는 순간부터 서로에게 의미를 부여하고 그 의미는 곧잘 은연중 욕심으로 바뀌는 서늘한 풍경을 보아온 탓도 있을 것이다. 조금만 더 고목이 풍기는 품, 그럴듯한 풍취를 구하고자 한 나의 명리로 폴리는 죽었다. 일방적인 관계로 변한 열중이 그렇게 만들었다. 꽃과 나무가 그들대로 스스로 목적이고 스스로 하나임을 무시한 때문이다. 서로 열중하고 열광하는 것은 굳이 이름을 청하지 않아도 좋을 동행에서 비롯될 수 있다면 그것으로 족해야 한다. 인연이란 서로에게 의미를 부여하지 않고서도 내밀한 열망을 품고 바라보며 동행하는 것으로 충분하다. 인연하자.

백임현

사랑의 찬가
사마천의 인본사상, 역사 속에 숨 쉬다
저출산 시대의 변辯

1987년 《동서문학》으로 등단했다.
현재 한국문인협회, 수필문우회, 송현
수필 회원으로 활동하고 있다.
십 대부터 지금까지 70여 년간 매일
쓴 일기 40여 권이 국가 유물로 선정
되어 여성가족부 산하 '국립여성전시
관'의 기획전에서 일 년 동안 특별 전
시되었다.
수필집으로 《놓치고 사는 기쁨》(1999
년), 《아침소리》(2002년), 《강촌에 가고
싶다》(2009년), 《텃밭에 머무는 사계》
(2013년) 등 다수가 있다.
현대수필문학상(1999년), 황의순문학상
(2013년)을 수상했다.

사랑의 찬가

이십여 년 전 우리가 살던 이웃에 소영이라는 여자아이가 있었다. 우리는 갓난아이 때부터 초등학교 5학년이 될 무렵까지 그의 성장을 지켜보면서 친하게 지냈다. 지금도 그 또래의 아이들을 보면 때때로 소영이 생각을 하곤 한다. 그리고 소영이와 그의 엄마가 내게 주었던 크고 작은 감동들을 떠올리곤 한다.

소영이 엄마는 사십이 다 되도록 아이가 없었다. 그는 이목구비가 시원시원하게 잘 생겨 어디에서도 눈에 띄는 화려한 인상이었다. 나보다 한참 손아래였으나 성격 또한 서글서글하여 붙임성 있게 말도 잘 걸어오곤 하였다. 어디를 봐도 손색이 없는 사람인데 딱 한 가지 아이가 없다는 것이었다. 지금 같은 저출산 시절 같으면 아무 문제가 없었겠지만 8, 90년대 그때만 해도 그건 걱정스러운 일이었다. 활달해 보이는 성품 어딘가 쓸쓸한 그늘이 있어 보였다.

그 여자가 사십을 넘긴 어느 봄, 난데없이 그 집 장독대 빨랫줄에 백옥같이 깨끗한 기저귀가 눈부시게 펄럭였다. 아, 이게 웬일. 그것은 아기가 있다는 말 아닌가. 골목 안의 대사건이었다. 그 모든 사건이 그렇듯이 얼마 지나고부터는 그 집에서 들리는 갓난아기의 울음소리, 덩치답게 큰 소리로 어린애를 달래는 그 여자의 음성이 문밖까지 새어 나오는 등, 자연스럽게 그 여자는 소영이 엄마가 되었다.

어느 날 새벽, 문간에서 들리는 아기 울음소리에 놀라 나가 보니 대문 앞에 '소영이'라는 이름표를 단 간난 아기가 놓여 있었다는 것이다. 옛날 말로 하자면 '업둥이'였다. 꿈에도 아이가 소원이었던 그 여자는 하늘의 선물이라고 생각하고 아기를 안아 들였다. 이 사실은 한동안 골목 안 심심치 않은 이야깃거리가 되었지만, 아기를 너무도 사랑하는 '소영이 엄마'의 지극한 모습 앞에서 친자식이냐 업둥이냐 하는 것은 문제가 되지 않았다. 오히려 동네 사람들도 덩달아 소영이를 예뻐하지 않을 수 없었다.

소영이가 걸음을 익혀 뛰어다니게 되자 소영이 엄마는 아기를 데리고 골목에 나와 노는 때가 많았다. 아이와 숨바꼭질도 하고 술래잡기도 하면서 정신없이 같이 놀곤 하는데, 그때 엄마의 모습은 마치 장난에 도취된 개구쟁이 소년 같았다. 재미있어 어쩔 줄 모르는 아이의 밝은 웃음소리와 아이의 즐거움이 행복한 엄마의 웃음소리, 그럴 때는 동네 아이들도 같이 나와 어울려 놀았기 때문에 주택가 골목은 전에 없이 생기가 돌았다.

소영이가 자라서 대여섯 살이 되었다. 그 무렵 우리 골목에서는 배드민턴이 유행이었다. 우리 집 앞은 비교적 골목이 넓고 조용하여 사람들이 여기에 자리를 잡고 공을 치는 등 운동을 하는 경우가 많았다. 소영이 엄마도 배드민턴에 아주 열심이었는데 그녀가 배드민턴을

칠 때면 내다보지 않아도 알 수 있었다. 그것은 소영이의 야단스러운 응원 소리 때문이었다.

"우리 엄마 이겨라, 우리 엄마 이겨라."

어린아이가 온 힘을 다하여 외치는 그 응원은 실로 요란하여 누구라도 그의 편을 들지 않을 수가 없을 지경이었다.

소영이는 착한 아이였다. 그가 열 살 넘어 초등학교 4학년쯤 되었을 때부터 나는 그들 모녀를 시장길에서 만날 때가 많았다. 그럴 때 보면 소영이는 엄마보다 더 큰 짐을 들고 명랑하게 인사를 하곤 했다. 그즈음의 겨울, 내가 눈길에 넘어져 오른팔을 깁스하고 다닐 때였다. 추운 날, 시장길에서 소영이를 만났다. 다른 때 없이 혼자 양손에 무거운 짐을 들고 힘 빠진 모습으로 걸어오고 있었다. 그가 인사를 하고 나서 한 손을 걸머메고 있는 나를 근심 어린 눈으로 쳐다보며 말했다.

"아줌마, 많이 아프시지요? 우리 엄마도 팔 다치셨어요. 얼마나 불쌍한지 몰라요. 한 달도 더 있어야 낫는데요. 불쌍해 죽겠어요."

이렇게 말하는 어린아이의 음성은 울먹이고 있었다. 나도 그때 똑같은 상황이었는데 남자들만 사는 우리 집은 아무도 불쌍하다는 생각은 안 하는 것 같았다.

"그렇구나. 그럼 일은 누가 하냐?"

"제가 다 해요."

바쁜 듯 걸음을 재촉하면서 가는 뒷모습을 보면서 사랑으로 이어지는 인간관계의 아름다움에 가슴이 젖어왔다.

그 이듬해 봄, 우리는 그곳을 떠났다. 지금쯤 고등학교 상급반이 되어 있을 소영이가 잘 크고 있는지 가끔 궁금할 때가 있었다.

지난번, 그 동네 은행에 볼일이 있어 갔다가 뜻밖에 소영이 엄마를 만났다. 내가 이웃에 살 때 자기 딸을 귀여워했기 때문인지 그는 반색하며 내가 제일 궁금해하는 소영이 얘기를 꺼냈다.

"우리 소영이 커진 후에 못 보셨죠. 예뻐졌어요. 남자애들이 어떻게 쫓아다니는지 학원에 다니기가 힘들어요. 저희 아빠가 데리고 다닐 때가 많아요. 그리고 애가 착해요. 비싼 옷을 사준다고 해도 막무가내로 싫다고 야단하면서 엄마나 사 입으래요."

자라서 얼마나 변했는지 모르지만 어릴 때 바탕으로 보면 그 정도로 예뻐졌을 것 같지는 않은데 엄마의 눈에는 소영이에 관한 모든 것이 기쁨 아닌 것이 없는 것처럼, 그의 딸 자랑은 끝이 없고 암만 들어도 싫증이 나지 않는다.

소영이가 사춘기를 맞아 드라마에서 흔히 보는 것처럼 자신의 출생 내력을 알게 되어 모녀가 상처라도 받으면 어쩌나 걱정도 했는데 변함없이 사랑이 이어지고 있는 것 같아 마음이 놓였다. 자칫하면 버려진 아이가 되어 불행하게 살았을지도 모르는 소영이가 핏줄을 넘어선 양부모의 극진한 사랑 속에서 행복하게 자라고, 또한 엄마에게도 소영이는 삶에 보람과 기쁨을 선사한 절대적인 구원이었다.

해마다 버려지는 수많은 그림자 아이들이 있고 고아 수출 1위라는 한국, 그 쓸쓸한 이야기를 들을 때마다 이웃들의 인심까지 훈훈하게 하였던 소영이 모녀 생각이 곱다란 한 폭의 수채화처럼 떠오르며 마음이 따사로워진다. 그 숭고한 사랑의 아름다움이….

사랑은 한없이 크고 위대하다. 그러나 우리 일상의 작은 사랑 또한 아름답고 애절하다

사마천의 인본사상, 역사 속에 숨 쉬다

인본주의자 사마천

사마천은 130여 권의 《사기》를 쓴 중국의 역사가다. 사마천은 사람을 사랑했다. 그는 역사 속에 살다간 사람들의 파란만장한 이야기를 통해 인간을 묘사하려 했기 때문에 사마천의 역사서는 소설처럼 감동을 주는 사람들의 이야기로 가득하다. 우리가 자라면서 재미있는 옛날이야기로 알고 있었던 많은 이야기가 사실은 사마천 《사기》에 나오는 고사였던 것이다.

내가 다니던 고등학교의 교장 선생님은 학계에서 꽤 저명하신 동양학자분이셨다. 그분은 조회 때마다 재미있는 중국 고사로 훈화를 해주셔서 지루할 수도 있는 조회 시간을 즐거운 시간으로 만들어주셨다.

수양산에서 고사리를 먹으며 절개와 소신을 지키다 죽은 '백이 숙제', 얼굴을 찡그리면 더 아름다워졌다는 오나라 절세가인絶世佳人 '서시', 왕의 말을 훔쳐 잡아먹은 말 도둑에게 처벌은커녕 술을 보내줬다는 진秦나라 어진 왕 '목공', 열한 살에 정승이 되어 나라에 공을 세운

'감나甘羅', 너무도 유명한 제나라 명재상 '안영'의 재치 넘치는 일화 등 교장 선생님의 훈화 말씀은 무궁무진했다. 교장 선생님의 그 재미 있는 얘기들에는 세상 어디에서도 들을 수 없는, 우리가 어떤 사람이 되어야 하는지, 무엇을 보고 배우며 어떻게 사는 것이 제대로 사는 것 인지에 대한 참다운 교훈이 있었다.

서양 아이들이 그리스 신화 속 신들의 이야기와 트로이 전쟁의 오 디세우스, 아킬레스, 헥토르 등의 멋진 영웅담을 들으면서 인간의 자 유와 행복을 추구하는 서구정신을 키워가듯, 우리는 어른들의 이러 한 이야기를 들으면서 알게 모르게 군자의 도를 배우고, 선비 정신을 익혀가며 그것을 사람이 지켜야 하는 덕목으로 알고 동양 정신을 길 러왔다.

학생 때 교장 선생님의 뜻깊은 훈화가 사실은 중국의 역사가 사마 천의 《사기》에서 인용한 말씀이었다는 것을 알게 되고, 그 책을 찾아 읽은 것은 한참 세월이 지난 후의 일이다. 세상에 이처럼 장엄한 역사 가 있고, 이토록 대단한 역사서가 있다는 것이 경이로웠다.

사마천은 누구인가?

사마천은 불우한 역사가였다. 그래서인지 그의 사관史觀은 역사의 사실적 기록보다 시대를 살다간 인물들의 파란만장波瀾萬丈한 삶에 비중이 더 실려 있다. 《사기》130편 가운데 인물전기가 112편이고, 그중에서 57편이 비극적 인물의 이름으로 편명을 삼은 데에서 인간 을 바라보는 그의 인본주의 정신을 짐작하게 된다.

사마천(기원전 145~90년)은 용문(지금의 섬서성)에서 태어났다고 기록되어 있지만, 사마천이 태어나고 세상을 떠난 연대는 여러 설이 있어 확실하지 않다. 대체로 한무제 때 일생을 마쳤다고 전해진다. 그의 선조들은 대대로 주周나라의 사관이 되어 왕실의 역사를 기록했으나 주왕실의 몰락으로 세습적인 일이 중단되었으며 그 뒤 수백 년이 지나 부친 사마담司馬談이 한漢나라의 태사령太史令이 됨으로 역사가의 가문이 이어질 수 있었다. 그러나 천문과 역법을 다루는 태사령은 미미한 직책이었다. 사마담은 그러한 사실을 깊이 한탄하며 중국의 사라져버린 역사의 기록을 다시 찾아 기록하려 했으나 그 뜻을 이루지 못하고 세상을 떠났다. 그리고 자신이 이루지 못한 역사서를 반드시 집필하라는 간곡한 당부는 아들인 사마천이 반드시 이뤄야 하는 절대적인 과제가 되었다.

사마천은 어릴 때부터 고대의 옛 문서를 공부했고, 20대에는 한漢나라 전국을 다니며 견문을 넓히는 등 역사가로서의 소양을 쌓아갔다. 부친이 사망한 뒤 태사령이 되어 궁중에서 소중하게 간직한 문헌이나 자료, 각지에 흩어져 있던 기록 등 문헌을 수집하며 정리하는 4년여의 준비 기간을 거친 끝에《사기》를 집필하기 시작했다.

그러나 그때 사마천에게 불행이 닥쳤다. 이광의 손자 이릉李陵이 흉노에게 투항했는데 이릉의 잘못을 늘어놓는 신하들과 달리 사마천은 이릉의 투항은 불가피한 것이었다고 적극적으로 변호했던 것이다. 이일로 사마천은 감옥에 갇히고 궁형이라고 하는 치욕스러운 형벌을 받게 되었다.《한비자》를 저술하고 신하의 처신을 누누이 서술한 사마천 자신이 역린逆鱗을 범했던 것이다.

이때 사마천은 마흔 살의 장년이었다. 죄수의 몸이 되었고 깊은 절망에 빠져버리고 말았다. 사마천은 《사기열전》의 첫 시작을 〈백이열전〉으로 쓰면서 옳은 일을 위해 소신을 지킨 인물이 불행을 당한다면 "과연 천도天道는 있는가?"라고 한탄했다. 그러고는 비탄에 젖어 한숨을 쉬었다.

"아, 이게 내가 받는 벌이란 말인가? 몸을 망치고 말다니."

그러나 그는 이 암울한 절망의 밑바닥에서 과거 역사의 생각에 몰두했다.

생각건대,

《주역》은 서백문왕이 유리에 유폐되었을 때 발전했고,

《춘추》는 공자가 진, 채에서 어려움을 겪은 뒤 지어졌다.

《이소》는 굴원이 고국에서 추방당하고 지어졌으며,

《국어》는 좌구명이 봉사가 되었어도 남겼다.

어디 그뿐인가? 손빈은 다리가 끊겼어도 《병법》을 펴냈고,

《시경》 삼백 편은 대부분이 선현들의 치밀어 오르는 생각들을 담아서 지은 것이다.

– 《사기》의 '태사공자서太史公自序'에서

이와 같이 사람들은 억울함을 토로할 수 없을 때 옛날을 말하면서 미래에 기대를 걸었던 것이다. 하늘이 사람에게 큰일을 시키려면 먼저 우환을 준다고 성현들은 말했다. 사마천이 참담한 현실에서 살아남아야 했던 것은 역사를 완성하라는 부친의 유언을 실현해야 한다

는 사명감이 우선이었겠지만, 암울한 현실에 대한 울분이 인간적인 관점에서 그의 역사 인식을 더 치열하게 만들었기 때문일 수도 있다. 울분과 결핍의 정신이 명저를 낳는다고 할 수 있다.

시대적 배경과 내용

사마천《사기》는 옛 제왕의 시대부터 기원전 2세기, 즉 사마천 당대에 이르기까지의 방대한 중국 역사를 다루고 있는데, 50개 제후국諸侯國 가운데 살아남은 전국칠웅戰國七雄의 흥망성쇠를 주축으로 수많은 인물의 이야기들이 생생하게 그려져 있다. 이때는 주周나라 이후 진한秦漢 건국 이전까지의 과도기였는데, 각국의 제후왕들이 천하의 패권을 잡으려는 야심을 품고 서로 죽고 죽이는 혼란기이며 세계사에서도 드문 암흑기로 춘추전국시대春秋戰國時代라고 일컬어지는 시기였다. 진秦, 초楚, 연燕과 같은 강대국은 영토 확장을 위해 호시탐탐 침략 전쟁을 일삼았고, 이 틈바구니에 낀 한韓, 위魏, 조趙, 제齊와 같은 약소국은 국가 보존을 위한 전략 마련에 고심했다. 이러한 시대적 상황에서는 지혜와 지략이 뛰어난 실력자 집단이 필요했다. 제후나 왕들은 다투어 천하의 인재를 찾아 영입했고, 그렇게 발탁된 인물들은 아낌없는 전략으로 헌신했다.

양가죽 석 장으로 조나라로 팔려간 오고대부 백리해, 일곱 나라를 안정시키고 노나라의 위기를 구한 자공子貢, 설득의 귀재 소진 장의, 진나라 개혁의 공신 이사와 상앙 등. 이들은 모두 전국시대의 내로라 하는 유세의 달인들이었다. 이때는 왕권이 약해지고 여러 제후국이 저마다 나라를 보존하려는 부국강병이 절대적인 시대였기에 유세객뿐 아니라 다양한 사상과 학술을 연구한 학자들이 자신들의 이론과 철학을 통치자에게 제공하며 영향을 미친 백가쟁명百家爭鳴의 시대이기도 했다. 춘추전국시대는 중국 역사상 가장 격동의 시대였으나 유가, 법가, 도가, 병가 등 다양한 사상과 철학을 꽃피운 제자백가諸子百家의 전성시대이기도 했다.

시간과 공간을 초월한 인류의 고전

내게 있어서 사마천 《사기》는 옛날이야기다. 그것을 역사적 학문으로 배우지 않고 어릴 때부터 어른들이 들려주는 옛날이야기로 들었기 때문이다. 학생 때 교장 선생님처럼 사람이 바르게 살고 사람답게 사는 길을 말할 때면 《사기》를 얘기했던 것이다. 2천 년 전 중국의 얘기를 로봇이 판치는 21세기에 읽으면서, 나는 아직도 그것이 현재를 살고 있는 사람들의 일인 것처럼 감동하면서 읽게 된다. 그것은 역사를 통해 인간을 묘사하려는 사마천의 인간 중심사상이 시간과 공간을 초월해 사람 본연의 속성과 삶의 의미를 되새기게 하기 때문이다. 세상은 달라졌지만 사람 사는 모습은 고금古今이 별로 다르지 않아, 그의 《사기》는 생명감 넘치는 살아 있는 역사가 된다. 그의 《사기》는 단순한 사실의 나열을 넘어 인간중심의 전기적 접근, 역사적 인간관계 분석, 사람이 갖고 있는 마음가짐을 파헤치는 세심한 통찰을 통해 인간이 추구해야 하는 삶과 가치, 세상살이의 교훈을 담아 전달한다.

《사기열전》 첫머리에 〈백이열전〉을 기술하여 지조와 소신을 가르쳤고, 〈오자서〉, 〈범여 도주공〉 열전에서는 신의와 충절을 일깨웠다. "선비는 자기를 알아주는 사람을 위해 죽는다"는 〈자객열전〉의 형가荊軻, 노름꾼, 문지기, 술장사, 천민이라도 어질면 찾아다닌 〈군자열전〉의 신릉군信陵君, 전쟁터에서 병사의 피고름을 빨아 준 장군 오기吳起, 우리는 이런 일화를 통해서 사마천의 세계관이 인본주의에 천착하고 있음을 짐작하게 된다.

사마천은 사람을 사랑했다. 오랜 세월《사기》를 수없이 되풀이해 읽으면서도 읽을 때마다 감동이 새롭고 벅찬 희열을 느끼게 되는 것은 사마천의 속 깊은 인류애가 느껴지기 때문이다. 사마천은 인간에 대한 연민과 애정이 깊었던 사람인 것 같다. 격동의 시대를 살다간 약 120여 명 비운의 인물을 통해 사마천은 말하고 있다. 비극이야말로 그 시대의 표정이고 난세의 단면이었음을.

어릴 때는《사기》를 옛날얘기로 들었고, 철이 들어서는 고전으로 읽었다. AI가 인간의 지능과 문명을 추격하고, 핵무기가 인류의 생존을 위협하는 21세기 첨단 과학 시대인 지금 나는 2천 년 전에 살다간 사람들의 이야기를 읽으면서 세상 모르고 도취되곤 한다. 내가 고루한 것인가. 그러나 읽을 때마다 공감하고 감탄하게 되는 책, 거기에는 사람이 살아가는 명쾌한 진리가 있고, 인간적인 숭고한 정신세계가 있다.

세상살이의 형태는 달라졌어도 옛날이나 지금이나 인간의 원천적 속성은 변하지 않아 역사와 문화와 삶을 연결하는 핵심은 바로 인간이어서 그것이 오늘 나의 이야기로 전달되기 때문이다. 그래서 사마천의《사기》는 인본주의의 근간이며, 시공을 초월한 명작인 것이다.

참고문헌

《사기열전 1, 2권》김원중 옮김(민음사 2007년)

《사기열전》박성연 엮어 옮김(아이템북스 2000년)

《열국지》풍몽룡 지음, 김구용 옮김(솔 2001년)

인간·철학·수필

저출산 시대의 변辯

　나는 60년대 산모産母다. 내 친구들도 모두 같은 시기에 아이를 낳아 길렀다. 사오 남매는 기본이었다. 5, 60년대는 아직 전쟁의 상흔이 가시지 않은 궁핍한 시절이었다. 그러나 우리는 아이를 낳고 기르는 데 여건 같은 것을 따지지 않았다. 더구나 우리는 전쟁 세대였다. 난리통에 가족을 잃은 결손가정이 많았다. 그 빈자리를 메우기라도 하려는 듯 그때 산모들은 아이들을 많이 낳았다. 그 무렵 전후前後에 태어난 아이들이 지금 고령화로 사회문제가 되고 있는 '베이비붐' 세대다. 그러니까 우리는 '베이비부머'의 어미들이다. 그리고 다산 시대의 마지막 어미들일 것이다.

　그때 우리나라는 무척 가난했다. 아시아에서도 최빈국이었던 70년대 초, 정부에서는 무섭게 불어나는 인구에 겁이 난 것 같았다. 그 무렵부터 살면서 듣도 보도 못한 구호들이 나돌기 시작했다. 처음 들은 것이 '가족계획'이라는 말이었다.

　처음엔 낯설었다. 그리고 비인간적으로 들렸다. 가족은 공장의 생산품이 아니고 규격 제품이 아니다. 어떻게 계획생산을 한단 말인가.

생기는 대로 낳고 형편대로 기른다. 옛날 할머니 어머니들은 "제 먹을 것은 가지고 태어난다"는 말을 신앙처럼 믿고 칠팔 남매를 겁 없이 출산하셨다. 그것이 자연스러운 사람의 일이라고 생각했었기 때문이다. 아무리 가난한 가장도 생겨나는 아이를 억지로 마다하는 무책임한 아비는 없었다.

형편이 어려운 나라에 사람 늘어나는 것이 그렇게도 무서웠을까. 날이 갈수록 출산을 막으려는 정책은 막장으로 치닫고 있어서 아예 아이를 낳지 않는 것이 애국인 것처럼 생각하게 했다. 지금도 6, 70년대 세상에 난무했던 구호들이 생각난다.

"덮어놓고 낳다 보면 속절없이 거지 된다."

"식량은 산수급수, 인구는 기하급수, 굶어 죽기 똑 참하다."

그 무렵 서울역 광장 드높은 광고탑에는 지름이 한아름이나 되는 대형 지구의地球儀가 돌고 있었다. 그런데 놀라운 것은 한쪽 끝에 어린아이가 아슬아슬하게 매달려 같이 돌고 있는 것이었다. 그리고 번쩍이는 전광판의 섬뜩한 문구.

"하나씩만 낳아도 지구는 초만원."

아이를 많이 낳는 것은 한 집안, 한 나라의 불행을 넘어 전 인류의 재앙이라는 말이었다. 한때는 전후戰後 결손인구에 기여했던 우리 다산 세대들은 일시에 세상 물정 모르는 무지한 어미가 되어버렸다.

예부터 부귀다남富貴多男이라고 해서 자식이 많아야 집안이 번성한다며 자랑으로 생각해 왔는데 이제 우리는 어디 가서 아이 많다는 말을 부끄러워할 수가 없었다. 그때는 학교의 지리 시간에도 우리나라 인구밀도가 가장 높다고 배웠는데 왠지 우리가 열등한 후진국 같은 생각이 들어 기가 죽었었다. 이런 사회적 환경 속에서 누가 아이를 낳고 싶었겠는가. 산모들이 출산을 꺼리니 출생 인구가 줄어드는 것은 당연했다. 정부 시책인 '가족계획'은 기막히게 성공한 것이었다.

그러나 어찌 알았으랴. 세상사 조변석개朝變夕改라고 하더니 그 성공의 축배가 식기도 전에 세상은 다시 한번 뒤바뀌어 오늘은 저출산이 나라의 근심거리가 되고, 세계가 다 한국의 국가 소멸을 걱정한다고 한다니 불과 오륙십 년 앞을 전망하지 못한 정책 입안자들의 근시안적 단견이 한심스럽다.

옛날 고전 속에서도 인구가 국력이었다. 부강한 나라에는 백성이 좁쌀을 뿌려 놓은 듯 많다고 자랑했다. 먼 역사까지 더듬을 것 없다. 지금 우리가 누리고 있는 번영도 '베이비부머'인 그때 덮어놓고 태어난 아이들의 공로임을 인정하지 않을 수 없다. 또한 아이를 낳아 키우는 것을 여자의 본분으로 알고 살았던 60년대 우리 산모들이 있었음을 부인할 수 없다.

30년대에 태어나 21세기까지 살고 있는 우리 세대는 험난한 역사의 격동기를 거쳐 쓰라린 빈곤의 언덕을 넘어서 지금은 일찍이 경험해 보지 못한 숨가쁜 변화의 시대를 살고 있다. 그중에서도 가장 실감하게 되는 것이 가족의 변천사다. 요즘은 집안마다 혼기를 놓친 자녀가 한두 명쯤은 있고 혼인을 했어도 아이가 없는 집이 많다. 우리 집도 아기 울음소리가 그친 지 삼십 년이 넘는다. 옛날 같으면 집안의 걱정거리가 되고 인근의 화제가 될 별스러운 일이겠으나 지금은 너무도 흔한 일이 되고 있어 이것이 과연 예삿일인가 걱정된다.

세상에 살고 있는 모든 생명은 티끌같이 작은 미물까지도 새끼를 낳고 씨앗을 만들어 자신의 종족을 이어간다. 그래서 이 세상의 모든 생명은 지금까지 존속해 왔고 현재도 이어지고 있는 것이다. 우리 아이들은 지금 이 숭엄한 자연의 섭리를 거역하는 것 같아 어쩐지 겁이 난다. 아무리 국민 생활이 윤택해도 아이를 낳아 기를 수 없다면 잘 사는 것이라고 할 수 없다.

요즘 젊은이들이 들으면 무슨 잠꼬대 같은 소리냐고 답답해할 것이다. 사회적 여건이 아이를 낳아서 마음 편히 기를 만큼 한가하지 않다는 것, 모르지 않는다. 지구 환경문제도 출산을 망설이게 하고 나날이 살벌해지는 생존의 난제도 고려하지 않을 수 없으니 젊은이들의 고충을 모르지는 않는다. 그러나 젊은이들이여! 다시 한번 생각해 보자. 우리가 바라는 행복이 뭐 그리 거창하고 대단한가. 욕심 너무 많이 갖지 말고 예쁜 아기 키우면서 그 속에서 작은 행복을 찾아보자. 그렇게 소박한 엄마 아빠들이 있어 오늘까지 인류가 존속해 왔고 그것이 바람직한 삶의 가장 중하고 숭고한 원본이라고 생각하며 우리를 키우셨다.

적극적인 정부 시책과 보호로 차츰 출산율이 증가하고 있다니 마음이 놓이고 희망이 보인다. 집집마다 아이들 웃음소리가 들리고 골목이 아이들 뛰노는 소리로 시끄러웠던 옛날이 다시 올지도 모르겠다는 소망을 걸어본다. 그래야 나라도 살고 사람도 산다. 이보다 더 힘든 세상에서도 어른들은 믿으셨다. "제 먹을 것은 가지고 태어난다."

서 숙

그대, 내 사랑에 감읍하지이다
메를로퐁티의 딜레마 – 구체성과 불투명성 사이의 심연
농민과 소녀

2001년에 《계간수필》로 수필 천료했
으며, 2017년에 《에세이포레》에서 평
론으로 등단했다.
그동안 수필집 《일부러 길을 잃다》,
《푸른방》, 《그래서, 너를 본다》, 《미래
에서 온 편지》, 《마음이여, 정착하지
마라》를 발간했다. 또한 에세이집 《내
마음에 그림 하나》를 출간했으며, 수
필선집으로 《슬픈 메트로폴리탄》, 《숨
은 기억 찾기》, 《신록의 노래》가 있다.
한국산문작가상, 일신수필문학상, 구
름카페문학상을 수상했으며, 《선수
필》 주간, 《수필미학》 편집장, 《계간수
필》 편집주간, 수필미학작가회 회장을
역임했다.

그대, 내 사랑에 감읍하지이다

청어, 인체가 지니지 못한 푸른색을 듬뿍 가졌다.

푸른 물고기 떼, 청정 물결 깊은 바다 군무는 꿈결처럼 현악의 선율로 흐른다. 뽀그르르 공기방울 흩뿌리며 모여들다 흩어지는 유연한 춤사위는 무수한 곡선의 향연이다. 가는 듯 오며 오는 듯 가는데 멈출 듯 휘돌아 어지러운 듯 일사불란하여 자유자재의 극치이다. 가느다란 유선형의 몸피 속 투명한 유지는 부드럽게 흐르건만 가냘픈 몸 안쪽 억세지도 날카롭지도 않은 촘촘한 가시가 가지런하다. 그 이름 헤링본은 섬세한 무늬결과 폭신한 촉감을 자랑하는 양모의 따스한 문양이다.

청어는 북태평양 검푸른 심해에서 차가운 수온을 즐기며 깊은 수심을 가르며 유영한다. 그 모습에는 고독한 평화와 망망한 자유가 스친다. 적막과 적요. 그러다가 겨울이면 동해를 찾아와 비로소 푸른 하늘을 본다. 암초들이 많은 연안으로 떼 지어 몰려와 무성한 해조류에 산란하며 사랑을 품는다. 봄이 지나면 다시 북으로 북으로 간다.

숭고한 진리의 청색은 등에서 짙푸르고, 무구한 순결의 은백색은 가슴에서 희디희다. 심해에서 차가운 지혜를 길었으니 푸른 등은 진리의 각인이고, 공중에서 뜨거운 사랑을 섬겼으니 하얀 가슴은 사랑의 문신이다. 유유히 활주하던 자유와 평화의 꿈, 멀리 사랑을 찾아 길을 떠나던 자취, 지심한 바다에서 수면으로 올라 드넓은 하늘로 솟구치던 비약, 우주를 품었다.

이러한 청어의 미덕은 낱낱이 인류에게 공헌한다. 소금에 간간하게 엇절여 연기에 그을리면 훈제청어, 찬 바닷바람에 꾸덕꾸덕 말리면 과메기[貫目]가 된다. 북에서 남으로 긴 여정 번갈아 오가며 축적한 다양한 삶의 무늬가 담긴 풍부한 향유는 그중에도 각별하다. 오메가3라는 이름으로 인간의 두뇌에 필수영양소를 제공한다. 그리고 희고 둥근 비누의 몸을 받아 향기를 얻어 거품으로 세상에 녹아서 자신을 살아낸다. 청어의 꿈이 오랜 염원의 노래에 어린다.

최고의 비누는 가장 좋은 유지와 가장 좋은 물에 향기를 더하여 완성된다. 물과 기름은 원래 섞이는 것을 거부한다. 그러나 비누 속 계면활성제는 이질적인 존재들의 팽팽하게 긴장한 표면장력을 줄여 서로를 섞이게 해준다. 혀끝에서 달콤하게 부서지는 아이스크림에서, 여인의 피부에 고요히 스며드는 화장품에서 물과 기름은 은근한 조화를 이룬다. 모든 섞일 수 없는 것들이 경계를 부수고 드디어 스며드니 정화되고 승화하여 순결한 모습을 이룬다. 오묘한 조화의 한가운데 초월의 경지를 체현한다. 그래서 아이스크림과 화장품과 비누는 모두 우윳빛 흰색이다.

승화에의 염원, 우리의 사랑도 또한 그와 같지 아니한가.

비누는 세상의 때를 보듬어 제 몸을 섞어 상대를 녹인다. 불순한 흔적은 슬픈 운명의 탕아로 자라나 온갖 얼룩진 자취를 묻힌 채 이리저리 헤매면서 굴린 멍 자국이 가실 날이 없다. 비누는 청정수에 잠겨 기꺼이 그 상처를 감싼다. 바다에서 품은 사랑을 펼치고자 눈물 아롱아롱 아프게 몸을 부순다. 가장 순수한 것이 가장 누추한 것을 받들어 출렁임의 풍성한 거품에 싸여 상대를 이끌어 한몸이 된다. 향기로운 비누나 먼지 얹은 속진이나 원래는 같은 존재로 다 같은 물과 기름이다. 때의 물기와 기름기를 비누의 물기와 기름기가 만났으니 다른 모습 속에 동질성을 감추고 있다. 금강석으로만 금강석을 자를 수 있듯이 기름으로만 기름을 녹일 수 있다. 지혜와 온화함으로 거칠음을 이기고 겸손과 희생으로 완고함을 걷어낸다. 물은 대양이 되어 그러한 화합의 열의에 동참한다.

헌신에의 기대, 우리의 사랑도 또한 그와 같지 아니한가.

기쁘게 그대 안으리, 일념으로 열중할 때 비눗방울 속 가득 찬 공기가 사랑의 찬가를 부른다. 아른대는 수백 개의 무지개 환영이 방울방울 영롱하다. 무지개를 낳던 갈망은 드디어 절정에서 터진다. 황홀한 세계가 열린다. 흘러가며 사라지는 존재, 허물어지며 쌓는 온축, 허공 속에 자리 잡는 충만함 가운데 무화의 발걸음이 가볍다. 소멸의 아름다움이 찬란하다. 온전한 합일이다. 마지막 한 방울이 터지고 말면 축제의 끝, 드디어 나른한 평화가 향내로 남는다.

합일에의 갈망, 우리의 사랑도 또한 그와 같지 아니한가.

비누 거품을 내는 것은 꿈을 되새기는 일. 비누는 본연의 임무에서 오래도록 멀리 있으면 안 된다. 물기를 잃으면 저절로 말라 균열이 생기고 거품도 제대로 일지 않는다. 눈에서 멀어지면 마음에서도 사라지는 법, 쓰지 않으면 굳어버리는 터. 그러니 굳어 균열이 가지 않도록 아끼지 말고 거품을 즐길 일이다. 닳고 닳아 셀로판지처럼 얇아질 때까지, 그리하여 자취를 버리고 혼연일체 되어 사라질 때까지, 기꺼이 소진시키리라. 스스로의 형체를 부정하며 자기 몸을 버려 세상을 구원한다. 마침내 찾아낸, 마침내 찾아온 사랑.

아낌없는 소진, 우리의 사랑도 또한 그와 같지 아니한가.

비눗방울 흐르고 흘러 청어의 꿈, 다시 푸른 바다에 이르다.

메를로퐁티의 딜레마
- 구체성과 불투명성 사이의 심연

들어가며

현대 철학은 영미의 분석철학과 유럽의 현상학으로 나뉜다. 분석철학은 언어를 분석하면서 화용론 등의 논리적 방법론으로 나아가고 있다. 현상학은 자신의 의식에 나타난 것을 직관하는 방식을 추구하여 실존주의와 구조주의, 포스트 구조주의 등으로 전개된다. 분석철학의 창시자를 프레게, 현상학의 창시자를 후설이라고 한다.

에드문트 후설Edmund Gustav Albrecht Husserl(1859~1938)의 현상학은 '의식'에 관한 철학이다. 의식은 마음과 감각, 기억과 상상 등을 포함한다. 그런데 모든 의식은 항상 대상에 대한 의식이다. 의식이 없으면 대상도 없다. 이처럼 무언가를 지향하는 의식을 '의식의 지향성'이라고 한다.

제대로 된 지향을 위하여 우리는 '현상학적 환원'을 해야 한다. 세계가 나와 무관하게 독립적이며 객관적으로 존재하고 있다는 판단을 중지하는 것, 즉, 에포케epoché(판단 중지)를 통해 '사태 자체로'를 직관하는 주관주의를 표방한다. Noesis노에시스(의식작용), Hyle힐레(질료), Noema노에마(의미)가 현상학적 인식론의 삼각 구도다. 그리하여 주체와 대상의 합일을 이룬다.

그런데 한 개인의 의식 주관은 세상으로 나가 타자를 경험한다. 그 후에 비로소 펼쳐지는 세계는 '공동 경험의 장소'로서 서로의 주관이 공존함을 인정하는 '상호주관적'인 '생활세계'다. 이렇듯 후설의 철학은 초기의 기술적 현상학, 중기의 초월론적 현상학, 후기의 상호주관성과 생활 세계의 단계로 전개되었다. 그 과정에서 방대한 저술을 남겼으며 그의 아카이브는 지금도 단계적인 발표 도중에 있다.

대표적인 현상학자로는 후설, 하이데거Martin Heidegger(1889~1976), 사르트르Jean-Paul Sartre(1905~1980), 메를로퐁티의 4명을 꼽는다. 실증주의와 객관주의를 거부한 주관주의의 현상학은 나아가 관계와 연결을 중시한 '상호주관주의'로 전개되는데 여기에는 다분히 니체의 관점주의의 영향이 스며있다.

1

모리스 메를로퐁티Maurice Jean Jacques Merleau-Ponty(1908~1961)는 프랑스 파리의 유복한 가톨릭 가정에서 태어났다. 그는 자기 어머니가 외도해서 낳은 아들인데 메를로퐁티라는 성은 생부가 아니라 법적인 남편의 성을 따른 것이다. 출생부터 남다르다.

프랑스의 인문학적 천재들만 들어간다는 파리고등사범학교를 다니면서 사르트르와 보부아르Simone de Beauvoir(1908~1986), 레비스트로스Claude Lévi-Strauss(1908~2009) 등과 교류했다. 훗날, 사르트르는 실존주의로 일세를 풍미했으며 보부아르는 그와 계약 결혼하여 세상을 들썩였다. 실존주의는 개인으로의 파편화를 부추긴다는 한계에 봉착했고, 레비스트로스는 대안으로 떠오른 구조주의를 이끌었다. 모두 프랑스의 문화계의 빛나는 인물들이다.

젊은 시절의 메를로퐁티는 알렉상드르 코제브의 헤겔 강의를 통해 헤겔 철학의 영향을 받게 되었으며 에로티시즘의 조르주 바타이유, 프랑스 최고의 정신분석학자인 자크 라캉 등 당시의 주요 사상가들과 교류하면서 자신의 철학적 토대를 다졌다.

그의 첫 주요 저서인《행동의 구조》는 1942년에 출판되었다. 이 책에서 그는 실증주의와 과학주의를 비판했다. 그의 새로운 해석은 데카르트의 심신이원론으로부터 칸트의《순수이성비판》내용에까지 이어지며 철학에서의 전통적 사고를 넘어서려는 시도였다 이 작업은 이후 그가 현상학적 철학을 본격적으로 연구하는 것에 발판이 되어주었다.

제2차 세계대전 중에는 레지스탕스 비밀 조직에서 사르트르와 함께 활약했다. 전후에 그의 철학적 사유가 정치로 확장되어, 당시의 주된 분위기였던 마르크스주의에 현상학적 입장을 결합하는 독특한 정치사상을 발전시켰다. 그는 사르트르와 함께《현대》지 기자로 활동하면서 정치와 예술 평론을 썼고 이 글들은 훗날《의미와 무의미》로 출간되었다.

일찍이 후설과 하이데거의 현상학에 관심을 가지게 되었던 메를로퐁티는 1945년《지각의 현상학》을 출간했다. 이 책을 통해 그는 세계와 인간 주체의 관계 형성에서 지각이 어떻게 역할하는지에 대한 독창적인 견해를 제시하여 일거에 프랑스 현상학의 대표자가 되었다.

그러던 중 1950년 북한의 침공으로 한국 내전이 발발했을 때, 메를로퐁티는 사회주의 국가가 침략전쟁을 벌인 것에 대해 비난하며, 의견을 달리하는 사르트르와 다투고 결별했다. 이후에는 정치보다는 인간과 세계의 본질에 대한 깊이 있는 철학 세계에 집중했다.

1950년대에 접어들어 현상학적 방법에 한계를 느끼고 자신의 철학을 확장하려는 시도를 했다. 그의 사후 미완성 유고로 출간된 《보이는 것과 보이지 않는 것》에서는 '살la chair'이라는 개념을 제시하여 새로운 존재론적 관점을 펼치고자 했다.

그러나 애석하게도 그는 1961년 심장마비로 갑자기 세상을 떠났다. 데카르트의 《광학》을 읽던 중이었다. 53세에 너무 일찍 세상을 떠나고 말았으니 만약 그가 10년만 더 살았더라면 오늘날 현대 철학에서 '몸'이라는 주제로 지금보다 훨씬 더 강력한 영향력을 남겼을 것이다. 포스트모더니즘의 시대에 '몸'에 대한 관심은 크게 확장하여 주요 테마로 자리잡다시피 했기 때문이다. 지각의 본질을 탐구하는 독창적인 현상학을 통한 그의 '몸의 철학'과 존재론에 대한 깊이 있는 연구는 철학계에 깊은 흔적을 남겼다.

2

《지각의 현상학》으로 대표되는 메를로퐁티의 초기 사상은, 독일 관념론과 영국 경험론을 모두 배격하고, 게슈탈트 이론을 갈무리했다. 무엇보다도 후설 현상학의 대표적인 주장들인 '사태 자체를 직관하라', 질료와 노에시스와 노에마에 따른 의식과 대상의 지향성, 현상학적 환원과 그에 따른 태도 등에 매료되어 자신의 철학 개념으로 받아들였다. 후에 그는 세상이라는 대상과 인식을 매개하는 곳이자 지각이 이루어지는 장소인 몸을 강조하는 자신만의 고유한 사상을 펼쳤다.

그에 따르면, 지식은 '머리로 생각하는 것(대륙 관념론)'으로 얻어지는 것이 아니고, '외부 감각을 받아들이는 것(영국 경험론)'으로 얻어지는 것도 아니다. 의식과 감각은 항상 몸이라는 한계 속에 있으며, '몸의 체화된 의식'을 통해서만 진정한 의미의 지식을 얻을 수 있다. 즉, 모든 존재 의미는 자신의 '지각적 토대'인 몸이 실존함으로써 성립되는 것이다. 이러한 메를로퐁티의 '몸의 철학'은 이후 프랑스의 미술과 문학에 지대한 영향을 미쳤으며, 신체적 경험을 통해 세계를 탐구하는 방식의 새로운 길을 제시했다.

'현상학적 몸 철학자' 메를로퐁티에게 있어 인간의 의식과 행동은 몸을 통해 이루어지는 것이다. 몸과 세계는 밀접하게 연결되어 있는데, 의식은 주체와 객체 간의 이분법적 관계가 아니라, 몸을 통한 세계와의 상호작용이다. 그러므로 몸이 없는 철학은 철학이 될 수 없다.

우리의 경험에는 어떤 개별적인 감각도 그에 상응하는 어떤 개별적인 반응도 존재하지 않는다. 시각 따로, 후각 따로 이런 식으로 수집되지 않는다. 사건들은 정확히 어디가 시작이고 어디가 끝인지 알 수 없이 동시에 상호 침투한다. 그러므로 전통적인 이원론적 사고, 즉 사유하는 정신과 수동적 신체를 분리하는 데카르트적 관점이나 지식을 단순히 감각의 축적 결과로 보는 경험론적 관점은 모두 비판의 대상이다.

메를로퐁티는 몸 철학을 개진하며 객관주의적 사고에 철저하게 도

전했다. 경험론과 관념론이라는 두 가지 유형의 객관주의는 모두 세계가 독립적이고 개별적인 대상들로 이루어져 있다고 생각하고, 그 대상들의 작용을 통해서 세계와 경험을 설명하려고 한다. 그런데 우리의 경험을 가만히 잘 들여다보면, 명확하게 구분 지어질 수 없는 대상들 간의 상호 관계, 그리고 날카롭게 경계 지어질 수 없는 부분과 전체의 관계, 또 서로 불분명하게 침투해 있는 주체와 객체 사이의 관계로 존재하므로, 이러한 경계가 흐릿한 관계들은 객관적인 대상들로 나눠서 분석하는 것이 근본적으로 불가능하다. 그래서 객관주의는 막상 실제의 삶은 제대로 포착하지 못한다.

물론 두 유형의 객관주의 모두 좋은 이론들을 만들어낼 수 있고 또 실제로 과학을 발전시키는 데 큰 기여를 한 것만은 부인할 수 없다. 그렇다고 해서 객관주의가 만능이라거나 진정한 진리라고 받아들여서는 안 된다. 그 이상의 무언가가 우리의 경험과 현상 안에는 있고, 그것을 포착해 내려는 시도도 인간의 삶을 설명하는 데에 있어서 매우 중요한 것이며 그것이 메를로퐁티가 생각하는 현상학의 과제였다. 그러므로 객관주의적 사고를 극복하는 것이 현상학적 사고를 이해하기에는 필수적이다.

현상학은 "우리의 주관이 우리의 세계를 구성한다"고 주장한다. 그런데 그 주관은 '상호주관적'이다. 현상학에서는 세계와 사람들은 얽혀 있어서 분리될 수 없다. 나의 관점은 다른 사람들의 관점에 영향을 받고 다른 사람들의 관점은 나의 관점에 영향을 받는다. 그러므로 현상학은 과학적 객관주의에 대해 비판적인데 이러한 주장은 탈근대를 지향하는 현대의 사조에 부합한다.

경험에 있어 부분과 전체는 상호 침투적이다. 각 부분이 있고 그게 결합하여 경험 전체가 생겨나는 게 아니라, 경험의 각 부분 안에 이미 경험 전체가 들어가 있다. 그렇다고 경험의 부분들이 아예 없는 것은 아니다. 부분은 부분인데 그 부분과 전체 사이의 관계가 경험론자들이 생각하는 것처럼 독립적인 게 아니라, 그 경계가 흐릿하다.

애초에 메를로퐁티는 후설의 현상학에 영향을 받아 철학적 토대를 마련했으나, 관점에서 차이와 문제점을 제시하게 되었다. 후설이 의식과 대상 간의 분리를 전제한 점에 대해 메를로퐁티는 비판적이었다. 지각이란 의식과 대상이 단순히 관계를 맺는 것이 아니라, 그 둘이 본래부터 얽혀 있다는 것이다. 즉, 인간의 몸은 의식의 한계 안에서 감각의 수용자가 아니라, 세계와 융합되어 존재하는 방식으로 지각을 경험한다.

인간을 '세계 내 존재'로 설명하며 인간이 단순히 외부 대상을 관찰하는 관찰자가 아니라 그 자체로 세계와 엮여 있는 존재라는 하이데거의 관점을 메를로퐁티는 수용했다. 그러나 하이데거가 인간의 존재와 시간성을 강조하며 존재론적 탐구에 몰두한 반면, 메를로퐁티는 신체의 경험을 세계와의 관계를 이해하는 핵심으로 보았고, 몸을 통해 드러나는 세계의 현상들을 탐구했다.

메를로퐁티는 사르트르 등의 실존주의자들과 함께 인간 존재의 본질을 고민했다. 예를 들어 사르트르는 인간의 의식을 독립적이고 자유롭다고 보았다. 그러나 사르트르와 달리 인간의 존재 방식으로서 '몸'을 중심에 둔 메를로퐁티는 우리의 존재는 세계와 연결되어 있다고 여겼다. 그리하여 세계 속에서 경험을 통해 존재 의미가 확립된다고 주장하며 세계에 내재한 존재로 인간을 이해하려고 했다.

후설의 지향성을 물려받은 사르트르는 《존재와 무》에서 "인간의 의식은 항상 외부를 향해서 무엇을 지향한다"고 하면서도 의식 그 자체는 아무런 내용이 없이 텅 비어 있다고 했다. 인간의 의식이라고 하는 작동 메커니즘은 비어 있기에, 텅 빈 의식의 인간은 외부 대상인 객관 사물을 취합해서 포착해 들여오므로 우리에게 선택의 자유가 있다는 것이다. 이러한 현존의 자유로써 자신의 독창적인 실존주의를 펼치는 것인데 메를로퐁티는 바로 이 지점에서 사르트르 견해에 반대한다.

메를로퐁티는 "우리는 결코 무無 속에 거주하고 있지 않다. 우리는 언제나 충만 속에, 다시 말해서 존재 속에 있는 것이다"라고 했다. 그의 주장에 의하면 인간은 그 중심에 몸이라는 필터링이 있어서 늘 속이 가득 채워져 있는 충만한 존재다. 몸과 의식은 굉장히 연결되어 있다. 의식은 몸과 관계없이 혼자서 붕붕 날아다니는 게 아니고 철저히 신체 속에 깃들어 있다. 우리는 시각 후각 촉감 미각 등으로 세상을 지각한다는 그의 주장은 매우 참신한 모색으로 이로써 몸은 드디어 서양철학사의 중심에 나섰다.

이러한 몸과 세계 간의 상호교환 관계에서 근원적인 역할을 하는 것이 바로 '몸틀le schéma corporel(신체 도식)'이다. 몸 바깥에 있는 사물들에 대해서는 흔히 우리가 옆에 있다거나 붙어 있다는 식으로 말한다. 그러나 몸 자체의 공간은 몸 바깥에 보이는 공간과는 전혀 다른 성격을 띤다. 이를 가능케 하는 것이 바로 '몸틀'이다. 그런데 이렇게 몸 내부에서 독특한, 이른바 몸 공간성을 가능케 하는 몸틀은 더 나아가 아예 세계를 체화incarnation된 방식으로 구성하는 기초가 된다.

몸틀은 '습관habitude'을 이루는 바탕이 된다. 습관은 메를로퐁티 철학에서 대단히 중요한 주제 중 하나다. 습관의 획득은 지성에 의한 인식도 아니고 그렇다고 조건반사적인 기계적 자동 과정도 아니고, 궁극적으로 심리적이거나 의식적인 문제가 아니라, 철저히 구체적인 실천적 상황에서 이루어지는 몸과 몸의 운동성에 기초한다. 말하자면 체화의 문제인데 '구체적 실천'이라는 지적은 매우 핵심적인 요소다.

어떤 일에 숙달되는 것은 그 일에 관한 습관을 획득하는 것이고, 몸틀을 획득하는 것이다. 숙달되면 그다지 크게 생각하지 않아도 된다. 그렇다고 그 일을 하는데 주체성이 약화하거나 사라진 것이 아니다. 오히려 더 강화되었다고도 할 수 있다. 어떤 일을 하는데 생각을 많이 해야 한다는 것이 반드시 주체적이라고 말할 수 없다. 오히려 그 일을 잘 처리하지 못해 그 일 때문에 수동적으로 시달리게 된다. 가령 수영이나 운전, 자전거 타기 같은 기능은 한번 숙달하면 몸은 거의 자동적으로 작동한다. 이점은 사람들에게만 있는 특별한 능력이다.

3

《행동의 구조》와 《지각의 현상학》 이후, 메를로퐁티는 현상학적 시각이 이분법의 틀을 벗어나지 못하는 한계를 지니는 것에 문제의식을 느꼈다. '주체(의식)-대상'이 대상을 지시하고 그것에서 의미를 찾는 데 있기 때문에, '지시하는 것'과 '지시 당하는 것'의 이분법적 사유 틀을 본질적으로 내재하고 있다는 것이 문제였다. 즉, 메를로퐁티는 자신의 '몸' 개념을 주관과 객관, 감각과 이성의 구분이 없어지는,

이분법이 사라지는 곳이라고 말했지만, 철학적 사유를 진행하는 과정에서, '물질적 몸'과 '현상학적 몸' 사이에는 '지시하고 지시 당하는' 현상학적 이분법의 틀을 사용할 수밖에 없는 한계를 지닌다는 것을 파악했다. 따라서 차후에 그는 이 문제를 해결하기 위해 현상학 대신 존재론을 가져오게 되며 여기에 하이데거의 영향이 들어 있다.

하이데거 존재론의 특징이라면, 존재는 세계라는 한계에 종속되어 있으면서도, 매번 자신의 선택으로 미래를 만들어가며 세계를 확장한다. 즉 존재는 '세계에 영향을 받는 존재'이면서 동시에 '세계에 영향을 주는 존재'다. 존재는 끊임없이 변하면서 세계를 변화시키고, 끊임없이 변화하는 세계는 다시 그 속의 존재를 변화시킨다. 개별과 전체는 구분되지 않으며 개념은 순환을 이루기 때문에, 지시하고 지시 당하는 지향적 개념이 사라진다.

메를로퐁티의 후기 철학으로 대표되는 《보이는 것과 보이지 않는 것》에서 그는, 하이데거의 이러한 존재론에 영향을 받은 '살chair' 개념을 강조한다. '살'은 감각하는 피부 표면과 그 표면 밑에 숨겨진 '살'에서 파생된 개념으로, 메를로퐁티가 철학 용어로 쓰는 '살'은 지각으로 느껴지는 물질적인 육체성을 의미하는 것이기도 하면서, '지각 이면에 숨겨져서 보이지 않던 존재 의미가 마치 지각처럼 생생하게 느껴지는 것'을 말하는 것이기도 하다. 그것은 피부 위로 느껴지는 지각보다 둔하고 애매하여 파악하기 힘들지만 그럼에도 분명하게 느껴지는 그 '무엇'이다.

따라서 '몸'의 체험은 살의 존재론으로 바라볼 때, 단순히 지각된 경험 이상의 '어떤 의미'를 가지게 된다. 세상은 단순히 몸이 지각하는 대상이 아니라, 몸과 세상의 역동적인 상호작용으로 점차 넓혀지는 '몸의 이해'가 된다. 몸은 그가 속한 세상의 상황과 맥락 속에서, 끊임없이 달라지는 자신만의 지각 과정을 체험하게 된다. '보이는 것'에서 '보이지 않는 것'을 동시에 느끼는 것이 '체험'인 것이다.

여기서 '몸의 체험'을 통해 '나의 존재'와 '세계의 존재'는 서로 구분되지 않는 하나로 얽혀 있음을 알게 된다. 하지만 그렇다고 해서 체험하지 않은 장소에서 의미를 느끼지는 않는다. 이렇게 한계 지어진 존재론적 장소를 말하는 것이 '살chair'이며, '살'은 지각함과 동시에 그 지각의 내면에 있는 존재 의미의 다양한 가능성을 체험해 주게 하는 요소가 된다. 이 '살'의 세계에서 '주관과 객관', '감각과 이성'의 구분은 사라진다. 이를 피부(지각) 밑, 보이지 않는 곳에서 지각보다 훨씬 더 많은 의미로 존재한다고 하여 '두께'라고 말하기도 하고, 여러 의미가 겹쳐져서 느껴진다고 하여 '주름'이라고 말하기도 하는 것이다.

온 우주가 살로 되어 있다고 하면서 메를로퐁티는 살은 물질도 아니고 정신도 아니고 실체도 아니라고 한다. 사물뿐만 아니라 감각과 지각 및 고급스러운 모든 인식 관계가 성립될 수 있는 씨앗을 지닌 원소가 바로 살이다. 그런데 메를로퐁티는 이 살을 내적으로 일구어지는 '덩어리masse'라고 말한다. 살을 표현이라고 하면서 이 살이 지닌 '가역성réversibilité'과 '창발성émergence'에 의해 침묵의 세계 속에 말함과 생각함이 삽입될 수 있다고 한다.

그리스 철학자인 플라톤Platon(기원전 427~347)은 감각할 수 없고 오로지 생각할 수 있을 뿐인 이른바 '이데아들'이야말로 진정으로 존재하는 것이라고 했다. 메를로퐁티는 이러한 플라톤의 생각을 정면으로 뒤집어버린다. 메를로퐁티는 볼 수 있고 만질 수 있는 것들이 아닌 것들은 모두 다 참으로 존재한다고 할 수 없다고 했기 때문이다. 그래서 그는 영혼은 진정으로 존재하지 않고 몸이야말로 진정으로 존재한다고 했다. 플라톤은 "몸은 영혼의 감옥이다"라고 했는데, 고등학교 시절 메를로퐁티의 제자였던 푸코Michel Foucault(1926~1984)는 "영혼은 몸의 감옥이다"라고 했다. 몸이 온통 감각적인 사물로 바뀌면 혼연히 살로 드러난다.

'살의 존재론'과 같은 맥락에서 메를로퐁티는 '색의 존재론'을 주장했다. 미술 작품에서, 색은 하나로 고정된 색을 찾을 수 없으며 다른 색과의 관계를 통해서 매번 다른 다양한 의미들을 드러낸다. 즉 '선, 윤곽, 형태'보다 '색채'가 존재의 역동성을 더 잘 보여주며, 색이 형태보다 더 깊은 의미로 다가올 수 있다는 것이다.

색으로 인하여 메를로퐁티는 특히 회화에 관심을 가졌다. 그렇다고 시각예술이 가장 훌륭한 예술이라고 생각한 것은 아니다. 하지만 시각예술은 언어가 없기에 인간적 책임의식에서 자유롭다. 반면에 음악은 너무 극단적으로 느낌만 있고 형태가 없다.

메를로퐁티는 회화 중에 특히 세잔의 작품을 통해, 그가 말하는 몸의 지각 개념을 찾았을뿐더러 특유의 '색의 존재론'을 펼쳤다. 특히, 메를로퐁티가 주목한 세잔의 작품은 1890년대 말부터 시작된 생트빅투아르 산의 수채화 그림들이다. 세잔의 수채화는 하늘하늘 흔들리는 면들이 서로 겹쳐져 깊이가 다른 층위들을 보여준다. 각각의 투명한 색채에서 우러나오는 구성의 조화가 어떤 환상적인 일렁임을 만들어낸다. 그의 그림은 시각적인 것과 비시각적인 것이 함께 어우러

져, '몸으로 느끼는' 경지를 펼치며 볼 때마다 끊임없이 새로운 의미로
다가오는 하나의 체험이 된다.

메를로퐁티는 언어도 단순히 머릿속 생각을 전달하는 도구가 아니
라, 신체적 경험과 밀접하게 연결된 지각적 표현으로 여겼다. 말할 때
신체는 그 자체로 의사소통의 일부가 되며, 언어는 우리의 몸이 세계
와 연결되는 또 하나의 방식이라는 것이다. 예를 들어 그는 몸의 움직
임이나 억양, 감정 등이 언어에 포함되며, 이를 통해 대화에서 더 풍부
한 의미가 전달된다고 설명했다. 이처럼 언어는 단순한 의사소통 수단
을 넘어, 우리 신체가 경험하는 것들을 반영하는 지각적 표현이다.

사회적 관점에서 메를로퐁티는 개인이 사회와 상호작용하는 방식
도 몸을 통해 이루어진다고 보았다. 우리의 몸은 다른 사람들과 관계
맺고 소통하는 역할을 하며, 타인의 시선이나 사회적 기대가 우리의
몸과 신체적 행동을 규정하기도 한다. 예를 들어 그는 군중 속에 있
을 때 느끼는 압박감이나 분위기를 '신체가 느끼는 사회적 현상'으로
해석했다. 이런 경험을 통해 그는 몸이 단순히 개인적인 것이 아니라,
사회적 상황과 연관된 지각의 장으로 기능한다고 주장했다.

메를로퐁티의 몸의 현상학은 이렇듯 실존, 과학, 예술, 언어, 사회
등 다양한 분야에서 인간이 몸을 통해 세계와 의미를 형성하고 상호
작용하는 방식을 설명하면서, 신체적 지각이야말로 우리 존재와 경험
의 핵심임을 밝히고자 했다.

4

《행동의 구조》의 서문에서 루카치Lukács György(1885~1971)는 "메를

로퐁티는 제3의 길을 가는 철학자다. 영국의 경험론, 대륙의 합리론을 모두 거부하고 한가운데를 가는 철학자다"라고 썼다.《지각의 현상학》서설에서 메를로퐁티는 '이 세계가 있다'라는 것에 대해 자신이 평생을 다해도 그 신비를 다 캐낼 수 없다고 고백한다. 처음부터 메를로퐁티에게 존재는 그 자체 불투명성을 바탕으로 한다. 그 신비를 메를로퐁티는 몸의 불투명성과 세계의 불투명성, 그리고 그것들을 떠받치는 살의 불투명성을 바탕으로 이해하고자 했다.

이 존재의 불투명성은 곧 존재의 절대적 우연성을 달리 지칭한다고 할 수 있다. 삶은 늘 우연적이고 불투명하다. 우리는 다른 사람들과 함께 살면서, 그들에게서 영향을 받으면서, 또 나만의 고유한 삶을 형성하고 살아간다.

포스트모더니즘과 현대 철학이 중시하는 것은 '모든 의미는 관계 속에서 생겨난다'로 축약할 수 있을 것이다. 그렇기에 인간과 자연, 인간과 인간의 존재적 의미를 추구한 메를로퐁티가 현대에 부여한 맥락과 의미는 엄연한 자취를 지닌다.

농민과 소녀

1894년, 우금치를 넘지 못했다.
2016년, 양재IC를 넘지 못했다.
그런데 2024년에는 남태령을 넘었다.

130년 만의 승리를 기뻐하며 소녀들은 "이겼다, 이겼다"를 외쳤고 농민들은 울먹였다. 그날의 사건을 일러 '28시간 동안의 남태령 대첩'이라고 하는데 당시 현장의 사람들은 트랙터와 응원봉의 만남이라는 신세계를 경험했다.

2024년 12월 16일, 농부 단체 '전봉준투쟁단'은 37대의 트랙터를 이끌고 경남에서 시작하여 전남을 거쳐 한남동 대통령 관저로 향하는 대행진을 시작했다. 그들은 윤 정권의 퇴진과 농민 생존권 보장을 주장하며 평화롭게 서울로 향했다. 6일 동안 순조롭게 진행되던 행진 시위는 21일 오후 서울 입성을 코앞에 둔 남태령에서 가로막혔다. 경찰 버스들이 차벽을 세워 진로도 퇴로도 막아 버렸다.

영하 10도의 겨울 날씨 속에 첩첩산중, 고립무원의 남태령 고개에 갇힌 농민들은 추위와 배고픔 속에서 퇴각을 의논했지만 결국 끝까지 버틸 것을 결정했다. 고난을 각오한 그들 앞에 기적처럼 저녁 8시가 지나 사람들이 모여들기 시작했다. SNS가 위력을 발휘한 덕분이었다. 경찰에 의해 발이 묶여 버린 농민들을 응원하기 위해, 광화문에서 토요 집회를 마무리한 시민들이 남태령으로 몰려들었다. 고개는 쉼 없이 몰려드는 시민들의 응원봉 불빛으로 순식간에 장관을 이루었다. 세상은 이미 엄청나게 달라졌다는 것을 실감케 하는 사태가 벌어진 것이다.

그 장면을 트랙터를 몰았던 농민 강광석은 '28시간의 남태령'이라는 제목으로 상세하면서도 감격적으로 기술했다.

그들은 밤새웠고 그것을 보는 농민들은 입을 다물지 못했고 눈을 뗄 수가 없었다. 이것은 한 개의 나락이 160개의 알곡이 되는 일보다 놀라웠다. 그들은 노래하며 춤추고 말하고 한숨 쉬고 야유하고 환호했다. 처단할 것을 결의하고 울지 말라고 위로했다. … 이삼십 대 여성들 앞에 나는 나라가 부끄러웠고 나라의 미래를 보았다. … 22일 일요일 새벽 4시를 잊을 수 없다. 삼천만이 잠들었을 때 몇 사람 깨어서 서울로 향했던 우리는 그들이 부르는 진리와 죽은 자가 갔던 길과 밝은 태양 솟아오르는 산 자의 길을 생각했다. 우금치에서 죽은 자의 몸 위에 포개진 산 자의 몸과 80년 5월 27일 전남 도청의 동호의 마지막 밤을 생각하며 나는 울었다. … 나는 그들의 얼굴에서 세월호 아이들을 보았다. 세월호 아이들이 그 자리에 왔다고 굳게 믿었다. 죽은 자가 산 자의 길을 열었다고 믿었다. 하늘의 별이 된 그들의 영혼이, 배에 남긴 마지막 손톱자국이, 그들의 호주머니에 있던 핸드폰이 지상에 내려와 응원봉이 되었다고 생각했다.

세월호 이전의 세상과 이후의 세상은 달라야 한다는 다짐들이 저들의 가슴속에서 분노의 꽃을 피웠다고 생각했다. 찬 바다에서 죽은 사람도 있는데 이깟 겨울 하룻밤이 무슨 대수냐며, 그들은 인류의 역사는 잔인하기 짝이 없는 인간과 아름답기 그지없는 인간의 투쟁이라는 사실을 몸으로 보여주었다.

그는 "나는 저들의 형식의 가벼움과 내용의 무거움을 이해하려 애썼다. 나는 저들을 배불리 먹이기 위해 농사를 더 열심히 짓고 싶어졌다"라는 말로 생생한 참관기를 마무리했다.

시위 현장에는 선결제와 배달에 의해 순식간에 먹을 것과 물품들이 쇄도하여 쌓였고 희한하게도 난방 버스라는 것도 등장했다. 현장에 나올 수 없는 이들이 자신들의 방식으로 동참하여 시위대를 응원한 것이다. 생중계되는 세상에서 민주 시민의 저력은 놀라웠다. 마침내 만 하루를 버틴 끝에 경찰이 물러나서 13대의 트랙터는 대통령 관저에 다다를 수 있었다. 밤을 꼬박 새운 시민들도 새벽 첫 전철을 타고 그들을 따랐고 시위는 평화적으로 마무리되었다. 서울 시민의 환송을 받으며 농민들은 돌아갔다. 그들은 환하게 웃었다. 천지에 선한 기운이 가득했다.

계엄 사태 이후 수천 명, 수만 명이 모이는 민주시민들의 시위 현장 어느 곳에서도 화염병도 최루탄도 돌멩이도 날아다니지 않았고 물론 총소리는 들리지 않았다. 그 모든 과정은 평화로우면서도 열정적이었다. 100만 시위에도 물리적인 충돌은 한 건도 없었으며 군인들은 살상 무기를 들고도 전혀 사용하지 않았다. 만약, 이 추운 날에 물대포라도 쏜다면 그 처참함을 어찌할 것인가.

시위 현장에서 물대포가 없어진 것은 백남기 농민의 희생 덕분이니, 과연 《소년이 온다》의 한강 작가의 언명은 옳고 아름답다. "죽은 자가 산 자를 살리고 과거가 현재를 돕고 있다." 우리가 이즈음에 1980년 광주의 그 잔혹한 군인들을 다시 맞닥뜨리지 않는 건 노벨문학상의 한강이 말한 것처럼 광주라는 보편적인 장소에 찾아온 소년 덕분이었다. 그러니 한강은 계속 묻는다. "세계는 왜 이토록 폭력적이고 고통스러운가? 동시에 세계는 어떻게 이렇게 아름다운가?"

역사의 무대에서 그는 지금
자신이 무슨 일을 하는지도 모른 채
악의 무리를 드러내 스스로 청산하고
빛의 세대를 출현시키고 있으니

빛의 세대, 시인 박노해의 저 4행은 작금의 우리가 처한 현실을 적나라하게 표현하며 정곡을 찌른다.

성민선

사랑하기를 계속하라
완전한 의무와 중간 의무에 대하여 - 키케로의《의무론》을 읽고
병문안

가톨릭대학교 사회복지학과 명예교수.
충남 예산에서 태어났다.
숙명여고와 서울대 사회복지학과 졸업.
동아일보 기자 역임.
미국 하와이의 동서문화센터(East-West
Center)와 하와이대학에서 사회사업 석
사학위 취득, 워싱톤DC의 미국가톨
릭대학교에서 박사학위 취득. 1978년
~2011년까지 성심여대·가톨릭대학
교 재임.
한국사회복지학회 회장, 한국학교사
회복지학회장 등 역임.
정년퇴임 후 《한국산문》으로 수필계
등단(2012).
수필집으로 《징검다리꽃》(2018), 《섬세
한 보릿가루처럼》(2020), 《날마다 전성
기》(2024)가 있고, 현재 한국산문작가
협회 이사로 활동 중.

사랑하기를 계속하라

"사랑하기를 계속하라."

30대 초, 이 설교를 들려주셨던 분은 나의 하와이 유학 시절 다녔던 감리교회의 박대희 목사님이었다. 매주 일요일이면 이 중년의 목사님은 평이한 말로 교민들과 우리 유학생들에게 은은한 감화를 주셨다.

아마도 이민 가정에서 겪는 문제가 사랑하기를 계속하지 못하는 어떤 상황들이 많아서였을까. 예컨대, 초기 이민자들은 자녀 교육을 위해 정든 터전을 다 정리하고 왔는데 미국화의 속도가 빠른 자녀 세대들과 소통이 잘 안 된다든지, 이민 생활이 안정된 가정에서는 여성의 경제적 수입과 활동이 늘어나면서 부부간의 권력 층위에 급격한 변화가 생기고 부부간의 관계에 이상이 생겼다든지 하는…. 내가 직접 목격한 경우는 먼저 온 성인 자녀가 노부모를 초청해서 연로한 부모님이 와 계신 중 언어 장애와 이동 수단이 제한된 노인이 집에서 감옥처럼 갇혀 지내며 자신의 신세를 꼭 집 지키는 셰퍼드와 같다고 하던 것이었다. 목사님은 이런저런 사정을 다 보고 알면서 많은 가정에 원

성민선

래 있던 사랑의 관계가 중단되었거나 변질된 것을 자주 보셨던 모양이다. 한국식 가족 중심의 사랑 형태가 미국식 개인주의 경향으로 바뀌는 것에 대해 일말의 불안과 안타까움을 느끼시는 듯싶었다.

나는 학생 신분으로 독특한 상황이었다. 한 살, 세 살짜리 두 아이와 남편을 친정 부모님께 맡기고 홀로 하와이대학에 유학하여 학위 공부를 시작했던 때였다. 선망의 직장이었던 D일보 기자 자리를 내놓고 떠날 만큼 좋은 장학금과 부모님의 아낌없는 사랑과 도움이 있었기에 가능한 일이었다.

하지만 그 시절 내가 제일 의지한 백은 남편이었다. 남편을 믿고 유학도 혼자 떠나온 것이었다. 결혼은 선택에 대한 책임을 다해야 하는 엄연한 계약이라고 생각도 하기 전인데, 결혼 전 남편이 내게 큰 선심을 썼다.

"살림은 못 해도 된다. 하고 싶은 일을 하고, 건강하면 된다."

그 말을 곧이곧대로 들을 만큼 나는 단순 직선적이었다. 그렇지 않아도 살림에 취미도 재능도 없는데, 나한텐 안성맞춤의 배우자다 싶었다. 하고 싶은 대로 하라고 했지? 그래, 하고 싶은 일이 있을 때 지레 포기하지 말고 도전하고 추구하자! 누가 결혼이 여성의 무덤이라고 했는가. 중매결혼을 하면서 좋은 직장을 포기하고 가정으로 들어가는 친구들의 선택이 잘 이해가 되지 않았다. 아까운 기회를 스스로 반납하는 것이 안타까웠다. 나중에야 알게 되었다. 그런 선택들이 결코 본인들이 원해서 된 것이 아니고 사회 관습으로 거의 강요된 것이었으며 그렇게 가정을 위해 자기를 희생하고 살았던 전업주부 친구들이 결국 가정이나 사회에 엄청난 공을 세운 위대한 존재들이라는 것을.

내게 마냥 좋아 보이던 아내의 자유가 허용된 것은 남편의 친가가 부재한다는 사실과 관련이 있다. 반동 작용처럼 나의 자아에고는 시집살이를 시킬 시댁이 없는 남편이 아내를 존중하면서도 자기 뜻대로 풍요롭게 자기 인생을 설계할 수 있는 자유인이고 지성인이라는 점을 높이 샀다. 그는 다재다능했고 아내와 경쟁하거나 질투하는 못된 성격의 소유자도 아니었다. 자신감, 확신, 솔직함이 그의 특성이었다. 무엇보다도 내게 남성에 대한 친밀감을 처음 느끼게 해준 사람이었다. 나는 그의 환경이 주는 조건들과 그 사람의 모든 것을 기꺼이 귀한 선물로 받아들였다.

　나는 궁합이나 사주팔자를 보는 대신에 내 나름대로 네 가지 기둥을 세워 앞으로 두 사람 관계의 기본으로 삼았다. 그를 존중하고(尊重) 믿는 것(信賴), 내가 하고 싶은 것을 하면서 내 욕구를 충족시키는 것(必要 充足), 그리고 그가 삶에서 추구하는 것을 이루고 살며 만족하는 것(欲求 充足) 등이었다. 서로를 존중하고 수용하며, 각자 하고 싶은 일을 잘하자는 계약 같은 이 네 가지 기둥이 내가 결혼에서 이루고 싶은 기준이었고 동시에 내가 이바지 할 수 있는 부분이라고 보았다. 무언의 선택이었다. 그러한 선택의 책임은 무겁다. 끝까지 선택자가 지고 가야 한다. 서로 주고받는 말 한마디의 무게도 액면 그대로 중요했다.

　"살림을 안 해도 좋다"던 그의 말이 "살림에 덜 신경 써도 좋다"는 뜻이었다고 노년 들어 남편이 그 말을 재해석해 줄 때까지 나는 줄곧 그의 말을 하나의 신성한 원칙이라도 되듯 신봉했다. 남편이 미국에 신문사 특파원으로 갔을 때 그곳에서 내 박사 공부도 마쳤다.

　나이를 먹어가면서 우리는 정신적 공감대를 넓혀 나갔다. 내가 50

대에 먼저 불교에 입문하자 그도 뒤따라왔다. 같은 신앙을 가지고 같은 곳을 바라보는 모습을 갖추게 되니 그가 여러모로 고마웠다. 대학에서 무사히 정년퇴직한 후 십여 년째 이것저것 배우러 다니며 자유를 구가했다. 그는 내가 여전히 집안 살림에 게으르고 진보가 없는 것에 대해 나를 탓하지 않았다. 그러나 나의 주부 점수는 있는 그대로 박하게 주었다. 그랬을지언정 주부로서의 나를 탓하지 않았고 고치려 하지 않았다.

하지만 팔십 고개에 이르면서 나의 역할에 변화가 필요해졌다. 그가 아프다. 갑작스러운 폐암 발병으로 내가 그의 보호자가 되었다. 평생 안 하던 살림을 지금 한꺼번에 몰아서 하는 중이다. 힘에 겨운지 체중도 눈에 띄게 줄어들었다. 세끼 끓여 먹는 것도 수월하지 않고, 반찬을 만드는 일이 하나도 쉬운 게 없다. 불행 중 천만다행으로 남편이 약물로 치료가 가능한 표적 치료를 할 수 있게 된 것을 감사히 여기며 그동안 남편에게 진 빚을 갚아 나가고 있다. 평생 미안한 걸 몰랐는데 인생 처음으로 남편에게 미안하다는 생각이 들었다. 맛있는 밥상을 차려주지 못해서 미안했고, 그가 선물로 사준 몇 안 되는 귀중한 것들을 잃어버려서 미안했고, 애교스럽고 편안한 아내가 되어주지 못한 것이 미안했다. 그가 병이 난 것이 내 탓도 있는 것 같아서 미안했다.

하지만 우리는 서로 미안해하지 않기로 했다. 치료의 길이 있는 것만도 기쁜 일이고, 노년에 주부로서 할 일이 있고 그 일을 할 수 있다는 것이 기뻤다. 1~2인용 압력밥솥도 새로 사고 조리 도구들도 보충하며 즐겁게 일하고 있다. 무엇보다 남편이 충실하게 투병 생활을 하고 있는 것이 고맙기만 하다. 나는 점점 시행착오라는 놈과 친구가 되어가고 있다. 다행히 3개월 만의 첫 진료 때 암세포들이 많이 줄어들고 있다는 좋은 소식도 들었다.

그는 여전히 나의 자유를 구속하려 하지 않는다. 평소에 하던 것을 갑자기 중단하지 말고 병원 시간과 겹치는 시간이 아닌 한 자유롭게 활동을 계속하라고 한다. 나의 체중이 더 줄까 봐 되도록 많이 먹으라고 권한다. 그러면서 자기도 내가 만들어주는 음식을 잘 먹어준다. 여전히 짜니 싱거우니 바른 소리를 멈추지 않으니, 그의 솔직함에 변화가 없어서 기쁘다. 자기가 하던 집안일도 계속한다. 쓰레기 버리기, 재활용품 분류, 그리고 음식 쓰레기까지 가지고 나가 버린다. 설거지도 기름 묻은 것은 뜨거운 물로 먼저 초벌 설거지를 해주어 내가 편하게 설거지를 마칠 수 있도록 한다. 나는 굳이 그의 하는 일을 막지 않는다.

나는 지금도 여전히 완전한 사랑, 참사랑이 뭔지 모른다. 만약에 그런 그것을 알았더라면 지금까지와는 달리 살아오지 않았을까. 그러나 지금까지 우리 사이를 끌어주고 지켜준 것이 사랑이었고 그 사랑의 힘은 변치 않았을 것이라 본다. 그 사랑의 힘이 지금 곁에 있는 소중한 두 사람 사이를 계속 이어주는 다리가 되고 앞으로 내디딜 때 힘을 주는 지팡이가 되어 주길 소망한다. 사랑하기를 계속하라! 지금 곁에 있는 소중한 두 사람이 부드럽고 온화한 눈길로 서로 감싸 안아주는 그 과제만이 새로운 나날이다.

완전한 의무와 중간 의무에 대하여
- 키케로의 《의무론》을 읽고

내 친구 하나가 SNS에 썼다.

"태어남은 몰랐잖아. 어릴 때 그렇게 사랑받는 줄도 몰랐고, 살면서 여러 가지 역할을 해나가야 하는 줄도 몰랐는데, 이제 겨우 쉴 수 있다고 편하다고 생각하는데, 평균 수명이 있다는 걸 알게 됐지. 조금씩 약해지는 걸 보고 있는 거야. 그런 거였어. 그러나 오늘은 행복!"

생략된 말은 아마도 "어느새 힘 빠진 노인이 되었고, 인생 마무리 역할이 뭔진 모르겠지만 어쨌든 오늘 하루를 잘 살아야 해. 이건 내 의무야" 이런 말 아니었을까? 상상해 본다.

특별할 것 없는 그녀의 푸념 같은 짧은 글을 보며, 인간으로 태어난 이유가 행복하기 위해서라고 말한 달라이라마 존자가 떠올랐다. 그리고 태어난 이상, 행복해지기 위한 의무를 수행해야 한다고 한 그의 말을 되씹어본다. 의무 없이 살아갈 수 없는 존재가 인간이 아니던가.

지난여름, 달라이라마 존자가 90회 생일을 앞두고 자신이 130세까지 살고 싶다고 했다는 보도가 있었다. 단순한 수명욕이나 살아생

전 새삼 조국 티베트의 독립을 보겠다는 욕망의 발로도 아닐 테고….

그는 거주하고 있는 인도 북부 다람살라의 기도회에서 7월 5일 그의 생일 직전 신도들에게 이렇게 말했다고 외신이 전한다.

"지금까지 최선을 다해 살아왔으며, 자비의 보살님 보호 아래 앞으로 3, 40년 이상 더 살고 싶다. 우리는 조국을 잃고 인도에서 망명 중이지만, 중생들에게 많은 이로움을 줄 수 있었다. 그래서 나는 다람살라에 머물며 중생들과 불법佛法을 위해 내가 할 수 있는 만큼 계속 봉사할 것이다."

달라이라마는 1959년 티베트가 중국에 의해 강제적으로 병합되자 눈 덮인 히말라야산맥을 넘어 인도로 망명한 티베트 민족의 정치적·정신적 지도자이자 전 세계로부터 살아 있는 부처로 추앙받는 영적인 스승이다. 민족에 대한 봉사뿐 아니라 전 세계인에 대한 인류애를 사명이자 의무로 삶을 살아왔다.

미처 생각이 미치지 못했던, 3, 40년을 더 살고 싶은 이유에 대해 듣는 순간 나는 곧바로 기원전 로마 시대로 돌아가서 키케로를 떠올렸다.

인생의 모든 '훌륭함'은 의무를 수행하는 데 달려 있고, '추함'은 의무를 무시하는 데 있다.

로마 제정帝政에 앞서 로마 공화국의 후기를 살았던 철학자, 정치가, 웅변가, 문필가였던 마르쿠스 툴리우스 키케로(기원전 106~43)의 대표작이고 걸작인 《의무론De Officiis》의 핵심 내용이다. 그리스에서 철학 공부를 하고 있던 아들에게 급히 쓴 편지의 형식을 취한 이 철학적 에세이는 카이사르 독재관이 원로원에서 암살당하며 공화정이 무너져 가기 시작할 무렵 키케로 자신도 새로 등장하는 로마 제국의 정적이 되어 암살당하기 한 해 전에 썼다. 로마 시민, 공직자들이 로마 공화국의 정체와 로마 시민들의 가치를 지켜나가 주기를 바라는 호소문이었다. 이 논문은 그의 사후 출판되었으며, 라틴어 고전으로 서구 세계의 윤리학 지침으로, 라틴 문학의 고전으로 현대까지도 지대한 영향을 미치고 있다. 구텐베르크의 금속 활자 발명 후 세 번 째로 많이 인쇄된 책이라는 기록이 있다.

그리스 아테네로 유학하여 플라톤의 아카데미 학파와 스토아 철학을 배웠던 키케로는 특히 피나이투스에게서 영향을 받았다. 키케로의 에세이는 의무 수행이 어려운 이유를 이렇게 밝힌다.

"의무가 무엇인지를 잘 알고 있다면 의무의 이행은 어려운 일이 아니지만, 실제로는 의무가 무엇인지 잘 모르기 때문에 행위를 할 때, 첫째 훌륭한지 추한지, 둘째 유익한지 무익한지, 셋째 훌륭한지 유익한지를 숙고한다."

키케로의 《의무론》은 자연과 조화를 이루는 삶, 이성에 따른 행위, 그리고 사회적 역할과 책임 수행에 바탕을 두고 있다. 자연에 반하는 행위(과도한 욕망, 감정적 격정)는 피해야 하며, 감정이나 충동이 아닌, 이성logos에 따라 행동하고 올바른 판단과 숙고를 거친 행동이 의무라고 했다. 인간은 사회적 존재이므로 공동체의 이익을 고려해야 하고 가족, 친구, 국가를 위해 할 도리를 다해야 함을 역설했다.

《의무론》은 세 권으로 구성되어 있다.

제1권은 도덕(선, 또는 훌륭함)과 의무에 대해서다.

그는 인간 행동의 목적을 도덕적 선(훌륭함)에 두었다. 그는 도덕의 네 가지 덕목으로 지혜, 정의, 용기(영혼의 위대함), 절제(적합함)를 들었다. 이들 각 덕목은 각각의 의무를 지닌다. 지혜의 의무는 올바른 판단과 통찰력이다. 정의란 다른 사람에게 해를 끼치지 않고, 공공의 것은 공공을 위해, 개인의 것은 자기를 사용하는 것이다. 영혼의 위대함이란 외적인 것들을 경멸하고, 위대하고 매우 유익한 일을 하면서도 동시에 대단히 힘들고 위험한 일을 하는 것이며, 용기의 의무는 어려움 속에서도 옳은 일을 실천하는 태도다. 절제의 의무는 욕망과 감정을 통제하는 능력이다. 훌륭함은 네 가지 덕을 모두 아우르지만, 그 모습은 단번에 드러나지 않고 네 가지 덕 각각을 통해 일부만 드러난다.

제2권은 유익함과 그 추구에 대해서다.

유익함은 개인적 이득, 건강, 영광, 명예, 부, 권력 등을 말한다. 인간이 살아가는 데 도움이 되는 것이다. 인간은 이로움을 얻기 위해 유익한 것을 추구한다. 유익함은 올바른 방식으로 추구해야 하는데, 진정한 유익함은 도덕적 선과 결코 분리될 수 없다. 즉 도덕적이지 않은 수단으로 얻은 이득은 궁극적으로 진정한 유익함이 아니며, 개인과 공동체 모두에 해가 된다. 도덕적 의무가 개인의 이익보다 우선한다. 의무의 수행이 과연 무엇을 위해, 그리고 그 방법이 적절하게 이루어졌느냐를 보아야 한다.

제3권은 도덕적 선과 유익함의 충돌에 관해서다.

겉보기에 도덕적 선과 유익함이 충돌하는 것처럼 보이는 상황에서 어떻게 행동해야 하는지를 말해준다. 진정으로 도덕적인 것은 진정으로 유익하다는 스토아 학파적 입장을 견지한다. 겉보기에 유익해 보이는 것이 사실은 비도덕적이라면, 그것은 진정한 유익이 아니다. 그런데 훌륭함과 유익이 서로 다르면 이 두 가지가 충돌할 때 하나를 선택할 수밖에 없다. 키케로는 훌륭함과 유익이 서로 다르지 않기 때문에 이 두 가지가 충돌할 수 없다고 본다. 유익과 유익해 보이는 것을 구분하여 훌륭함과 유익해 보이는 것이 서로 다르다고 주장한다. 유익과 유익해 보이는 것을 구분할 필요가 있고, 유익해 보이는 것이 아니라 유익, 더 나아가 훌륭함을 선택해야 한다.

이러한 《의무론》에서는 의무를 두 가지로 나눈다. 완전 의무 perfectum officium와 중간 의무medium officium 다. 완전 의무는 올바른 의무rectum officium 라고도 한다. 완전한 의무는 완전한 지혜자sage 가 실천하는 도덕적으로 완벽한 행동이다. 인간이 이성과 자연에 따라 살아가면서 해야 할 필수적인 행동이다. 법적 의무를 넘어, 이성과 자연의 원리에 따라 공동체와 조화를 이루면서 도덕적 덕목을 실천하는 것이다. 도덕의 네 가지 덕목을 완전히 반영한 행동이다. 이를 통해 궁극적으로 아타락시아ataraxia(평온한 마음)와 유다이모니아eudaimonia(행복한 삶)에 도달할 수 있다. 예를 들자면, 전쟁에서는 정의를 위해 목숨을 바치는 완벽한 용기, 친구 관계에서는 항상 완벽한 도덕적 조언을 제공, 직업윤리에서는 최상의 도덕적 원칙을 지키며 업무 수행, 그리고 가족 관계에서는 부모를 위해 모든 것을 희생하는 경지다.

중간 의무는 평범한 사람의 의무다. 도덕적으로 완전한 지혜자가 아닌 일반인도 실천할 수 있는, 일상에서의 적절한 행동, 의무duty를 더욱 현실적으로 적용할 수 있도록 개념화한 것이다. 일반이 실천할 수 있는, 도덕적으로 옳은 행동이다. 완전한 덕에 도달하지는 못했지만, 여전히 이성적이고 적절한 행동이다. 완전한 의무를 수행하는 사람들이 아니더라도 평범한 사람들의 중간 의무(적합한 행위)는 기본적으로 본성(자연)에 따르는 행위다. 의무를 수행하는 자들에 의해 그 사회의 가치가 유지되고 현상이 유지가 되므로, 사회의 유지뿐 아니라 개혁에도 그러한 중간 의무 수행자들의 역할이 매우 중요하다.

중간 의무는 어떤 행위가 이루어졌을 때 이치에 맞는 설명을 할 수 있는 것이며 부모, 형제, 조국을 공경하고 친구들에게 친하게 지내는 것처럼 이성이 하기로 선택하는 것들이다. 중간 의무 수행의 예를 들면, 위험을 감수하지만 신중하게 행동(전쟁에서), 친구가 어려울 때 도와줌(친구 관계), 기본적인 책임과 도리를 다함(직업윤리), 부모를 존경하고 보살핌(가족 관계)이라 할 수 있다.

중간 의무에서 벗어나는 것은 이성이 선택하지 않은 것으로서, 부모를 보살피지 않고 형제들에게 신경 쓰지 않고 친구들을 사귀지 않으며 조국을 경시하는 것 등이다.

중간 의무의 철학적 의미는 다음과 같다; 인간은 완전한 지혜자가 되기 어려우므로, 중간 의무를 통해 점진적으로 도덕적 성숙을 이룰 수 있다. 사람마다 맡은 역할과 적절한 의무가 다를 수 있다. 중간 의무를 지속적으로 실천하며 궁극적으로 완전한 덕목virtue으로 나아갈 수 있다.

내가 달라이라마 존자를 완전한 의무의 수행자라고 보는 이유는 그가 자기 개인의 유익을 위해서가 아닌 중생에게 이익을 주기 위해 이미 구십 평생을 봉사하는 삶으로 살아왔기 때문이다. 그의 살아온 방식이 곧 그가 실천한 의무였다. 그는 '친절함'을 그의 종교라 할 만큼 지혜롭고, 용기 있고, 정의롭고, 절제된 삶의 의무를 다해 왔으며 어떤 의무에도 자신의 유익(명예, 신뢰, 부 그 어떤 것도)을 앞세운 적이 없다. 자기의 유익 때문에 자기의 도덕을 무너트리지 않았다. 심지어는 중국과도 갈등을 빚지 않으면서 공존을 추구해 왔다. 그가 130세까지 살고 싶다고 한 것은, 단순히 오래 살고 싶다는 뜻이 아니라, 그만큼 그에게 할 일이 많고 그 일들이 중요하며, 자신이 그동안 해온 것처럼 누군가가 앞으로도 해야만 한다고 역설하는 것과 같다. 그만큼 간절하고 절박한 소원의 피력이 아니었을까. 그 보도를 보는 순간 나는 키케로의 '완전한 의무'의 실제를 달라이라마 존자에게서 보았다. 달라이라마가 수행한 완전한(올바른) 의무는 키케로의 말대로, 성인, 현자 경지에 오른 자만이 실행할 수 있는 의무다.

키케로의 《의무론》은 지금 시대, 우리에게도 여전히 유효하다. 새 정부가 들어설 때마다 고위 공직에 오를 후보들의 도덕성이 도마 위에 오른다. 이름이 있는 후보임에도 청문회를 통해 그들의 도덕성에 흠결이 있다는 것이 드러나며 훌륭함을 입증하는 데 실패하는 경우가 허다하다. 어떤 후보들은 자기들 개인 이익을 지나치게 추구했음이 드러난다. 결국 훌륭함은 억지로 갖춰지지 않으며, 이익 앞에 쉽게 무너진다는 것을 보여준다. 우리는 청문회가 완전한 의무 수행자를 찾는 일은 아니라는 것을 확실히 알지만, 청문회의 유명무실에 국민의 피로감과 짜증은 늘어난다.

동양의 심오한 노장사상은 도(자연. 또는 진리)를 따르는 것이 덕이고, 성인聖人, 현자賢者만이 덕행을 할 수 있다고 하여 그 기준이 매우 높다. 그것이 바로 무위無爲 철학이며, 무용지용無用之用(쓸모없음의 쓸모 있음), 행불언지교行不言之敎의 철학이다. 평범한 사람들은 도나 덕에 이르는 길이 결코 쉽지가 않다. 그에 반해 서양의 키케로가 제시하는 인간의 의무론은 도덕적 품성을 지니는 것과, 자기의 유익과 공동체의 유익을 추구하는 것이 갈등을 일으키지 않는, 궁극적인 하나라는 실용적이고 실천할 수 있는 가르침인 것이다. 키케로의《의무론》이 서양의 윤리 교육으로 현대까지 그 영향력을 이어온 이유다.

병문안

어머니 5주년 기일에 참석할 겸 캐나다의 여동생이 귀국하여 오 남매가 오랜만에 한자리에 모였다. 갑작스러운 신병으로 고생하고 있는 남편의 병문안을 온 것이다.

동생들은 형부로 매형으로 남편과 평소 사이가 좋았으며, 아버지처럼 의지하고 따랐다. 결혼 전 남편이 아직 학생일 때 우리 집에 찾아왔던 그를 처음부터 좋아했다. 신기하기도 했고 자기들을 마치 친동생을 대하듯 하는 것이 마음에 들었던 모양이다. 사탕 한 알은커녕 몇 마디 말도 나누지 않았는데 무엇이 통하기라도 했는지, 언니(누나)를 이 사람한테 시집 보내는 것에 찬성하느냐는 어머니의 물음에 동생들이 모두 찬성표를 던졌다는 우리 집 뒷이야기가 있다. 그때부터 지금까지 남편은 동생들 하나하나를 마치 친동생처럼 아낀다. 실제로 그는 친형제가 없다.

부지런하고 지혜로운 여동생들은 내 서툰 살림을 걱정하여 형부가 먹을 수 있는 영양가 있는 음식을 만들어 오고, 직접 맛있는 끼니를 차려주고 갔다. 필요한 부엌용품도 사다주고, 냉장고에 자꾸 넣어 두

지 말고 텅 빌 정도로 비우라고 살림의 기술도 알려준다.

우리 자매들이 두 번째로 만났을 때 우리는 모처럼 부모님에 대한 퍼즐을 맞춰봤다. 서로의 기억을 통해 확인하는, 이를테면 부모님에 대한 자식들의 청문회(?)였달까. 딸들이 묻고 딸들이 답하는. 우리가 입을 모은 것은 딸들이 하나같이 애교가 없었다는 것, 은행원인 아버지는 용돈이 필요 없으실 것 같아 아무도 드리지 않았던 것이 후회스러웠다는 것, 아버지 어머니의 사이가 다정해 보이지 않았다는 것, 아버지는 당신의 형제와 대가족, 주변 사람들을 챙기고 덕을 많이 베푸셔서 칭송을 받으셨으나 아내와 자식에게는 자상한 표현을 못 하셨다는 것과 아버지의 성격은 호랑이같이 날카롭고 정확했으며 어머니는 과묵하고 소처럼 우직하게 일만 하셨다는 것 등이었다.

어머니가 한때 우울증이 심해서 캐나다 딸 집으로 여행을 떠났으나 오래 계시지 못해서 딸이 모시고 왔던, 잊었던 기억이 되살아났다. 그리고 어머니와 딸들이 다정하게 대화를 나누지 못했던 것은 현재까지도 딸들에게 가시지 않은 아쉬움으로 남아 있다. 아버지가 돌아가시자 어머니가 기를 펴고 하고 싶은 대로 남들에게 베풀면서 사시는 모습은 어머니의 재발견이었다. 남들에게 덕을 베풀고 모범 가정으로 칭송받았던 한 집안의 뒷모습을 들춰보면서 우리 딸들은 죄 없는 부모님을 무고하는 것 같아 죄송했다. 하지만 부모님이 남겨주신 좋은 기억들이 압도적으로 많기에 우리는 금방 죄송함을 잊고 우리 형제들이 부모를 본받아 깊은 형제애를 나누는 모습으로 돌아갔다. 큰 언니인 내가 동생들을 동네 양품점으로 데리고 가서 옷 한두 점씩을 사 입혔다.

캐나다 동생은 다음번 만남을 약속하고 활짝 웃으면서 떠났다.

"형부, 아파서 팔순은 그냥 넘어갔으니까 팔팔 미수 때 봬요. 그때 우리 한복, 양장 한 벌씩 해주세요."

자매들이 형부와 언니를 위해 담가온 게장, 오이지, 그리고 보양식으로 먹으라고 끓여온 전복과 낙지 국물 등 그들의 지극한 정성에 보답하는 데 옷 한두 벌이 문제겠는가.

큰 남동생은 18년간의 서점 사업을 접고 사장의 자리에서 내려와 현실 생활에 슬기롭게 적응하고 있다. 책방을 접으라는 아내의 고언을 듣지 않았다가 아내를 화병으로 보낸 뒤 참회하며, 예전 지인들과 교유하며 조용하게 살아가고 있다.

작은 남동생은 지금 전성기를 맞고 있다. 증권회사에서 25년을 근무한 후 퇴직하여 귀농 11년 차로 안성에서 온실 8동(1,500평)에서 오이 농사를 짓고 있다. 최근 모 방송국의 〈여섯 시 내 고향〉이라는 인기 프로그램에 출연하여 자기네 오이 농장에서 키우는 백다다기오이를 맛깔나게 소개했을 뿐만 아니라 안성 지역, 더 나아가 전국의 오이 경작 농민들을 위한 멋진 대변자 노릇까지 잘 해주었다. 매끄럽고 진정성 있게 사회를 보는 천하장사 출신 백승일과 찰떡같은 호흡을 이루며 재미와 흥미와 의미까지 사로잡은 멋진 방송이었다.

오랜만에 얼굴을 보게 되어 물어보니, 방송에 사전 대본이나 연습은 전혀 없었다고 한다. 섭외도, 일정 소화도 완전히 방송국 측에서 준비했으며 동생 부부는 평소의 모습대로 인터뷰에 응했다는데, 그 모습이 자연스럽고 재미가 있었다. 그가 비밀의 보따리를 풀어놓았다.

"그동안 스피치 학원에도 다니고 지역 극단 배우 오디션에 합격해서 무대에도 서고 한 덕이지."

그게 다 자신의 차남 J 때문에 시작된 일이란다. J는 카이스트 대학원의 경제학과 출신이다. 지금 만 35세, 미혼이고 직장은 미정이다. 취업 시험마다 합격이어서 직장 생활을 시작하다가는 조직 생활이 맞지 않는다고 자발적으로 퇴직한 뒤 경제를 분석하는 유튜브도 하고 자기가 원하는 것이 무엇인지를 찾으며 이런저런 경험을 쌓고 있다. J는 부드럽게 말하고 항상 웃음을 띤 귀염성 있는 소년 같은 조카다. 큰소리를 내거나 말을 많이 하는 것도 본 적이 없고, 심각한 표정이 전혀 그려지지 않는 양순한 청년인데, 그런 아들이 어떻게 제 아버지를 변하게 했다는 것일까.

"그 애가 우리를 얼마나 못살게 굴었는지 몰라."

코로나 팬데믹이 닥치기 이전부터 J는 부모를 다그쳤다. 앞으로 살날이 많은데 자기계발을 하지 않고 안일하게 세월을 흘려보내고 있느냐면서 TV도 못 보게 하고 엄마에게 책을 보내면서 독후감을 쓰라고 했다. 아버지가 업무상 컴퓨터를 배워야 해서 가르쳐달라고 하자, 언제까지 의지할 거냐며 스스로 배우라고 했다. '더럽고 치사해서' 동생은 학원에 다니면서 컴퓨터에 통달했고, 코로나가 끝나자 노인복지관에 등록하여 노후 준비를 시작했다. 운동반에 들고 악기를 배우기 시작했다. 에어로빅, 수영, 탁구, 하모니카를 배우며 버킷리스트를 하나씩 이루어 나가고 있다.

"배움을 멈추는 순간 늙는다"라는 자동차왕 헨리 포드의 금언을 좌우명 삼아, 살아갈 삶의 목표를 '최후의 승리자'가 되는 것으로 정했다. 건강을 지키고, '영원한 현역'처럼 배움을 이어가면서 자기 나름의 최후의 승리자 모습을 완성해 나가겠다는 결의였다.

아무튼, 아들의 엄격한 부모 관리는, 동생의 삶을 완전히 바꿔 놓았다. 컴퓨터를 배운 덕에 오이 농가들이 공동 출하할 수 있는 모임('찬샘물오이공동출하회')도 만들어 회장직을 맡았고, 활력과 재미를 위해 안성시민 극단 '맞춤'의 배우 모집 오디션에 나가서 합격하여 무대에도 서고 있다. 동생이 TV 촬영에서 자연스럽고 매끄러웠던 이유가 있었다.

"목표를 최후의 승리자가 되는 것에 두고 나니, 매일의 생활이 설렘이야."

오이가 날마다 조금씩 자라는 모습이 설레고, 매일 아침 일어나면 그날 할 일이 있음에 설렌다는 것이다. 하는 일 모두 설렘의 물결이라고 한다.

동생은 매형에 대한 병문안을 다음의 말로 대신하였다.

"매형은 최후의 승리자이십니다. 평생 잘살아오셨고 뜻을 다 이루었으며, 존경을 받고 있지요. 지금 최후의 승리자로 살고 계신 거죠."

동생들이 돌아간 후, 가만히 듣고만 있었던 남편에게 물어보았다.

"동생들을 보니 뿌듯했어요?"

그가 크게 고개를 끄덕였다.

인간·철학·수필

송마나

사르트르의 사랑 담론 – 사르트르와 보부아르의 '계약 결혼'을 바탕으로
하이데거의 '언어와 존재' – 슈테판 게오르게의 시 〈말Das Wort〉에서 고찰한 존재의 시어詩語
태풍 '매미'

전남여고와 이화여자대학교 외국어교
육학과(불어)를 졸업했다. 2016년 《에
세이문학》에서 수필, 2017년 《한국산
문》에서 평론으로 등단했다. 2022년
부터 《현대불교》 신문 '송마나 시절인
연'에 칼럼을 연재하고 있다. 한국수
필문학진흥회, 이대동창문인회, 송현
수필문학회, 철수회哲隨會 회원으로 활
동하고 있다. 수필집으로 《하늘비자》
(2023 아르코문학나눔 선정)가 있다.

사르트르의 사랑 담론
- 사르트르와 보부아르의 '계약 결혼'을 바탕으로

소크라테스의 별이 이데아였고, 레비나스의 별이 타자였다면, 나의 별은 사랑이었다. 그 사랑은 찬란한 빛을 뿜어내다가 일찍 초신성이 되어 폭발하고 말았다. 미아가 된 나는 빛 한 줄기 새어나가지 않는 블랙홀 속에서 오직 '운명을 사랑하라amor fati'는 니체의 멜랑꼴리한 '자기-사랑'으로 창백한 마음을 토닥였다.

내 사랑은 대학 졸업 후, 느닷없이 닥쳤다. 사랑의 소용돌이에 들어선 나는 열정의 대양에서 벗어날 수 없었다. 사랑하는 사람과의 결혼은 나의 인식을 변화시키고 삶을 송두리째 뒤흔들었다. 사랑은 젊은 내 인생의 알파이자 오메가였다. 사랑의 신은 환희와 기쁨을 안겨주었다. 그리고 미래의 풍경을 먼지와 재로 덮어버렸다.

우리는 태어날 때부터 누군가를 갈망한다. 인간이란 광대무변한 공허空虛 속에서 떨어져 나온 하나의 물방울이기 때문일까. 그 물방울은 근원적 결핍이든, 실존적 외로움이든, 홀로 머물 수 없기에 다른 물방울과 합체하여 바다로 흘러가려는 것인지도 모른다. 사랑은 세상, 타자와 관계를 맺으려는 아이러니한 본능이다. 남녀가 만나 평생을 함께 살아가는 결혼은 사랑의 아름다운 결실이라 할 수 있다. 결혼이란 타자를 내게 못 박는 것인가, 내가 그에게 못 박혔음인가. 한 번 박은 못은 영원히 빠지지 않는 것일까.

사랑은 철학과 대립하는 듯 보인다. 사랑은 순수한 감정이고, 철학은 깊은 사색과 이성을 요구하기 때문이다. 하지만 감정 역시 세상의 흐름에 따라 변화하고, 누군가를 진정으로 사랑하게 되면 오히려 깊은 사유에 이르게 되지 않을까?

플라톤은 《파이드로스》에서 사랑은 단순한 감정의 교류를 넘어 지혜를 향한 열망이며 철학적 여정을 함께하는 것이라고 말한다. 사랑하는 이들은 서로를 통해 '어떻게 살아야 하는가', '무엇을 믿어야 하는가', '무엇을 소망해야 하는가'를 함께 탐구하며 존재의 근원인 이데아를 향해 나아간다. 인간의 영혼은 무생물이나 하등한 생명체보다 본질적으로 이데아에 가깝고, 이데아에 다가갈수록 더욱 아름다워진다. 연인들이 서로를 아름답게 느끼는 것은 각자의 영혼이 이데아의 세계를 떠올리기 때문이다. 그 과정에서 그들은 기쁨에 벅차 행복의 문을 연다. 이처럼 플라톤에게 사랑은 철학 안에서 구현되며, 철학은 사랑 없이는 시작될 수 없다.

나는 플라톤의 사랑 철학에 관한 명제의 진위를 단정 짓기보다는, 사랑이란 자신과 세계를 이해하려는 철학적 탐구가 연인이라는 타자를 통해 구체화되고 심화된다고 생각한다. 연인은 서로를 비추는 거울이자 함께 나아가는 동반자이기 때문이다.

사랑은 인간의 마음속에서 피어나는 기이한 섬광이다. 이런 사랑으로 맺어진 결혼이 오늘날에는 점점 줄어들고 있다. 서로 사랑하면서도 결혼하지 않거나 계약 결혼이 늘어나는 추세다.

계약 결혼은 법적 혼인 관계를 맺지 않은 남녀가 일정한 조건과 기간 동안 함께 동거하거나, 가끔 만나서 부부처럼 지내는 것이다. 계약 결혼을 긍정적으로 바라보는 사람은 결혼 전에 상대방에 대해 알아가는 것은 이혼을 막을 수 있다고 말한다. 반면, 다수의 시선은 계약 결혼이 전통적인 결혼의 윤리적 토대를 훼손하고, 무분별한 성생활로 사회의 도덕성을 무너뜨린다고 반대한다.

사르트르와 보부아르는 제2차 세계대전이 끝난 뒤, 야누스의 두 얼굴을 지닌 계약 결혼을 했다. 파리 사람들이 얼마나 놀라고 눈살을 찌푸렸을까. 나는 대학 시절 그들의 계약 결혼 이야기를 처음 듣고 보부아르의 《제2의 성》을 읽었지만 온전히 이해하지 못했다. 그럼에도 깊은 충격과 놀라움을 느꼈다. 그리고 50여 년이 흐른 지금, 《철학수필》 제7집의 공동 주제가 '사랑'으로 정해지면서 문득 그들의 계약 결혼이 떠올랐다. 사르트르의 사랑에 대한 철학적 사유가 계약 결혼 속에 어떻게 녹아 있는지 곱씹어 보고 싶었다.

파리에서 태어난, 장 폴 사르트르(1905~1980)와 시몬 드 보부아르(1908~1986)는 1929년 철학 교수 자격시험을 준비하던 중 처음 만났다. 그해 시험에서 사르트르는 수석으로, 최연소였던 보부아르는 차석으로 합격했다. 당시 사르트르는 다른 여성과 약혼한 상태였지만 보부아르에게 깊이 빠져 청혼했다. 그러나 보부아르는 이를 거절했다.

입대를 앞둔 사르트르는 그녀에게 제안했다. "우리, 2년간 계약을 맺읍시다." 이 한마디로 시작된 그들의 계약 결혼은 평생 이어졌다.

사르트르와 보부아르의 계약 결혼은 당시 사람들에게는 파격이었다. 계약 내용은 더욱 놀라웠다. 두 사람은 서로 사랑하면서도 다른 사람과 사랑에 빠지는 것을 허용했다. 어떤 것도 숨기지 않으며 거짓말하지 않기로 약속했고, 경제적으로 서로에게 의존하지 않고 독립적으로 살아가기로 했다.

이런 황당한 계약, 미스터리한 계약 결혼을 그들은 어떻게 유지하며 평생 살아갈 수 있을까? 나는 사르트르와 보부아르의 사랑에 담긴 진실을 알고 싶어 여러 책을 뒤적이다가 사르트르의 《존재와 무》 제3부에 눈길이 멈췄다. 그곳에서 계약 결혼의 바탕이 되는 '사랑'에 관한 철학적 담론을 유추할 수 있었다.

사르트르에게 인간이란, 이 세상에 아무런 이유 없이 '내던져진 존재geworfen'다. 인간은 필연이 아닌 우연의 산물이며, 그 탄생에는 목적도 의미도 없다. 잉여의 존재로 태어난 인간은 마지못해 살아갈 따름이고, 죽음조차 자신의 뜻대로 할 수 없는 무력한 존재다. 그렇기에 사르트르는 인간을 '자유라는 형벌을 선고받은 존재'로 보았다. 신이 없는 세계에서 인간은 자신의 본질을 스스로 창조해야 하는데, 그 자유는 고통과 책임을 수반한다. 인간은 스스로 존재의 의미를 만들어야 하는 숙명을 지닌 채 불안이라는 실존적 고독과 마주하게 된다.

인간은 대자존재[1](對自存在, être pour-soi)로서, 스스로 자신을 의식하

---

1) '대자존재'는 의식을 가지며 스스로를 대상화할 수 있는 존재. 인간의 존재.

인간·철학·수필

며 끊임없이 자기를 초월하려는 존재다. 인간의 의식은 결핍되어서 완전한 실체에 대한 동경으로, 즉자존재[2](卽自存在, être en-soi)인 신적 존재에 이르고자 평생 노력한다. 그러나 대자적 존재는 즉자적 존재가 될 수 없다. 인간이 살아 있음과 동시에 죽어 있을 수 없는 것처럼, 자기를 인식하는 의식은 근본적으로 자신을 바라보는 주체이기에 결코 대상화된 사물(즉자적 존재)로 완전히 객체화 될 수 없기 때문이다. 인간은 대자-즉자의 결합, 즉 완전한 존재에 도달할 수 없는 비극적 실존에 처해 있다. 만약 내가 영원히 대자적 존재로만 머문다면, 즉자적 충만함에 이를 어떤 가능성도 갖지 못한다면, 나는 존재하기보다는 오히려 '무無'로서 존재하는 것이다.

나는 선하거나 악하지도, 아름답거나 추하지도 않다. 나는 무無로서, 본질 없는 존재이기 때문이다. 내가 나를 인식하기 위해서는 나를 하나의 대상으로 정립해야 하는데, 그것은 내가 주체가 되어 타자의 존재를 용인해야 한다. 즉 타자가 주체가 되어 나를 대상으로 바라볼 때 나는 주체가 되는 것이다. 타자는 '나로 있지 않은 나'[3]이다. 타자는 나의 외부에 있으면서 내 존재의 근거를 제공하는 자다. 따라서 '나'와 '너'가 하나 되는 사랑의 행위는 나와 타자를 대타존재[4](對他存在, être-pour-autrui)가 되게 한다. 나와 타자가 사랑함으로써 서로는 실존하는 주체가 되는 것이다.

사랑은 타자와 내가 서로를 자유로운 주체로 인정하며 관계를 맺는

---

2) '즉자존재'는 의식이 없는, 스스로에게 고정된 존재. 있는 그대로의 존재.

3) 《존재와 무》, 사르트르, 정소성 옮김, 동서문화사, 2014. 398쪽.

4) '대타존재'는 타인의 시선을 통해 드러나는 존재. 타인을 위한 존재.

행위이다. 사르트르에게 주체성은 자유이고, 자유는 초월의 가능성으로 드러난다. 사랑은 상대를 소유하거나 지배하는 것이 아니라 나의 자유가 타자의 자유를 긍정하고 바랄 때 비로소 이뤄진다. 내가 타자에게 사랑의 기쁨을 줄 때 나는 필요한 존재가 된다. 나는 타자를 사랑함으로써 무의미한 잉여 존재에서 벗어나 존재의 정당성을 획득하게 된다.

사랑은 상호적인 관계다. 내가 타자를 사랑할 때, 나는 동시에 그에게 나를 사랑해 줄 것을 요구한다. 타자가 나의 요구에 응답해 나를 사랑할 때, 그 역시 나에게 필요한 존재가 되어 무의미한 존재에서 벗어난다. 이렇게 나와 타자는 사랑을 통해 잉여의 상태를 넘어 '우리'라는 존재로 거듭나는 것이다.

사르트르와 보부아르는 계약 결혼을 통해 서로의 주체성을 인정하는, '우리들-주체'의 존재 방식을 실현하고자 했다.

그들은 연인이자 동반자였지만, 일반적으로 친밀한 관계에서 부르는 '너tu' 대신 항상 '당신vous'라는 존칭을 사용했다. 일상생활은 물론 편지에서도 'vous'를 고수함으로써 서로를 하나의 독립된 인격체로 존중했다. 사르트르는 보부아르를 "나의 작은 절대", "나보다 더 확실한 당신", 혹은 "당신이 곧 나예요", "아니, 당신이 나보다 나아요"라고 적었다. 보부아르도 사르트르와 유사한 어휘로 응답했다. 이러한 언어의 선택이 사소하게 보일 수 있지만 그들에게는 상대의 자유와 주체성을 인정하는 철학적 실천이었다.

또한 그들의 계약 결혼에서 중요한 계약 조건 가운데 하나는 '서로에게 거짓 없이 모든 것을 말한다'는 것이다. 언어는 사랑을 표현하는 수단일 뿐만 아니라 존재를 드러내는 본질적인 방식이다. 하이데거가 "언어는 존재의 집"이라 했듯, 사르트르 역시 "나는 내가 말하는 것으로 존재한다"고 말한다. 언어는 인간이 자유로운 주체로서 자신을 세계에 개방하고, 타자와 관계를 형성하는 실천의 방식이다. 타자에게 내 존재를 알리기 위해 내가 생산해 내는 모든 기호와 행위가 언어다. 사르트르와 보부아르가 "모든 것을 말한다"고 약속한 것은 단순한 의사 소통을 넘어 자기 존재를 온전히 타자에게 열어 보이며, 동시에 타자를 하나의 자유로운 주체로 존중하겠다는 실존적 선언이다.

사르트르와 보부아르는 그 누구보다도 확실한 협력자이자 날카로운 비판자였다. 두 사람은 각자의 사유 체계를 정립하거나 작품을 집필하는 과정에서 늘 서로의 원고를 읽어주기를 요청했다. 그 과정에서 서로 격렬한 비판과 깊은 격려를 주고받았다. 사르트르는 보부아르를 "나의 재판관, 나의 검열관, 인쇄를 허가하는 사람, 나보다 나를 더 잘 아는 사람"이라 표현했다. 보부아르 역시 사르트르에게서 끊임없는 격려와 도움을 받았다고 고백했으며, 그녀의 역작 《제2의 성》은 사르트르의 지지와 관심 속에서 탄생했다고 밝혔다.

사르트르와 보부아르의 계약 결혼은 과연 그들이 원하는 대로 진행되었을까? 어쩌면 그것은 애초부터 불가능이 예견되었을지도 모른다. 사랑은 그 안에 이미 실패의 싹이 들어 있기 때문이다.

가령 내가 A를 사랑하지만, 그가 내 사랑에 응답하지 않는다면 나는 초조와 결핍 속에 잠긴다. A는 내가 마음대로 소유할 수 있는 대상이 아니라 자유와 초월성을 지닌 자유로운 주체다. A가 나를 사랑하지 않기 때문에 나는 그의 마음, A의 주체성을 온전히 차지할 수 없다.

반대로 A가 나를 사랑한다면 내 사랑 역시 실패로 돌아가고 만다. A가 나에게 사랑을 고백하는 순간, 그는 자신의 주체성을 유보하고 하나의 객체로 전락해 버린다. 나는 바라던 그의 자유로운 주체성을 잃게 되고, 나의 사랑 또한 실패로 귀결된다. 결국 서로가 사랑할지라도 각자가 얻고자 하는 상대방의 주체성, 즉 사랑하는 연인의 자유와 초월을 결코 소유할 수 없는 역설 속에 머물게 된다. 이처럼 사랑은 타자의 자유를 통해 자기 존재의 확증을 갈망하는 대자존재의 시도이지만, 타자의 자유를 소유하는 순간 그것을 파괴함으로써 사랑 자체가 자기부정에 이르는 모순적 구조를 지닌다.

한편, 인간이 사용하는 언어 역시 본질적으로 불완전하다. 나는 어떤 경우에도 언어만으로 타자에게 나를 완벽하게 드러낼 수 없으며, 나의 의도를 온전히 전달할 수 없다. 타자 또한 내가 말하는 것을 어떻게 이해했는지 알 수 없다. 그래서 그들은 "모든 것을 숨김없이 말한다"는 계약 조건을 내세웠는지도 모른다. 나는 타자에게 말하고자 하는 바를 모두 표현하기 위해 애쓰고, 타자 역시 내 말의 의미를 전부 포착하기 위해 노력함으로써 서로 완벽한 의사소통을 이루려고 했을 것이다.

그러나 인간은 모든 것을 말할 수 없다. 말을 많이 한다고 해서 항상 핵심을 말하는 것이 아니고, 중요하지 않은 말로 본질을 흐리게 하기도 한다. 때로는 침묵이 강한 언어일 수 있고, 말로 옮기기 어려운 진실도 있게 마련이다. 사르트르는 보부아르에게 자신이 다른 여성과 관계를 맺은 상황을 솔직히 털어놓았지만 보부아르는 그런 이야기를 사르트르에게 전하지 못했다. 그녀에 따르면, "모든 것을 말하자"는 계약은 사실상 남자에게만 유리한 명분이었고, 그 약속은 지켜지지 않았다고 실토했다.

어떻든 사르트르와 보부아르는 살아가는 동안 많은 위기를 맞이했다. 하지만 그들은 매년 10월, 1929년에 맺은 계약 결혼을 기념하며 서로의 관계를 돌아보고 재정립했다. 어느 해 기념일에 사르트르는 보부아르에게 이렇게 말했다.

"이제 우리는 계약이 필요 없소. 우리는 영원히 함께할 것이고, 또 그래야만 하오. 우리가 서로를 이해하는 만큼 우리를 이해할 수 있는 사람은 세상에 없으니까 말이오."

그들의 계약 결혼이 끝내 파기되지 않았던 것은 두 사람만의 공통분모가 있었을 것이다. 나는 그들의 관계가 육체적 정열보다는 정신적 열정을 중시했기 때문이라고 생각한다. 그 중심에는 글쓰기에 대한 열정이 자리하고 있다. 보부아르는 자신의 전기를 집필한 데어드르 베어(1935~2020)와의 인터뷰에서 "글쓰기, 곧 문학에 대한 열정이 우리를 50여 년 이상 이어준 가장 확실한 끈이었다"고 말했다.

글쓰기는 그들에게 단순한 창작 행위가 아니었다. 그것은 정해진 규범이나 인습에 얽매이지 않고, 서로를 주체로 인식하며 세계 속으로 나아가는 실존의 장場이었다.

사르트르와 보부아르는 세상 사람들이 불가능하다고 여겼던 계약 결혼을 통해 실존의 본질에 관한 철학을 사랑으로 실현하고자 끝까지 노력했다. 그들은 죽어서도 파리 몽파르나스 묘지에 나란히 묻혔다.

인간은 세상에 던져진 존재. 그 고독한 존재는 허무의 심연을 딛고 일어서 선택하고, 사유하고, 행동하는 고통 속에서 자신을 완성할 운명을 부여받았다. 그래서 사르트르는 '실존은 본질에 앞선다'는 무거운 선언을 했는지도 모른다. 불완전한 인간은 타자와의 관계 속에서 나를 발견하고, 자아를 넘어서려는 실존적 도약을 한다.

그래, 나도 타자를 사랑하리라. 사랑이란 너와 나, '우리들-주체'가 양 날개를 펼쳐 저 초월의 하늘을 향해 함께 날아오르는 것. 사르트르와 보부아르는 비록 날개가 부서지고 찢겨도 사랑의 날갯짓을 멈추지 않았다. 나, 그들의 사랑을 통해 더는 실존의 무의미와 불안을 구토하지 않으리.

나의 사랑은 웜홀을 빠져나와 어디쯤에서 반짝이고 있는가.

참고문헌

《존재와 무》, 사르트르, 정소성 옮김, 동서문화사, 2014.

《사르트르와 보부아르의 계약결혼》, 변광배, ㈜살림출판사, 2021.

〈사르트르의 사랑 현상학–비판적 극복 가능성의 모색〉, 이경영, 《대동철학》 제22집, 2003. 9.

하이데거의 '언어와 존재'
- 슈테판 게오르게[5]의 시
〈말Das Wort〉에서 고찰한 존재의 시어詩語

"언어는 존재의 집이다."

하이데거의 《휴머니즘에 관한 편지》에서 비롯된 이 문장을 오랫동안 반추해 왔다. '언어' 그리고 '존재', 아무리 몸속과 머릿속을 헤집어 봐도 그 실체는 잡히지 않는다. 그럼에도 나는 말하고, 존재하며, 글을 쓴다. 나는 이 불가해한 언어의 본질을 좇지 않을 수 없다.

마르틴 하이데거(1889~1976)는 제1차 세계대전 이후 가속화된 산업화와 과학기술의 발전이 인간 실존의 근본 의미를 왜곡하고 소외시켰다고 진단하며, '존재'에 관한 물음을 철학의 중심 과제로 삼았다. 또한 그는 서양철학이 플라톤에서 데카르트, 칸트, 헤겔에 이르기까지 '존재자Seiendes'에 집중함으로써 그 기반이 되는 '존재Sein'를 망각했

---

5) 슈테판 게오르게Stefan George(1868~1933)는 20세기 초 독일 상징주의 문학을 대표하는 시인이자 문학 활동가다. 말라르메의 영향을 받아 예술과 삶의 이상을 추구했으며, 일상 언어와 대중문화를 배격하고 정제된 언어로서 시의 순수성과 정신적 깊이를 강조했다. 그는 문학적·철학적 공동체인 게오르게 서클(George-Kreis)을 조직하여 독일 지성계에 큰 영향을 끼쳤다. 나치 정권을 피해 독일을 떠나 스위스에서 사망했다. 대표 시집으로 《알게스트》, 《일곱 개의 서판에서》, 《별의 신비》, 《신국》 등이 있다.

다고 비판했다.

하이데거는 대표작 《존재와 시간》에서 '현존재Dasein'를 분석의 대상으로 삼는다. 현존재는 존재의 의미를 물을 수 있는 유일한 존재로서의 인간이다. 현존재는 미래를 향해 스스로를 내던지며, 과거의 경험과 가능성이 지금의 나를 형성하고, 현재의 세계 속에서 실존적으로 살아가는 구조를 지닌다. 하이데거는 이런 시간성의 분석을 통해 존재 의미를 밝히려 했지만, 여전히 그의 접근은 존재자 중심적인 성격을 벗어나지 못하고, 현존재를 통해 존재 자체를 조명하려는 시도에 한계가 있음을 인식하게 된다.

이후 하이데거는 사유의 방향을 전환한다. 그는 존재를 현존재의 해석이나 인식으로부터 나오는 것이 아니라, 존재 자체가 어떻게 스스로를 드러내는지 탐구한다. 이 과정에서 언어를 주목한다. 언어는 단순한 의사소통의 도구가 아니라, 존재가 자신을 열어 보이는 장場이며, 인간은 언어를 통해 존재에 응답하는 방식으로 존재한다는 것이다.

그 사유가 집결된 책이 1950년에 펴낸 《언어로의 도상》이다. 이 책에는 '언어의 본질'과 '존재와 언어'를 주제로 한 여섯 편의 강연과 대화가 실려 있다. 하이데거는 여기서 언어를 존재의 집으로 사유하며, 존재에 대한 보다 근원적인 접근의 길을 모색한다.

하이데거는 '인간이 말한다'는 명제를 '언어가 말한다'로 바꿔 강의를 시작한다. 이는 말하기가 단순한 욕구의 발현이나 의사소통의 수단이 아니라 인간이 본래부터 언어를 지닌 존재임을 뜻한다. 인간이 말하기 전에 이미 언어가 말하고 있으며, 인간은 그 언어를 매개로 존재와 마주하는 것이다.

발성기관과 청각기관을 통해 이뤄지는 일상적인 의사소통은 존재의 참된 언어가 아니다. 일상의 분주함 속에서 존재를 망각한 말은 공허한 말이며, 진리를 불러오지 못하는 말은 타락한 말이다. 언어는 존재의 본질이 응축된 순수하고 강력한 에너지를 지니고 있다. 존재의 언어는 근원으로부터 울려 나오는 생명의 소리다.

존재는 자신을 드러내기 위해 인간을 필요로 한다. 존재의 드러남은 인간이라는 현존재의 언어를 통해 울려 나온다. 존재가 말을 건넬 때, 인간은 그 부름에 응답하는 방식으로 말한다. 인간의 말은 자율적 생산이 아니라 존재의 언어에 대한 응답이자 공명이다.

인간의 언어 가운데 가장 순수하고 근원적인 언어는 무엇일까?

하이데거는 시어詩語, 시의 언어야말로 가장 본래적인 언어라고 말한다.

우리는 시를 쓸 때 시어가 떠오르기를 갈망한다. 번개처럼 내리치는 낱말, 조상의 얼굴처럼 떠오르는 문구, 목련꽃이 터질 때 전율하는 봄빛 같은 언어를 찾아 바다를 건너고, 사막을 지나고, 산을 오른다. 그러다 지쳐, 타는 목마름으로 수북이 쌓인 낙엽 속을 헤매다 문득 벌거벗은 나무의 우듬지를 바라본다. 그때 소리 없이 떠 있는 하얀 낮달. 세상을 비추는 언어가 빛나고 있다. 언어가 나에게 다가온 것이다. 언어가 자신을 말로, 낱말Wort로 열어 보일 때, 시인은 언어의 본질을 마주하게 된다.

존재의 언어는 바다의 심연처럼 언어 안에 존재를 은닉하며 유영한다. 우리가 일상적인 언어에 빠져 있으면 존재의 언어는 다가오지 않는다. 언어가 막다른 골목에 부딪혀 부서질 때, 존재의 언어는 비로소 그 모습을 드러낸다.

하이데거는 우리가 존재론적 불안 속에서 모든 존재자가 갑자기 의미를 상실하고, 실재적인 것이 아니라 마치 무無 속으로 사라지는 듯 느낄 때, 존재자들을 있게 하는 존재 자체와 마주하게 된다고 한다. 언어 또한 더 나아갈 곳 없어, 한계에 부딪히면 무에 이른다. 하이데거는 이를 '침묵', '공백', '말해지지 않음', '존재 너머'로 표현한다. 언어가 무로 흩어지는 순간, 기이하게도 본질적인 말이 우리 앞에 나타난다는 것이다.

그렇게 언어가 자기를 소멸하면서 동시에 새로운 의미를 열어주는 사태를 맞아 그것을 언어로 불러내는 것이 시詩다. '순수한 산문' 역시 시적인 성격을 지녀 존재의 진리를 불러일으키는 힘이 있다고 한다. "순수한 산문이란 사유를 담은 산문이다"는 문장에 밑줄을 긋는다.

하이데거는 프리드리히 횔덜린, 라이너 마리아 릴케, 게오르크 트라클, 슈테판 게오르게 등 여러 시인의 작품을 통해 시의 구조와 단어 하나하나를 존재 자체와 관련지어 해석했다.

그중 독일 상징주의 시인 슈테판 게오르게(1868~1933)의 시 〈말〉을 예로 들어, 〈언어의 본질〉이란 제목으로 프라이부르크대학에서 세 차례에 걸쳐 강연했다.

아득히 먼 기적이나 꿈을

나는 내 나라의 가장자리로 가져왔네.

그래서 늙은 운명의 여신이 그녀의 샘에서
그 이름을 찾을 때까지 간절히 기다렸다네-

그러자 나는 그것을 단단히 붙잡을 수 있었다네
이제 그것은 꽃 피어나 방방곡곡에서 빛나고 있네…

언젠가 나는 쾌적한 여행 끝에
풍요롭고 다정한 보석 하나를 가져왔다네.

여신은 오래 찾다가 내게 알려주었지:
'여기 깊은 바닥엔 아무것도 잠들어 있지 않아'

그러자 보석은 내 손에서 빠져나갔고
두 번 다시 나의 나라는 그 보물을 얻지 못했다네…

그렇게 나는 슬프게도 체념을 배우노니:
말이 부서진 곳에서는 어떤 사물도 존재하지 않으리라.

시의 표면적 의미를 따라가면 시 창작의 황홀함과 고통을 이야기한다.

첫째 연에서 셋째 연까지는 시 짓기에 성공한 경험을 보여준다. 시인은 아득히 먼 기적이나 꿈같은 이미지를 떠올려 시의 여신에게 보여준다. 여신은 그 이미지에 알맞은 말을 시의 샘에서 찾아 시인에게 준다. 그 시어로 만든 시는 꽃처럼 피어나 찬란히 빛난다.

넷째 연에서 일곱째 연까지는 다른 경험을 말한다. 시인은 여행 중 보석 같은 이미지를 발견해 시어로 옮기려 애쓴다. 그러나 샘의 깊은 바닥을 샅샅이 뒤져도 적절한 말이 나오지 않는다. 결국 그 보석 같은 이미지는 언어로 형상화되지 못한 채 흩어지고 만다.

마지막 연에서 시인은 슬픔에 잠겨 말한다. "말이 부서진 곳에서는 어떤 사물도 존재하지 않으리라". 이 구절은 시적 이미지가 언어를 얻지 못하면 사물은 사물로서 드러나지 못하고 사라져 버릴 것이라는, 시 창작의 실패에 대한 시인의 탄식으로 들린다.

하이데거는 게오르게의 시, 〈말〉을 다르게 해석한다.

"말이 부서진 곳에서는 어떤 사물도 존재하지 않으리라"는 마지막 행에 주목한다. 그는 이 시구를 "사물을 지칭할 말이 발견되는 곳에서 비로소 사물이 사물로 존재한다"[6]는 뜻으로 풀이한다. 말이 있고서야 드디어 사물이 존재한다는 것이다.

사람들은 어떤 사물이 먼저 존재한 뒤에 그에 걸맞은 말이 생겨난다고 생각하기 쉽다. 예컨대 우주선이 먼저 만들어지고 나서야 '우주선'이라는 말이 생기고, 원자폭탄이 먼저 개발된 후에야 '원자폭탄'이라는 말이 붙는다고 여긴다. 그러나 이는 거꾸로 이해한 것이다. 오히

---

6) 〈언어의 본질〉《언어로의 도상에서》 266쪽.

려 말이 먼저다. 어떤 말을 통해 무언가를 이름 붙이고 존재로 규정할 때, 비로소 그것은 세상에 존재하게 된다.

하이데거는 시의 마지막 행을 더 깊숙이 밀고 나간다.

게오르게가 "사물은 존재하지 않는다"고 단언하지 않고 "존재하지 않으리라"라고 말한 시구의 미묘한 뉘앙스에 생각을 집중한다. "말이 부서진 곳에서는 어떤 사물도 존재하지 않으리라"는 구절은 '말이 부서진 곳에서는 어떤 사물도 존재하지 않는다'고 단정 짓는 진술이 아니다. 오히려 "말이 부서진 곳에 사물이 존재한다고 다시는 인정하지 말아라"[7]는 은밀한 명령이 숨어 있다. 이런 의미를 깨달은 시인은 말이 가장 높은 차원에서 사물을 주재하고 있음을 알게 된다. 그래서 말이 사물을 현현하게 하고, 그 '말'이라는 보석이 자신에게 맡겨져 있음을 자각하게 된다. 따라서 게오르게는 시 짓기에 실패하여 낙심한 것이 아니라, 외려 더 높은 차원으로 나아가는 길을 통찰하게 되었다는 역설을 담고 있다.

게오르게가 여행에서 가져온 보석은 '말' 자체였을 것이다. 그래서 시인은 보석, 곧 말을 지칭하기 위한 말을 달라고 여신에게 간청한다. 그러나 운명의 여신은 "여기 깊은 바닥에는 아무것도 잠들어 있지 않아"라고 알려준다.

시인이 찾는 말은 사전적 정의로는 포착할 수 없는 존재 자체의 말이다.

---

7) 〈언어의 본질〉《언어로의 도상에서》 222쪽.

"말은 사물이 아니고, 존재자가 아니다."[8] 존재는 존재자와 구분되고, 말은 존재에 속하는 것이다. 존재는 존재자가 아니기 때문에 '존재가 존재한다'고 말할 수 없고, '존재가 주어져 있다'고 말할 수밖에 없다.

그렇다면 사물을 존재하게 하는 것이 존재이고, 사물을 존재하게 하는 것이 말이라 할 수 있다. 그래서 하이데거는 "말은 존재를 준다"[9]고 말한다. 존재 자체가 말을 통해 존재를 드러내는 것이다. 말이 없다면 사물도 존재할 수 없기에 시인은 "말이 부서진 곳에서는 사물이 존재하지 않으리라"고 말하는 것이다.

하이데거는 게오르게의 시에서 '말이 부서진' 사태를 더 뚫고 나간다.

> 말이 부서진다는 것은 말이 거부되는 것이고, 말이 거부되고 있다는 것은 말이 자신을 유보한다는 것을 뜻한다. 말이 자신을 유보한다는 것은 말이 완전히 사라지는 것이 아니라 '비밀로 충만한 경이로움' 속으로 스스로 물러난다는 것을 뜻한다.
>
> - 〈언어의 본질〉《언어로의 도상에서》262쪽

〈말〉의 마지막 행에 나타난 "말이 부서진 곳", 이는 존재가 자신의

---

8) 〈언어의 본질〉《언어로의 도상에서》257쪽.
9) 〈언어의 본질〉《언어로의 도상에서》259쪽.

인간·철학·수필

비밀 속으로 물러나 숨어 있는 상태를 가리킨다. 이곳은 우리의 말이 더 이상 닿지 못하는, 언어가 끊어진 지점이기에 "비밀로 충만한 경이로움"에 싸여 있다. 그곳은 사물의 이름조차 지을 수 없어 어떤 사물도 존재하지 않는 존재의 근원이다.

게오르게는 언어가 그 자체의 한계에 도달하여 붕괴되는 경계에서 존재의 심연을 응시하게 된다. 존재의 근원은 존재와 존재자가 하나가 되는 접점이다. 시인은 존재를 향해 자신을 던짐으로써 근원에 도달하고자 하고, 존재는 언어를 통해 인간에게 자신을 드러낸다. 이 만남의 장에서 존재는 인간에게 말을 건네고, 인간은 그 말을 바탕으로 사물에 이름을 부여함으로써 사물 속에 존재의 흔적을 새긴다. 따라서 게오르게의 시는 실패한 것이 아니라, 오히려 '말이 부서진 곳'에서 존재가 빛나는 보석처럼 현현하는 것이다.

우리는 종종 시를 오직 시로서 접근하고 느껴야 하는 것이지, 억지로 사유를 끌어들이면 시적 정취가 훼손된다고 여긴다. 그러나 하이데거는 '시 짓기Dichten'와 '사유하기Denken'가 '이웃 관계 Nachbarschaft'에 있다고 말한다. 시와 사유를 대립적으로 이해하는 태도가 위험을 내포한다고 경고하며, "그 위험은 우리가 거의 사유하지 않는 데서 자라나온다"[10]고 지적한다. 사유가 결여된다면 시는 스스로를 해명할 기회를 상실하고, 시가 없다면 사유는 자신을 펼쳐낼 기반을 상실하게 될 것이다.

---

10) 〈언어의 본질〉《언어로의 도상에서》 230쪽.

사유는 인식을 위한 수단이 아니다. 사유한다는 것은 존재의 밭에서 고랑을 가는 것이다.

– 〈언어의 본질〉《언어로의 도상에서》231쪽

하이데거가 말하는 사유는 단순히 존재자를 분별하고 해석하는 인식의 활동이 아니다. 그것은 "존재의 밭에서 고랑을 가는 사유"다. 밭에 고랑을 내면 양쪽으로 두둑이 생기는데, 이는 사이-나눔 속에서 나뉘는 존재와 존재자를 의미한다. 사이는 세계와 사물이 나뉘기 이전 존재의 심연, 존재 자체를 가리킨다. 사유란 그 사이-나눔 자체를 사유하는 것이다. 시는 존재와 존재자를 언어로 드러내는 행위, 곧 존재를 짓는 사유의 언어다.

하이데거에 의하면 "사유가 급진적으로 몸짓할수록, 즉 사유가 존재하는 것의 모든 뿌리에 다가갈수록 사유는 그만큼 더 사유다워진다"[11]고 한다. 여기서 '급진적'이라는 말은 과격하다는 뜻이 아니라 존재의 뿌리에 더 가까이 나아가는 것을 의미한다. '뿌리'란 말 없는 소리로서 사이-나눔의 바탕이자 존재의 근원이다. 사유는 뿌리, 곧 본질을 향해 깊이 파고드는 것을 말한다.

본질이란 최후의 근거를 뜻한다. 그렇다면 언어의 본질은 무엇인가?

하이데거는 '언어의 본질'을 '본질의 언어'라고 규정한다. '언어의 본질'이란 언어를 언어이게 하는 '그 무엇'을 의미한다. 나무의 본질,

---

11) 〈언어의 본질〉《언어로의 도상에서》233~234쪽.

책상의 본질을 말할 때의 그 '본질'과 같다.

　이때 하이데거가 말하는 '본질Wesen'은 고정된 성질이 아니라 동사적 의미를 지니며 본질로서 현현하고 지속하는 것을 뜻한다. 따라서 '본질의 언어'에서 '본질'은 존재를 드러내는 그 자체를 가리킨다. '본질의 언어'란, 그렇게 현현하는 존재 자체의 언어다. 이 존재의 언어가 곧 언어의 본질인 것이다.

　언어는 존재의 언어로서 우리에게 다가오고, 우리는 그 존재의 언어 안에서 언어를 말한다. 그러나 언어가 우리에게 다가오더라도 우리는 언어의 본질을 사유하지 않는다. 근원적인 차원에서 보면 우리가 사유하지 않는다는 것은 언어의 본질이 언어를 통해 드러나기를 거부하고 있음을 의미한다. 이 거부란 언어가 자기 안에 머물러 있다는 뜻이다. 언어가 일상적인 잡담이나 빈말에는 스스로를 드러내지 않고 자기를 숨기고 있다. 따라서 하이데거는 시 지음과 사유함은 떼어낼 수 없는 '서로-마주하고-있음'이라고 표현한다.

　하이데거는 '사이-나눔'이 만나는 곳을 '환히 열린 터die Gegend'라 불렀다. 그는 이 사유를 노자의 '도道'에서 영감받았다고 고백한다. 《도덕경》 제5장에서 도는 마치 풀무의 속과 같이 비어 있으나, 그 비어 있음은 다함이 없고, 쓰면 쓸수록 더욱 퍼져 나간다고 한다. 이러한 '충만한 비어 있음'은 존재가 스스로 드러나는 방식에 대한 은유다. 존재의 열린 터는 존재자들이 나열되는 장소가 아니라 존재 자체가 존재자들과 만나 빛을 발하는 자리다. 존재와 언어, 언어와 인간, 인간과 세계는 분리된 것이 아니라 모두 하나로 현현하고 있다.

불교 화엄 사상의 인드라망因陀羅網을 떠오르게 한다. 하늘에 펼쳐진 보석 박힌 인드라 그물은 보석 하나하나가 다른 보석을 비춰 상호 반영으로 찬란한 빛을 뿜어낸다. 보석들은 독립된 실체가 아니다. 무無의 하늘 그물에서 보석들은 서로를 비추며 매순간 공현共現한다. 존재는 그 자체로 고정된 실체가 아니라 언어가 부서진, 공空의 열린 터에서 존재자와 상호 울림의 리듬으로 화동和動하며 드러난다.

하이데거가 인간을 현존재라고 명명한 것은 인간의 마음이 존재를 밝히는 '환하게 열린 터'이기 때문일 것이다. 우리는 본래적으로 존재의 언어 속에 있지만, 마치 보석이 스스로의 광휘를 인식하지 못하듯, 존재의 울림을 자각하지 못한 채 살아간다. 마음이 밝아야만 곧 존재에 대한 근원적 사유를 할 때, 세계와 사물은 비로소 의미를 드러낸다. 마음속에서 잡된 말, 헛된 말, 비 본래적인 말이 부서질 때 본질의 언어가 말을 건넨다. 존재의 언어가 자신을 드러내는 순간, 그 깨달음에 상응하는 시어를 던지는 이가 슈테판 게오르게, 바로 시인이다. 시인의 말이 닿는 곳마다 사물은 이름을 얻고, 존재는 드러난다. 시는 언어를 통해 존재가 자신을 드러내는 열린 터다.

'언어가 존재의 집'이라면, 시詩는 그 집 안에 깃든 '영혼의 방' 아닐까. '시'라는 말 안에는 존재를 드러내는 말言과 마음이 머무르는 사원寺의 의미가 겹쳐있는 것을. 그것이 곧 시詩다.

참고문헌

하이데거 《언어로의 도상에서》 신상희 옮김, ㈜나남 2012.

하이데거 《존재와 시간》 이기상 옮김, 까치 1998.

고명섭 《하이데거 극장》 1. 2 한길사 2023.

송마나

태풍 '매미'

밤의 밤, 활화산이 터지듯 폭우가 쏟아졌다.

휙휙 소용돌이치는 바람이 어둠을 갈기갈기 찢으며 휘몰아쳤다. 빗줄기가 바람의 광기에 휩싸여 성난 굉음으로 대지에 내리꽂혔다. 하늘과 땅의 경계가 사라지고 무한한 암흑 속으로 우르르 꽝꽝 천둥이 몰아쳤다. 번쩍, 찰나를 뚫고 나온 번개가 시퍼런 칼날을 휘둘렀다. 머리와 손발이 잘려나간 유령이 태풍 속에 서 있는 것 같았다. 잘못 본 것일까. 다시 천둥소리가 천지를 뒤흔들었다. 흐릿한 환영이 비틀비틀 흔들거렸다.

2003년 9월 11일, 울진 백암산을 오른 후 다천茶川면에 있는 조그만 폐교를 찾아갔다. 미국 사는 친구 K가 시간이 나면 방문해 보라고 권했기 때문이다. 두어 번 시골 버스를 갈아타고 첩첩 산속에 숨어 있는 마을을 찾아가는 여정은 마음속의 조급하고 날카로운 모서리를 무디게 했다. 대문이 없는 학교로 들어서자 무성한 잡초들이 운동장에 가득했다. 미루나무를 닮은 나무 몇 그루가 담장 따라 늘어섰

인간·철학·수필

다. 그 옆으로 자그마한 2층 건물이 허름한 모습을 드러냈다. 학교 건물에 덕지덕지 붙어 있는 유리창들은 노을빛에 물들어 얼굴이 붉어 갔다.

먼지가 내려앉은 학교 복도를 천천히 걸어 인기척이 느껴지는 교실 문을 가만히 열었다. 앉은뱅이 긴 탁자에 앉아 저녁을 먹고 있던 십여 명의 사람들이 배낭을 멘 거지 행색의 여자를 보고 놀랐다. 그들은 대구에 사는 한 늙은 도인道人이 폐교를 빌려 주중에 머물며 도를 닦는 곳에서 함께 수행하고 있었다. 나는 호기심 가득한 눈동자들을 향해, 인근 산에 올랐다가 잠시 들른 길인데 며칠 머물 수 있겠느냐고 물었다. 도인은 나를 환영하며 건물 뒤편의 비어 있는 숙직실에서 묵으라고 했다.

이튿날 아침밥을 먹은 후, 학교에서 떨어져 있는 마을을 거닐었다. 가을 햇빛이 빛나고, 바람이 스치고, 독을 품었을지도 모를 실뱀들이 내 기척에 놀라 도망치느라 나도 걸음을 멈추곤 했다. 거지 이방인이 나타났다고 벌써 마을에 소문이 퍼진 것일까. 내가 머물던 폐교에서 은퇴하신 교장 선생님의 부인이 나를 집으로 이끌어 차를 대접하며, 따뜻한 물이 나오는 집 목욕탕을 이용하라고 했다.

바람이 가끔 아우성치듯 불었다. 나는 마을 뒷산에 올라 세월을 품은 나무들과 놀았다. 해가 기울자 폐교로 돌아왔다. 아무도 없었다. 사람들이 홀연히 떠난 마추픽추 유적지처럼.

어떻게 가부좌를 틀어야 할까? 교실 뒤에 쌓아둔 방석을 가져와 양다리를 겹쳐 앉았다. 오른발을 왼발 위로 올려야 하는지, 두 손바닥을 무릎 위에 펼쳐 두어야 맞는 자세인지 모르겠다. 빗방울이 그런 형식에 매이지 말라고 유리창을 딴딴하게 두드렸다. 눈을 감았다. 호흡이 길어졌다. 그동안 무성한 잎을 만들기 위해 나는 얼마나 바쁜 숨을 몰아쉬었을까. 내 몸의 세포들이 느릿느릿 흩어져 날아올랐다.

어둠이 비바람을 몰고 와 교실 창문을 부서지도록 흔들었다. 금방이라도 창틀이 떨어져 나갈 것 같았다. 어쩌면 머리를 풀어헤친 귀신이 소리 없이 나타날지도 모른다. 불도 켜지 않은 폐교의 텅 빈 교실에 홀로 앉아 있었던 나, 이미 괴담 속 주인공이 아니었을까.

밤이 깊어 갔다. 번개와 우레가 미친 듯 날뛰었다. 어디선가 우지직 나뭇가지 부러지는 소리가 들렸다. 빗줄기는 개체를 해체하고 태풍이란 군집으로 합체했다. 폭풍이 거칠어질수록 마음은 고요했다. 바울이 "내가 몸 안에 있었는지, 몸 밖에 있었는지 나는 모른다"(고후 12:2)고 했던 말이 귓가에 맴돌았다.

어린 시절 연극부에 들어가 신라의 박제상 부인 역을 맡은 적이 있었다. 박제상의 아내는 왕자를 데리러 일본으로 떠난 남편을 기다리다 망부석이 되었다. 그녀는 내가 앉아 있는 폐교에서 가까운 치술령鵄述嶺에 올라 동해를 바라보며 남편을 그리워하다가 돌기둥으로 굳어지고 말았다. 그 돌기둥이 자신의 역할을 했던 나를 폭풍우 치는 교실에서 '마나 기둥'으로 굳어지길 바란 걸까.

갑자기 전등불이 켜지고 교실 문이 열렸다. 도인과 그 제자가 케이크를 들고 들어왔다. 폐교에 머물던 수행자들은 태풍이 몰려온다는 소식을 듣고 학교를 떠나면서 내가 교장 선생님 집에 머물 거라고 생각했다. 마침 친구 K가 내 생일을 축하하려고 전화를 걸었지만 내가 받지 않자, 곧바로 도인에게 전화했다. K의 연락을 받은 도인이 교장 선생님 댁으로 전화를 걸어 나에게 미역국을 끓여주라고 부탁했는데, 내가 집에 없다는 이야기를 듣고 놀라 폭풍우를 뚫고 학교로 다시 왔다. 그는 태풍이 몰아치는 밤, 홀로 교실에서 절대 고독에 잠겨 있는 나를 보고 야릇한 표정을 지었다.

도인은 태풍이 잠잠해질 때까지 이곳에 머물 수밖에 없다는 말을 남기고 2층으로 떠났다. 그런 그가 바로 내려와 이렇게 말하는 것이 아닌가.

"밖으로 나가 비바람의 방향을 바꾸십시오."

'아니 저 노인, 정신이 어떻게 된 것 아냐? 내가 아무리 밉다지만 이런 상황에서 나를 밖으로 쫓아내다니.' 나는 어이없었다. 그는 다시 입을 열었다.

"태풍이 너무 강해서 경상도 일대가 쑥대밭이 됐는데, 곧 태풍이 북한으로 이동한답니다. 어서 나가 비바람의 마음을 돌리십시오."

'아, 도인이란 이런 황당무계한 말을 하는 사람이구나.' 나는 그의 말을 못 들은 양 그냥 앉아 있었다. 도인은 다시 뼈 있는 목소리를 남기며 2층으로 올라갔다.

"태풍이 북한으로 몰아칩니다. 그 헐벗은 백성들이 불쌍하지도 않습니까?"

어떻든 나는 교실에 더는 앉아 있을 수 없었다.

밤의 한복판, 비바람은 무자비한 심판을 내리듯 몰아쳤다.

6·25 전쟁 한가운데서 태어난 나, 남쪽 섬으로 도망쳐 전쟁의 피 맛

을 모르고 자란 나, 자유는 빗물처럼 그냥 흘러내리는 줄 알았다. 나는 번지르르한 지식인의 옷을 걸치고 인간의 근원적 고뇌에서 벗어나기를 꿈꾸며 틈만 나면 산천을 주유했다. 북쪽의 동굴 속에서 족쇄에 묶여 자유의 그림자를 바라보며 살아가는 나의 반쪽을 무관심으로 버려두었다.

하늘은 더욱 분노했다. 폭풍우가 전봇대를 쓰러뜨리고, 나무뿌리를 뽑고, 운동장 한가운데에 서 있는 그녀를 바닥으로 내동댕이쳤다. 눈을 떴던가. 입을 열어 무언가 외치려 했던가. 아무것도 느껴지지 않았다. 왼팔도 오른팔도 몸에서 떨어져 나간 듯했다. 그녀는 반항할 수 없었다. 아니, 저항하고 싶지 않았다. 남아 있는 두 발로 다시 일어섰다.

맴맴맴맴, 뜨거운 여름날에 목청 터지도록 울부짖던 매미의 한이 남아 태풍 '매미'에 실려 온 것일까. 13년 매미인가? 17년 매미인가?

"땅속에서 50년을 지낸 매미다! 오죽했으면 북한에서 태풍 이름을 '매미'라고 붙였겠느냐?"

천둥이 고함치며 그녀의 무딘 가슴을 내려쳤다. 번개가 심장을 태운 지 이미 오래되었다.

그녀는 한강의 《작별하지 않는다》에서 경하와 인선이 찾아간 바람 고개의 전설이 깃든 돌기둥을 떠올렸다. 늙은 걸인이 큰 산 아랫마을을 돌며 대문을 두드려 끼니를 청했으나 거절당하고, 오직 마을 사람들에게 천대받던 한 여인에게서만 따뜻한 한 끼를 얻어먹었다. 노인은 고마움의 표시로 "내일 동트기 전에 산을 오르라. 산을 넘어갈 때까지는 뒤돌아보지 마라"고 했다. 그녀가 이튿날 바람 고개에 이르렀을 때, 폭우로 마을이 잠기고, 뒤돌아본 그녀는 돌기둥이 되었다.

구약 성경에 나오는 롯의 아내 역시 돌기둥으로 굳어졌다. 죄악이 가득 찬 소돔과 고모라를 하나님이 멸망시키기로 작정하고, 그곳에 살고 있는 롯과 그 가족에게 떠나라고 명령하면서 절대 뒤돌아보지 말라고 경고했다. 그러나 롯의 아내가 뒤를 돌아보고 돌기둥으로 변했다.

누구나 롯의 아내는 하나님의 말씀을 어긴 죄로 돌기둥이 됐다고 단정 짓는다. 인선은 달리 말한다.

"마을 사람들이 죽어 가는데 어떻게 나만 혼자 살아남을 수 있겠느냐, 물에 잠긴 사람들을 살려야 했다. 어찌 뒤돌아보지 않을 수 있겠는가?"

바람 고개와 소돔의 언덕에 선 돌기둥은 명령을 어겨 굳어버린 형벌의 흔적이 아니다. 그 돌기둥은 이웃을 차마 외면하지 못한 여인들이 벗어 놓은 사랑의 허물이었다.

태풍의 심장에서 몸부림치는 한해살이 매미. 그녀는 오직 남아 있는 두 다리로 흔들흔들 날개가 되어 북쪽으로 몰아치는 바람을 가로막았다. 그 모습은 처참했다. 번개와 천둥이 일치하지 않는 오케스트라로 폭풍우가 잠시 멈칫거렸다. 흐릿한 의식 속에서 그녀는 태풍의 눈을 감겼다. 태풍의 심연에는 바닥이 없었다. 그녀의 두 다리가 무너져 내렸다. 그녀는 돌기둥이 되지 못했다.

마나mana는 남태평양 폴리네시아 지역에서 자연과 인간에게 깃든 신령한 기운. 그 이름에는 앞뒤도 위아래도 없다. '마나'의 '마'를 '나' 뒤로 옮겨 오른쪽으로 돌리면 '나무'가 된다. 마나는 나무[我無], 무아無我는 '나' 없음이다. 태풍 '매미'는 그녀를 산 제물로 삼켰다.

며칠 뒤, 다천에서 마을 밖으로 나가는 길이 보수되었다. 나는 폐교를 떠났다. 도인의 제자가 떠나는 나의 손에 종이쪽지를 쥐여주었다. 덜컹거리는 버스 안에서 경북 지역 신문의 한구석을 읽었다. "2003년 9월 13일 새벽 2시 30분경에 태풍 '매미'가 울진 앞바다로 빠져나와 동해로 진출했다"고 적혀 있었다.

이상수

경야經夜
주제 사라마구 – 눈먼 자들과 눈뜬 자들의 도시
골목의 어깨

경주에서 출생했다. 고등학교 때 신
라문화제 백일장에서 산문부 장원을
하며 국문학을 전공하는 계기가 되었
다. '삶의 향기 동서문학 수상자'의 모
임에서 따뜻한 사람들을 많이 만났다.
2019년 신라문학대상, 2020년 《영주
일보》, 2020년 《에세이문학》 완료 추
천으로 작품 활동을 시작했다. 첫 수
필집 《라그랑주점》이 2023년 문학나
눔도서로 선정되었다.
《울산문학》 편집주간, 《울산매일신
문》 필진으로 참여하고 있다.

경야經夜

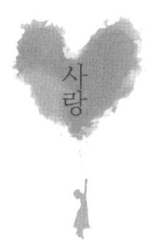

　두 눈을 말똥말똥 뜨고 있다. 말문은 닫혔지만 알아듣는 눈치다. 보고 싶었냐고 물으니 손을 꼭 잡는다. 입안을 닦고 잇몸을 마사지하고, 손발까지 닦은 후 행여 발진이라도 생기지 않았는지 구석구석 살핀다. 혈액순환이 잘되도록 옆으로 뉘여 등을 두드려주자 어린아이처럼 잠이 든다.

　지난해부터 언니와 내가 번갈아 요양병원에 계신 엄마를 면회하러 간다. 원래 살가운 성격이 아니라 그런지, 고단한 육신 때문인지, 이런 곳에 내버려두어 괘씸한 마음이 들어 그런지 도무지 반가운 내색을 하지 않는다. 평소 아들 타령을 자주 하기에 가장 보고 싶은 사람이 남동생인가 했더니 아버지라 했다.

　엄마는 칠 남매 막내로 서출지와 정강왕릉이 있는 동네에서 태어났다. 고샅길에서 동무들과 뛰어놀기 좋아하는 활달한 성격이었지만 호롱불 밑에서 베갯잇을 수놓는 차분함도 있었다. 열두 살 많은 이모가 시집간 후론 두 외숙모에게 의지해 손에 물 묻히지 않고 처녀 시절을 보냈다.

아들이 최고라 여기던 욕심 많던 할머니의 맏며느리가 된 건 21살 때였다. 막내로 살아온 세월을 한순간에 맏이로 치환해야 하는 순발력과 이웃집 키 큰 며느리와 비교당하며 역량을 인정받으려는 마음이 절실했다. 촌부村婦로 살아갈 강인함까지 덧붙여야 했으니 마음고생은 이루 말할 수가 없었다.

아버지는 주로 바깥 활동을 많이 했고, 대부분의 여자들이 그렇듯 엄마는 집안일을 감당했다. 아침저녁으로 우유를 짜던 시절에는 그 일까지 도맡았다. 젖 짜는 일이 마무리되어 갈 때쯤에야 돌아오는 가장은 얼굴이 불콰해 마지못해 집으로 온 것처럼 보였다. 힘든 노동으로 날카로워진 말투에 뭉툭한 고함이 망치처럼 내려치던 집에서 우리는 가끔 숨죽이며 태풍이 지나가기를 기다렸다.

자주 다투었고 가끔 서로를 챙겨주던, 그렇게 하나도 맞는 게 없었던 부부가 헤어지지 않은 이유를 찾아보았다. 이웃 사람들이 아버지에게서 한량의 기질을 발견했을 때 당신은 남편이 힘들게 일을 많이 한다고 애써 감싸주었다. 어디선가 맛있는 것이 생기면 양의 많고 적음에 상관없이 일정한 몫을 떼어놓았고, 선반 위엔 토종꿀에 재운 들깨가 떨어지지 않았다. 밭에서 일하는 아내에게 가져다주었던 자두 한 알, 동짓날엔 가마솥이 넘치도록 팥죽을 끓여 며칠이고 상에 올려도 가장의 숟가락은 바삐 움직였다는, 그런 이유였을 것이다.

딸 둘과 사내아이 둘을 두었으나 하나는 끝까지 품지 못했고, 또 다른 자식 하나는 거의 잃을 뻔했다. "돈 문제는 제일 작은 걱정이다"라며 여장부 같은 마음을 내보이던 엄마에게 고민을 털어놓으면 어느새 그 문제가 해결되어 있었다.

"너거 엄마가 성격이 달라졌어."

몇 해 전, 아버지가 그렇게 말씀하셨을 때, 우리는 별다른 이상을 느끼지 못했다. 마늘을 까다 밀쳐놓고 옆집에 가서 나물 다듬어주는 오지랖도 여전했고, 손아래 동서들에게 이리저리 인자한 형님 노릇을 하는 것도 하등 다를 바 없었다. 엄마의 미묘한 변화를 가장 먼저 눈치챈 이는 아버지였다. 무뚝뚝하고 사나워졌다는 것이었다.

엄마는 결국 파킨슨병을 진단받았다. 자꾸 넘어지더니 혼자 거동하기 어려워지고 급기야 자리를 보전하기에 이르렀다. 젊어서 받기만 하던 아버지가 밥을 떠먹이고, 다리를 주무르며 곁에 머무는 시간이 많아졌다. 경로당에 계시다가도 틈만 나면 집에 들러 엄마를 살폈다.

정성을 쏟았지만, 급성신우신염이 엄마를 응급실로 내몰았다. 병원에선 치료를 어디까지 할 것인지를 결정하라며 아버지를 재촉했다. 힘든 결정은 장성한 자식보다는 연로한 배우자의 몫이었다. "산소호흡기는 하지 말고, 다른 처치는 다 해주소." 다행히 증상은 호전되었지만, 콧줄을 낀 채 요양병원으로 이송했다.

병원에 다녀오는 우리에게 아버지는 엄마 안부를 꼭 묻는다. 그렇지만 병원으로 가서 자주 만나지는 않는다. 아버지는 어쩌면 미리 이별을 준비하고 계시는 걸까. 스러져가는 모습이 아니라 건강한 기억을 간직하고 싶어, 병원에서 맛보게 될 상실을 회피하고 있는지도 모르겠다. 엄마가 누웠던 빈 침대를 쓸어보며 이젠 집으로 돌아오지 못할 거라며 중얼거리던 말엔 작별의 인사가 묻어 있었다.

얼마 전 엄마를 중환자실로 옮겼다. 병원에서는 코로나가 다시 창궐할지도 모른다며 10분 내외로 면회할 것을 요구했다. 엄마와 눈을 맞추고 손발을 닦고, 자세를 바꿔 등을 두드려주며 하루 동안 있었던 이야기를 들려주었다. 집 이야기엔 두 눈을 크게 떴지만, 그 외의 일에는 감고 말았다.

죽은 사람을 장사 지내기 전, 가까운 친척과 친구들이 관 옆에서 밤을 새우는 일을 경야經夜라 한다. 이별은 절대 익숙해지지 않는다지만 사랑하는 이를 영원히 떠나보내는 일임에랴. 우리에겐 지금이 그 시간일까. 엄마의 모든 것을 기억하고 추억해 내는 요즘이. 섭섭하거나 혼났던 일은 모두 잊히고 세상 여지없이 귀한 존재로 여겨진다.

"엄마, 내일 또 올게."

엄마가 손에 힘을 주며 놓지 않는다. 간호사가 재촉한다. 경야가 더 디 갔으면….

주제 사라마구
- 눈먼 자들과 눈뜬 자들의 도시

"눈이 안 보여."

신호 대기 중 갑자기 한 남자가 절규했다. 홍채는 밝게 빛나고 공막은 도자기처럼 단단하고, 고인 눈물 때문에 한층 더 맑게 빛나고 있었음에도.

전염병처럼 사람들은 눈이 멀기 시작했다. 눈먼 남자의 차를 훔친 남자, 안과의사, 거리의 여자, 자동차 도둑을 집으로 데려다준 경찰, 사시 아이, 백내장 제거를 위해 안과에 들렀던 노인이 차례로…. 이들과 접촉한 모든 사람은 마치 눈을 뜬 채 우유에 빠진 것처럼 진하고 균일한 백색만 보게 되었다.

정부는 이 상황을 전염병으로 선포하고 감염자를 모두 격리 병동에 수용하였다. 경비병들은 전염이 두려워 수용자들을 무자비하게 살해하기도 한다. 유일하게 눈이 멀지 않은 의사의 아내는 남편을 돌보기 위해 환자로 위장하여 수용소에 잠입, 충격적인 모습을 직접 목격한다.

수용자들 가운데 억압과 폭력의 구조가 형성되면서 비인간적인 만행을 저지르는 무리가 나타난다. 의사의 아내는 이들 중 우두머리를 가위로 찔러 살해하고 격리 병동에 불을 지른다. 이를 틈 타 수용되었던 사람들은 병원 밖으로 뛰쳐나갔지만, 지키던 군인들은 이미 사라지고 없었다. 이들도 이미 눈이 멀었던 것이다. 눈먼 사람들은 먹을 것을 찾아 시가지를 헤매고 오물과 쓰레기 더미 속에서 생활한다.

눈은 보는 기능뿐만 아니라 외부세계를 인식하는 핵심적인 역할을 한다. 단순한 관찰이 아니라 해석하고 창조하는 것이다. 그러므로 '눈이 먼다'라는 것은 인간의 본성을 고스란히 드러내는 행위라고 할 수 있겠다. 눈을 뜨고 있을 때는 타인을 의식해 행동하지만, 눈을 감는 순간 자신의 바닥을 드러내기 십상이다. 먹이를 가로채고, 남의 여자를 탐하며, 방화를 저지르고 강간으로 욕구를 해결하는 것들이 그렇다.

의사의 아내는 남편과 일행을 데리고 자신의 집으로 돌아온다. 이들이 낙오하지 않고 무사할 수 있었던 이유는 조직을 이루었기 때문이었다. 그러던 어느 날, 기적처럼 처음 눈이 보이지 않게 된 남자부터 시력을 회복하고 이어서 다른 사람들도 점차 시력을 되찾는다.

4년 뒤 이 도시엔 다시 혼란이 찾아온다. 비가 쏟아지는 선거일, '눈 뜬 자들의 도시'에서 수거한 투표함은 70% 이상이 백지였다. 전복의 공모가 두려운 정부는 모든 투표소에 사복 경찰 두 명을 비롯해 첩자와 감시자, 녹음기와 비디오카메라까지 갖추고 재선거를 실시했다. 그러나 백지 투표율은 83%로 오히려 높아졌다. 정부는 계엄을 선포하고 대통령을 비롯한 정부 각료들은 새벽 3시를 기해 수도를 버리고 각각 다른 루트로 떠나버렸다. 지하철에 폭탄을 설치해 마치 폭도들이 이 일을 꾸민 것처럼 속이면 대혼란에 빠질 것으로 상상했지만, 시민들은 스스로 질서를 지켜나갔다. 정부의 부재로 파업이 일어나면 더욱 강력한 세력으로 돌아오려는 야심이 가득했으나 사람들은 흔들리지 않았다. 정부 회의에서 4년 전 '백색 실명 사태'가 언급된다.

"총리님, 나는 그저 우리가 과거에 눈이 멀었고, 어쩌면 지금도 계속 눈이 먼 상태인지도 모른다고 말했을 뿐입니다."

이 발언으로 문화부 장관은 쫓겨나듯 자리를 내려놓았다. 그러나 정부는 아이디어를 얻어 백색 실명 사태를 백지 투표 사태에 연관시키려 했다. 마침 "백색 실명 사태 때 눈이 멀지 않은 여성이 있었고, 그 여성이 살인을 저질렀다"라는 투서가 도착했다. 정보를 모으기 위해 파견된 세 사람은 그가 도시에서 처음 눈이 멀었고 자신의 부인이 불량배에게 강간을 당했다는 사실이 불편하여 이혼한 상태라는 것을 알게 된다. 그로부터 7명이 함께 찍은 사진을 전달받는다.

결국 정부에 의해 의사의 아내가 백지 투표 사태에 대한 모든 책임을 뒤집어쓰게 된다. 결국 그녀는 저격수의 총에 맞아 죽고, 그들이 《눈먼 자들의 도시》 후반부에서 만났던 개 역시 총에 맞아 사망하고 만다. 백지 투표의 주동자를 찾기 위해 파견된 책임정보원 역시 진실을 발견한 죄로 사살당한다. 눈뜬 자들은 제거되었다.

1922년 포르투갈에서 가난한 농부의 아들로 태어났고, 일곱 살이 될 때까지 '사라마구'라는 성으로 인생을 시작했다는 사실을 아무도 몰랐다. 아버지는 '주제 드 소자'라는 이름을 붙여주고 싶었으나 술에 취한 채 출생신고를 접수했던 관공서 직원에 의해 '사라마구(야생 무라는 뜻)'가 추가되었다. 후에 부자父子의 성이 다른 것을 발견한 관청에서 아버지에게도 사라마구를 추가하게 했다. 아버지의 성姓을 아들이 붙

여준 셈이다. 그의 친부는 마음에 들지 않았지만 어쩌면 남성 해부학
[1]과 관련된 성씨가 많은 이 동네에서 시골뜨기를 연상하는 이름은 오
히려 다행이었다.

작가는 1968년 시집을 펴내기 전까지 19년간 공산당 당원으로만
활동한 이력이 있다. 1982년 《수도원의 비망록》으로 사라마구 문학
의 전성기를 열었으며 1998년 노벨문학상을 받았다.

그의 작품이 폭력에의 저항을 다룬 것은 어린 시절 아버지의 행동
과 무관하지 않을 것이다. 경찰이었던 아버지는 게임에서 아들이 이
기도록 내버려두는 사람이 아니었다.[2] 아들의 서툰 재주를 조롱했
고, 심지어 이웃 아저씨는 등 뒤에 서서 한 발로 툭툭 차면서 자존심
을 깔아뭉갰다. 아이가 불만스러운 말투를 표출했을 때 아버지는 따
귀를 두 대 날렸다. 시멘트 바닥에 뒹굴게 했던 아이의 죄명은 어른
을 공경할 줄 모른다는 것이었다. 아버지는 아내에게도 폭행을 저질
렀다.

'하나의 발길질로, 분노와 저항의 표현으로' 썼다고 말하는 사라마
구는 이 작품을 통해 민중에 의해 포위된 권력, 서구에 의해 좌우되
는 경제적 세계 통합에 반항했다. 작품에서 총리는 거의 언제나 진압
되는 위기들을 통하여 진실을 말하면 안 된다는 것뿐 아니라 필요하
면 진실이 거짓과 일치하게 해야 하는 것을 이미 알고 있는 사람으로
등장한다. 정치인은 조직적인 거짓말쟁이라 여기는 작가의 의중을 읽
어낼 수가 있었다.

---

1)   성기, 엉덩이, 고환 등을 가리킴.
2)   주제 사라마구 에세이 《작은 기억들》 중에서 인용.

보이지 않는 수용소에 나도 갇힌 적이 있었다. 코로나로 인한 팬데믹으로 외출을 정지당했고, 생필품이 집으로 배달되었다. 주어진 정보만을 취할 수 있을 뿐이었지만 그것마저도 거짓된 정보가 넘쳐나 판단을 흐리게 만들었다. 그 짧은 동안에 나는 혼란에 빠졌고 어쩌면 이 상황이 영원히 끝나지 않을지도 모른다는 불안에 시달렸다.

지금 나는 눈먼 자들의 도시에 살고 있는 걸까? 아니면 눈뜬 자들의 도시에 살고 있는 걸까? 손에서 놓지 못하는 스마트폰은 알고리즘으로 내 눈을 가린다. 무엇을 먹고 어디에 가야 하는가를 지시한다. 그림자처럼 따라다니며 내가 클릭한 범주에서 벗어날 수 없게 만든다. 〈트루먼 쇼〉에서 세트장에 갇힌 트루먼처럼.

어쩌면 우리는 모두 눈먼 도시에 사는 눈먼 자가 아닐까. 내비게이션이 등장한 후 잘 찾아가던 길도 헤매게 되고 휴대폰에 번호를 저장하기 시작한 후에는 수십 개씩 외우던 전화번호를 기억 못 하는 일이 흔해졌다. 얼마 전에는 AI의 진단이 의사보다 정확한 일도 발생했다. 많은 것을 AI에 맡기는 우리가 눈이 멀지 않았다고 장담할 수 있을까.

작가의 질문이 오늘 나에게 화두를 던진다.

"당신이 살게 된 이 시대가 마음에 드시오. 아니면 다른 시대에 살고 싶소?"

골목의 어깨

아침이 되기에는 이른 시간, 똑딱길을 걷는다. 가로등 아래 골목은 아직 수면 중이다. 타닥타닥 붙어 있는 가게들의 모습이 왠지 낮이 익다. 금방이라도 문을 열고 들어가면 따뜻하게 나를 맞아줄 것 같다.

울산 중구 원도심은 한때 울산의 어깨였다. 1476년 성종 때, 태화강과 함월산으로 들어오는 왜적을 지키기 위해 울산읍성이 조성되었고, 그 안에 동헌 및 내아가 있었다. 일제강점기에는 읍사무소와 울산역, 울산금융의 시작을 알리는 상업은행, 객사였던 학성관 등이 자리 잡았다.

노래 〈울산 큰애기〉가 히트한 1965년 무렵은 공업 도시로 지정된 울산이 폭발적으로 성장한 시기였다. 공장이 속속 들어서면서 일자리를 찾아 각지에서 외지인이 쏟아져 들어왔다. 저녁이면 전국의 젊은이들이 '젊은이의 거리'에 모여들면서 옥골시장을 중심으로 모든 상권이 형성되었다. 성남동은 60~70년대 서울에서 유행하던 것들을 재빠르게 받아들이던 창구였다.

시계탑을 중앙에 반듯하게 세운 골목으로 즐비하게 가게가 늘어섰다. 가게는 사람을 불러모았다. 주머니가 불룩한 신사들은 부지런히 양복점을 찾았다. 한복을 벗고 짧은 치마와 블라우스로 갈아입으려는 아가씨들이 양품점으로 몰려왔다. 맵시 나게 차려입은 여인들이 양장점을 드나들었다. 포목점에서 비단을 끊어 한복을 지어 입은 고운 자태들도 골목을 활보했다. 곧이어 백화점과 영화관이 들어앉았다.

아버지는 시장 한쪽에 점포를 얻어 가게를 열었다. 이슬을 밟고 집을 나와 별을 지고 돌아갈 때까지 부지런히 옷을 팔았다. 이웃 가게에서 큰딸에게 줄 꽃무늬 원피스와 분홍구두도 골랐다. 저녁 밥상에 올릴 생선도 담았다. 집으로 돌아오는 길엔 콧노래가 절로 나왔다.

이 골목은 1921년 10월에 첫 기차를 통과시켰다. 울산에서 출발해 경주를 거쳐 대구까지 이어진 경동선으로 일반 열차보다 폭이 좁은 협궤열차였다. 버스터미널과 역엔 성공을 꿈꾸는 노동자들이 들고나느라 잠들 틈이 없었다. 골목은 스스로 넓어지는 법을 알았다. 길을 내고 건물을 지어 골목을 이어 붙여 천방지축 사내아이처럼 내달았다. 물을 건너고 논밭을 지나면서 제 몸피를 불렸다.

그러다 1990년대 시가지의 중심이 외곽으로 옮겨가면서 원골목은 한순간에 뒷길이 되어버렸다. 사람들의 발길이 끊기고 빈 가게가 늘어났다. 번영을 누리던 성남동 번화가는 위기를 맞이하게 되었다. IMF와 삼산동 개발로 인해서 극장과 주리원백화점, 코리아나호텔 등 상가 대부분이 문을 닫았다. 2000년대 이후 신도심으로 떠오른 삼산동으로 사람들이 향하면서 뒷골목으로 물러나게 된 것이다. 한때 울산의 어깨였던 이곳은 노쇠한 고목이 되어버렸다.

그런 쇠락의 징조를 미리 알았던 것일까. 아버지는 일찌감치 가게를 접고 고향으로 돌아와 벼를 심고 소를 키우고 나무를 베며 새롭게 가장의 무게를 지탱해나갔다. 꽃무늬 원피스는 검은 교복으로, 생선은 나물과 콩고물로 대체되었다. 그러는 사이 당신의 어깨도 조금씩 수그러들었다. 대퇴부에 들어찬 고름을 빼내고, 대체한 인공관절은 키를 한 뼘 이상 줄였고, 이십여 년 전 시술했던 척추디스크는 협착증으로 돌아와 다시 어깨를 내려 앉혔다.

2016년 중구는 '2016 도시재생 한마당' 주민참여 프로그램 경진대회에서 최우수상을 받았다. '성남동 디비파기 지도'는 6개월간 30여 명의 학생과 지역 주민들이 직접 현장 조사를 통해 그려낸 손지도다. 현재 골목길에 주민들의 기억을 같이 표기해 골목 소개는 물론, 도심의 옛 추억을 덧입힘으로써 원도심에 대한 감성을 이끌어 냈다. '도시를 살리다' 프로그램은 도시재생사업을 알리고, 주민의 참여를 이끌어 냈던 점을 설명해 높은 점수를 얻었다.

이제 이 골목은 세 개의 이야기를 만들고 각각의 이름을 불러주며 부흥을 꿈꾼다. 파란색으로 이어지는 울산 큰애기길, 분홍색으로 이어지는 추억길, 노란색으로 이어지는 읍성길 이야기 속에는 과거와 현재, 미래를 담은 스토리텔링이 이루어진다.

울산읍 성터를 찾아 나섰지만 수월치 않았다. 옛이야기를 기억할 만한 분을 만날 수 있을까 주위를 두리번거리는데 마침 중절모를 쓴 어르신이 불편한 다리로 직접 안내해 주셨다. 단골 목욕탕이 근처에 있어 이 일대를 훤히 알고 계신다고 했다. 똑딱길을 따라 경동선 울산역을 찾아가다 조금 전 그분을 다시 만났다. 동행하며 젊은이의 거리에 남아 있는 철길의 흔적도 짚어주셨다. 어쩐지 골목과 함께 깊어지는 것 같아 오래 마음에 남았다.

천천히 원도심이 다시 살아나고 있다. 매우 좁고 어두웠던 길은 도시재생사업을 통해 이름도 얻고 환하고 예쁘게 거듭났다. 울산에서 활동하던 가수 이름을 딴 고복수길을 따라가고, 맨발의 청춘길도 지나가 본다. "모닝커피 했습니까?" 묻는 다방문화에 젖고, 양복점 거리도 걸어본다.

얼마 전 아버지는 허리에 스무 개의 핀을 박는 큰 수술을 하셨다. 비뚤어진 뼈를 바루고 좁아진 신경 통로를 넓혀주었다. 다행스럽게도 수술은 성공적이어서 어깨는 더 펴지고 걷는 시간이 길어졌다. 성남동 골목처럼.

오래된 골목들은 단순히 스쳐 지나가는 곳이 아니다. 거기엔 수많은 사연이 깃들어 있어 가만히 귀를 기울이게 된다. 한때의 영광과 쇠락, 그리고 부흥을 꿈꾸는 성남동을 걸어가면 삶에 대한 새로운 통찰을 얻게 된다. 절망에 굴복하지 않고 그것을 이겨 낼 때 희망은 반드시 찾아온다는 것을. 슬쩍 골목의 어깨에 기대어 이제 막 떠오르는 아침 햇살을 온몸으로 느껴본다.

이혜연

지적 사랑, 혹은 자기애自己愛 – 루 안드레아스 살로메
내 안의 신성神性 – 휠덜린, 《휘페리온, 또는 그리스의 은둔자》
봄밤

숙명여자대학교 약학과를 졸업.
1998년에 계간 《수필공원》(현. 《에세이
문학》)을 통해 수필 등단, 제26회 현대
수필문학상을 수상했다. 현재 한국수
필문학진흥회 부회장, 매원수필문학상
운영위원회 부회장을 맡고 있으며 수
필집으로 《숨은 길》(2007년 우수문학도서 선
정), 《시간의 길이》, 《어느 날, 그리고 문
득》이 있다.

지적 사랑, 혹은 자기애自己愛
- 루 안드레아스 살로메

그리스 신화 중 무사(뮤즈) 여신 탄생 이야기가 있다. 제우스신이 기억의 여신 므네모시네와 아흐레를 동침하여 아홉 명의 딸을 얻었는데, 그들이 바로 아홉 무사다. 그들은 각기 문학·예술 분야를 나누어 맡는다. 그 아홉 무사 중 하나인 칼리오페가 아폴론과 결혼하여 낳은 아들이 오르페우스다.

음악의 신과 무사 여신의 정기를 받고 태어난 오르페우스는 노래를 짓고 부르는 명가수가 되었고, 아버지 아폴론으로부터 악기 리라lyra를 물려받아 명연주까지 곁들이니, 그의 노래와 연주를 듣고 홀리지 않은 것이 없었다고 한다. 오죽했으면 죽은 사람들을 저승으로 실어 나르는 아케론강 뱃사공과 강물들까지 감동시켜 산 사람인 오르페우스가 저승으로 건너가 죽은 아내 에우리디케를 만날 수 있었겠는가. 그의 노래는 저승 신 하데스까지 매료시켜 에우리디케를 명부冥府로부터 데리고 나올 수 있었다. 비록 뒤를 돌아보지 말아야 한다는 약속을 어겨 이승으로 데리고 나오는 데는 실패하고 말았지만.

이 같은 신화에서 유래한 것일까, 문학·예술인들에게 영감을 준 여인을 일컬어 뮤즈라 한다. 화가 달리의 아내 '갈라', 음악가 쇼팽의 연인 '상드' 그리고 시인 릴케의 연인 '루 살로메' 등이 그런 여인들이었다. 이 세 여인의 공통점은 문학적 예술적 감성이 뛰어나고 자유분방한 연애를 했다는 것이다.

그들 중 가장 나의 호기심을 자극한 여인은 러시아 출신 루 안드레아스 살로메Lou Andreas-Salomé(처녀 때 이름 루 폰 살로메Lou Von Salomé)다. 갈라나 상드가 단순히 뮤즈 역할에 머물렀다면, 루 살로메는 뮤즈이기보다는 상대를 통해 지적 욕구를 충족함으로써 자신을 풍부하게 하는 데 더 열중했기 때문이다. 물론 상드 역시 작가였기에 사랑의 감정이 자신의 창작활동에 영향을 미치기도 했을 것이다. 하지만 살로메는 상대와의 관계에서 이성異性적 감정에 함몰되지 않고 그들로부터 지식과 감성을 스펀지처럼 빨아들여 퍼즐을 맞추듯 자신을 완성시켜 나갔다. 인간이 아니라 그 사람의 지성과 정신을, 즉 형이상학적 사랑을 한 것이었다고나 할까. 이것은 그녀가 종속적 관계로서의 남녀가 아니라 대등한 관계, 동료이고자 했음을 의미하기도 한다. 페미니즘의 선구자였던 셈이다.

이런 의식은 그녀 자신의 의지에서 비롯된 것이기도 하지만, 그녀를 딸처럼 아꼈던 독일 여권운동가 마르비타 폰 마이젠부크(1816~1903) 여사의 영향이 컸을 것으로 짐작된다. 마이젠부크는 예술·과학 아카데미를 만드는 꿈을 가지고 있어 로마의 집을 세계 각국의 예술인, 정치가들이 모이는 살롱으로 만들었다. 그곳에서 루 살로메는 철학자 파울 레Paul Rée를 만났고, 그를 통해 니체Friedrich Nietzsche를 알게 되면서 루 살로메, 레, 니체 삼위일체 정신공동체를 만들어 삼인 동거

인간·철학·수필

생활을 하기도 했다. 그 유명한, 채찍을 든 루 살로메와 두 남자의 '삼위일체' 사진이 탄생하게 된 배경이다.

살로메는 젊은 시절부터 풍부한 감성과 예리한 분석, 통찰력으로 당대 수많은 지성인을 매료, 열광시켰다. 상트페테르부르크 시절인 17세에 네덜란드 대사관 소속 목사였던 헨드리크 길로트Hendrik Gillot로부터 종교학, 철학, 문학, 세계사, 미술사 등 다양한 인문학적 수업을 받아 기초를 쌓은 그녀는 취리히 대학 시절부터 두각을 나타내기 시작해 지도교수들로부터 찬사를 받았다. 개신교 신학자 비더만Alois Emanuel Biedermann 교수는 그녀를 "정신은 모든 사물을 탐구하며 신성의 깊이도 탐구하는" 다이아몬드 같은 존재라 찬탄했고, 예술사 교수였던 킹켈Gottfried Kinkel 역시 "사고에서 가장 독특하며 영혼의 정조에 깊이가 있다"고 높이 평가했다. 일찍이 개신교를 이탈하면서 싹을 보이던 자아가 이때부터 실현의 단계를 밟아가고 있었다.

그녀와의 이루어지지 않은 사랑 때문에 목숨을 끊은 것으로 추측되는 몇몇 사람 때문에 그녀를 '팜프파탈Femme Fatal'이라 폄하하는 사람들도 있지만, 위 두 교수의 평가처럼 그녀의 지적 능력은 천재적이어서 도리어 상대에게 지적 자극을 주는, 긍정적 영향을 미쳤다. 파멸을 부르는 관계가 아니라 상호 생산적 관계였던 것이다.

그 대표적 인물들이 철학가 프리드리히 니체, 시인 라이너 마리아 릴케, 정신분석학자 지그문트 프로이트이다. 하지만 그녀는 그들과 육체적 관계를 맺지 않았다. 대신, 그들에 대한 책을 저술(《니체의 작품으로 본 니체》, 《라이너 마리아 릴케》, 《프로이트에 대한 나의 감사》)함으로써 그 사랑에 보답했다. 《살로메, 니체를 말하다(원제 '니체의 작품으로 본 니체')》의 역자 김정현은 이런 그녀의 저술 행위를 '존재와 만나 한 시기를 보낼 수 있었던 것에 대한 감사를 표한 것'으로 해석한다.

그중 릴케와의 사랑은 각별해서 육체적 관계를 맺고 임신까지 했었다는 추론이 있기도 하다. 하지만 릴케의 결혼으로 두 사람 사랑에 틈이 벌어졌고 그로 인해 오랜 공백기가 생겼음에도 서신을 주고받은 것을 보면, 둘 사이에는 영적인 사랑이 보다 깊었던 것 같다.

니체와의 만남은 1882년에 이루어졌다. 비록 니체의 일방적 사랑으로 끝난 7개월여의 짧은 만남이었지만, 니체는 여동생 엘리자베트에게 보낸 편지에서 루 살로메가 사람들이 생각할 수 있는 가장 재능 있고 사려 깊은 인간이고, 자기가 했던 교류 중 그녀와의 교류가 가장 가치 있고 풍요로운 성과를 이루었으며, 그녀와의 교제 이후 자신은 차라투스트라에 이를 수 있을 만큼 성숙해졌다고 고백했을 만큼 그녀의 영향력은 컸다. 루 살로메 역시 니체를 통해 지적 영역이 확대되고 심화되었다. 니체는 몇 주일 동안 그녀와 밀도 높은 대화를 나눈 후 함께 새길을 열어갈 수 있고, 자신의 철학을 계승할 수 있는 상대라는 확신이 들어 두 번에 걸쳐 청혼했으나 모두 거절당한다. 니체가 채찍을 맞고 있는 말을 보고 정신 착란을 일으킨 것도 어쩌면 그 거절의 트라우마 때문이 아니었나 싶다. '삼위일체' 사진을 찍을 당시 그녀에게 채찍을 쥐여준 것이 자기였는데 그 채찍으로 조련당한 셈이었기 때문이다.

루 살로메는 니체 사후 출간한 《니체의 작품으로 본 니체》를 통해 니체의 짧은 글들이 생각의 파편이 아니라 철학적 체계를 가지고 있으며, 고통과 싸우고 치유되는 과정을 반복하면서 인류 구원의 길을 찾아낸 종교 사상가라며 그에게 종교적 본성이 있음을 통찰해 낸다. 이 저술 행위를 니체의 청혼을 거절한 데 대한 그녀의 영혼의 답변이 자 니체 정신의 위대성에 대한 존경의 지성적 표현으로 보기도 하지만, 12년이라는 긴 시간 동안 그의 작품들을 통독하고 집필한다는 것은 미안함이나 존경심을 떠나 학문에 대한 열정과 욕구가 없고서는 이루어질 수 없는 작업이 아닌가 싶다.

프로이트와의 관계도 니체의 경우와 유사하다. 루 살로메는 50세인 1911년 9월 바이마르에서 열린 정신분석학회에서 다섯 살 연상 프로이트를 만나 6개월 동안 정신분석 지도를 받았다. 프로이트가 자신이 '정신분석의 산문가'라면 루 살로메는 '정신분석의 시인'이라며 경탄했을 만큼 정신분석학에 재능을 보인 그녀는 그와 학술적 동반자 관계를 이어가다 프로이트 75세 생일에 《프로이트에 대한 나의 감사》를 헌정한다. 25여 년의 교류 동안 "존경하는 루에게"에서 "사랑하는 루에게", "루를 그리워하며" 등 편지글의 호칭 변화에서 루 살로메에 대한 프로이트의 감정의 진화가 엿보이지만, 그녀의 자유로운 행보와 의지를 잘 파악하고 있던 그는 학문적 동반자에 머무는 현명함을 택함으로써 오랜 관계를 유지할 수 있었던 것으로 보인다. 그가 어떤 좌석에서 그녀에 대해 "성적인 매력은 없는 여자"라 했던 것은 진실일 수도 있겠지만, 혹 '여우와 신 포도' 심리에서 나온 발언은 아니었을까, 실없는 추측을 해본다.

릴케와의 관계는 앞의 두 사람보다는 연인적 감정이 깊었다. 루 살로메가 자신의 저서에서 "내가 몇 년 동안 당신(릴케)의 아내였다면, 그것은 당신이 나에게 '최초의 현실'이었기 때문이었습니다. 육체와 인간을 구분할 수 없을 정도로 하나가 되어 삶 자체를 의심할 수 없는 경지에 있었습니다.(《4월, 우리들의 달, 라이너》 1934년)"라 고백한 것을 보면, 학문적 관계에 머물렀던 다른 이들과는 유별했음을 알 수 있다.

두 사람이 만난 것은 1897년 루 살로메의 나이 36세, 릴케의 나이 22세인 때로, 당시 그녀는 동양어학자 안드레아스Friedrich Carl Andreas와 결혼 10년 차에 접어들고 있었다. 하지만 그녀는 안드레아스와 결혼할 당시 육체적 관계를 맺지 않고 자신의 연애 행보에 개입하지 않을 것을 조건으로 내세운 터라 자유로운 상태였다. 그녀가 '내가 몇 년 동안 당신의 아내였다면'이라 했던 시기는 첫 만남 후 4년여 동안을 가리킨다. 함께 이탈리아로 건너가 르네상스 예술을 탐구하고 1899년, 1900년 두 차례에 걸쳐 러시아 여행을 하면서 두 사람은 영혼의 일치를 경험한다. 이런 일치감을 "우리는 친구가 되기 전에 부부가 되었습니다. 근친상간이 모독이 되기 전 아득한 태고의 시대에 말입니다.(《4월, 우리들의 달, 라이너》)"라 토로했을 만큼 그녀는 릴케에게 태생적 유대감을 느끼고 있었다. 릴케 역시 "두 현에서 하나의 소리를 끌어내는 바이올린의 활같이/ 우리는 어떤 악기에 매여 있는 현입니까/ 어떤 연주자가 우리를 켜고 있습니까(《사랑의 노래》)"라며 그녀와의 일체감을 노래했다.

내 눈을 지워라. 그래도 당신을 볼 수 있다/ 내 귀를 막아라. 그래도 당신을 들

인간·철학·수필

을 수 있다/ 내 발이 없어도 나는 당신에게 갈 수 있다/ 입이 없어도 당신을 불러낼 수 있다/ 내 팔을 분질러라, 나는 손이 하듯이/ 내 마음으로 당신을 잡을 수 있다/ 내 심장을 막아라, 그래도 두뇌는 꿈틀댄다/ 내 등골에 횃불을 던져도/ 나는 당신을 내 핏줄에 담고 간다.

– 릴케 〈순례의 서〉 중에서

없어도 보고, 듣고, 만질 수 있으며 육체가 없어져도 내 안에 너를 존재케 하는 사랑의 힘.

이런 사랑의 힘은 두 사람 서로에게 시너지 효과를 불러온다. 루 살로메와의 만남을 '제2의 탄생'이라 했을 만큼 유약했던 릴케는 강인해졌고, 루 살로메는 문학적으로 더욱 깊어졌다. 길로트 목사의 영향으로 독일 문학에 빠져 있던 그녀에게 릴케와 함께한 러시아 여행은 슬라브 문화로 회귀하는 계기가 되어주며 다양한 세계를 열어주었다. 하지만 사랑의 의존도는 릴케 쪽이 훨씬 강했던 것으로 보인다. 그에게 그녀는 연인을 넘어 모성적 존재이며 영혼의 대들보였기 때문이 다.

하지만 두 번째 러시아 여행에서 루 살로메는 릴케와의 이별을 결심한다. 내면에서 시인과 인간, 두 자아가 충돌하며 심리적 위기에 빠져 있는 릴케에게 독립과 고독이 필요하다고 판단한 그녀는 릴케의 결혼을 빌미로 결별을 선언한다. 물론 릴케의 결혼으로 배신감을 느끼기도 했을 것이다. 하지만 무엇보다 사랑의 감정에 빠져 있기에는 그녀의 자아는 너무 강했다. 그녀 자신에게도 자유가 절실했다. 어쩌면 그 길만이 그들의 사랑을 훼손시키지 않고 영속하게 할 수 있으리라는 판단에서였는지도 모른다. 결혼생활의 고통을 호소하는 릴케에게, 남편으로서의 정상적인 행복도 친근한 이들과 어울리는 즐거움도 포기하고 오로지 예술을 섬기는 일에만 정진하라 한 충고는 어쩌면 그녀 스스로에게 이른 말이 아니었나 싶다.

친구로 남기로 했음에도 단절은 3년여 동안 이어졌다. 하지만 그 공백기에도 그녀를 향한 릴케의 사랑은 깊었고, 영향력도 컸다.

> 네가 떠난 서럽고도 싸늘해진 자리에서/ 나는 너를 찾지 않는다. 네가 없다는
> 것까지도/ 너에 의해 따뜻해지고, 더 진실되고,/ 결핍 이상의 것이 되어 있다.
> – 릴케 〈루 안드레아스 살로메에게〉

그에게 그녀의 부재는 결핍 이상의 의미를 갖는다. 부재로 인해 오히려 그녀의 존재를 절감하게 된 것이다. 〈두이노 비가〉를 마무리하고, 〈오르페우스에게 보내는 소네트〉를 완성한 것도 이 시기였다.

공백기 동안 릴케는 루 살로메와의 소통을 간절히 원했지만 쉽게 이루어지지 않다가 릴케가 로댕의 비서 생활을 하면서 집필한 《로댕론》을 그녀에게 보내고 그녀가 격찬의 답신을 보냄으로써 이어졌으나 그녀는 철저히 정신적 존재, 동료로만 남는다. 불안정한 심리 상태를 보이는 그를 치유하기 위해 심리학을 연구하면서까지 조언을 아끼지 않았지만, 더 이상 이성적 감정을 느끼지는 않은 것으로 보인다. 당시 그녀는 새로운 세계, 정신분석학 분야의 학자들과 교류를 하고 있었기에 릴케에게만 집중할 수 없기도 했다. 그녀는 자기완성의 마지막 퍼즐 맞추기에 열중하고 있었던 것이다.

루 살로메의 화려한 남성 편력을 살피다 보면 그녀에게 진정 에로스적 사랑이 존재하기는 했을까 궁금해진다. 일찍이 그녀는 입센의 작품을 심리학적으로 분석한 평론집 《헨리크 입센의 여성상》(1892)에서 독립된 생활을 하는 대부분의 여성이 지성과 에로스의 갈등으로 어려움을 겪고 있다는 주장을 펼쳤었다. 여성뿐 아니라 인간의 복잡한 성격은 몸과 마음의 부조화 때문이며 이것이 인간에게 깊은 좌절과 견딜 수 없는 고뇌를 안겨준다고 했다. 하지만 진정한 인생은 정신 생활에서만 가능하며 인생의 모든 일은 정신의 결실일 뿐이라는 결론을 내린다. 육체적 교섭 없는 안드레아스와의 결혼이 뭇 남성들의 유혹을 물리치기 위한 수단이었다 고백한 것도 그녀의 이런 사고방식을 잘 대변해 주고 있다. 몸과 정신, 지성과 에로스 중에서 그녀는 정신, 지성을 택한 것이다.

그녀의 남성 편력은 어찌 보면 당시의 사회상을 반영하는 것이기도 하다. 학문 탐구의 기회가 남성에게만 허용되어 있어 지적 욕구를 그들로부터 충족시킬 수밖에 없었을 것이다. 그녀가 상트페테르부르크를 떠나 취리히대학으로 온 것도 당시 그 대학이 여성 입학을 허용한 몇 안 되는 대학 중 하나였기 때문이다.

그녀의 남성 편력이 그들의 명성을 업고 자기를 부각시키려는 수단이었다는 해석이 있기도 하지만, 가족과 주변의 만류에도 불구하고 지적 탐구 행로를 멈추지 않아 자주 건강이 악화되었고, 그로 인해 수차례 요양을 떠난 것을 보면 남성과의 교류가 명성을 얻기 위한 수단은 아니었음을 알 수 있다.

남녀 간 사랑의 유효 기간은 얼마나 될까? 이에 대해서는 의견이 분분하다. 확실한 것은 영원한 사랑은 없다는 것이다. 변형된 사랑이 있을 뿐이다. 사랑이 형태를 바꾸는 것이다. 릴케와 루 살로메의 사랑 역시 그랬다.

《살로메, 니체를 말하다》의 역자 김정현은 니체와 루 살로메가 서로에게 강렬하게 끌렸음에도 연인 사이로 발전하기 어려웠던 것은 그들이 지성과 취향 면에서는 닮은꼴이었지만, 서로를 관찰과 인식, 통찰의 대상으로 대하고 있었기 때문으로 본다. 서로를 관찰의 대상으로 인식할 때 사랑의 감정은 일어나기 힘들다는 점에서 공감이 가는 해석이다. 그만큼 루 살로메는 자아가 강했고, 이성異性에 의해 각성된 자아는 자기애로 발전했다.

모든 사랑은 정도는 다르지만, 자기애를 바탕에 깔고 있다고 본다. 자기애가 강해질 때 사랑의 열정은 식는다. 그리고 보면, 유일무이한 불변의 사랑은 어쩌면 자기애가 아닐까 싶다.

그녀의 걸작은 그녀 자신이다.
– 프랑스와즈 지루

루 살로메. 그녀는 영원불변한 사랑의 대상자, 자기를 완성시키기 위해 그렇듯 많은 유랑이 필요했던가 보다.

참고 서적

《살로메, 니체를 말하다》 루 안드레아스 살로메 지음, 김정현 옮김

《예술가의 연인들》 이태주

《문학 속 두 이야기》 박양근

내 안의 신성神性
- 횔덜린, 《휘페리온, 또는 그리스의 은둔자》

가장 위대한 것에 의해서도 제약받지 않으며 가장 작은 것에 의해서도 포용되는 것, 그것이 신적인 것이다.

횔덜린Friedrich Hölderlin(1770~1843)의 소설 《휘페리온》 제1권은 이 문장을 던지면서 시작된다. 예수회의 창시자인 로욜라Ignatius de Loyola의 비명碑銘에 새겨져 있는 문구 중 'non coerceri maximo, contineri tamen a minimo(최대의 것에도 굴복하지 않고, 최소의 것에서도 기쁨을 찾아낸다)'를 인용, 해석한 것이다. '가장 위대한 것'과 '가장 작은 것'의 일치, 그것이 신적인 것이라는 것이다. 화두 같은 이 문장은 이 소설이 '신적인 것'을 찾아 나서는 여정이 될 것임을 예고한다.

횔덜린은 제2권에서도 마찬가지로 첫머리에 화두 같은 문구를 던진다.

태어나지 않는 것-그것이 가장 바람직한 일이다! 그러나 길이 빛의 세상으로 이어졌다면 가능한 한 가장 빨리 그 길로 되돌아가라. 그것이 태어난 이후 최선이다.

그는 태어남에 있어 최선의 길이 '죽음'이라 한다. 죽음이 자연으로의 회귀, 곧 '회춘回春'을 의미하기 때문이라는 것이다. 이 소설 속에 자연, 그중에도 '봄春'의 정경을 예찬하는 장면이 많이 등장하는 것도 이런 맥락에서가 아닌가 싶다. 이 '회춘' 이야기는 플라톤의 대화록 《메논》에서 차용한 것으로 보이는데, 회춘은 플라톤의 이데아, 불멸의 영혼, 윤회와 같은 의미를 갖는다. 이 첫 문구는 제2권이 자연으로의 회귀가 될 것임을 암시하고 있다.

《휘페리온》은 독일 낭만주의 시인 횔덜린이 7년여에 걸쳐 완성한 유일한 소설로, 내용 면에서는 성장 소설, 철학 소설, 정치 소설에 속하고, 형식은 서간체이며 배경은 18세기 그리스이다. 주인공 그리스인 휘페리온Hyperion(그리스 신화의 빛, 태양의 신)이 독일인 친구 벨라르민에게 보내는 독백형 편지들, 그리고 연인 디오티마와 주고받은 몇 편의 편지들로 구성되어 있다. 서간체 소설로는 동시대 작가 괴테의 《젊은 베르테르의 슬픔》, 루소의 《누벨 엘로이즈La Nouvelle Héloïse》등이 있으나 《휘페리온》은 구성면에서 이 두 소설과는 다른 점을 보인다. 편지 형식의 특징인 시간의 흐름을 따르는 순차적 서술이 아니라, 체험하는 휘페리온과 그 체험하는 자기를 성찰하는 휘페리온, 즉 과거와 현재를 교차 구성하고 있다. 해서 맥락을 살펴 가며 읽지 않으면 자칫 혼란에 빠질 수 있다. 또한 놀라운 점은 배경 장소인 그리스가 작가의 상상에 의한 것이라는 것이다. 실제로 횔덜린은 그리스에 가 본 적이 없으며, 오로지 프랑스인 슈와죌-구피에Choiseul-Gouffier의 그리스 여행기 《그리스로의 생생한 여행》(1782), 영국인 리처드 챈들러Richard Chandler의 《소아시아와 그리스 여행》(Oxford, 1775/1776)에 의거, 그리스 정경을 묘사했다고 한다.

내가 이 소설에 궁금증을 가지게 된 것은 릴케, 헤세, 하이데거, 벤야민, 블랑쇼 등 기라성 같은 여러 작가, 철학가들이 한결같이 영감을 준 최고의 작품으로 손꼽았기 때문이다. 평론가들 또한 《휘페리온》이전의 횔덜린의 창작물은 《휘페리온》을 위한 밑거름이었고, 《휘페리온》이후의 작품들은 《휘페리온》에서 비롯되었다며 이 작품을 높이 평가했다. 횔덜린 자신도 누이동생에게 "휘페리온이라는 제목의 책을 보거든 호의를 가지고 읽어보아라. 그 책은 나의 일부분이기도 하다"고 했을 만큼 이 소설에 열정을 쏟았던 것 같다.

사람들은 하나같이 이 작품을 소설이 아닌, 확장된 서정시로 본다. 그만큼 《휘페리온》은 문장 하나하나에, 특히 정경 묘사에 시정詩情이 넘쳐흐른다.

하늘이 그 어느 때보다도 더 아름답게 가을이 되어 잠들고 있는 나무들 주위를 구름과 햇볕과 더불어 유희하고 있었다.

– 제1권 제1서

오 너희들 앙겔레의 숲이여, 올리브나무와 측백나무가 서로 에워싸 속삭이며, 다정한 그늘로 서로 식혀주고, 레몬나무의 황금색 열매는 짙은 나무 이파리 사이로 반짝이며, 부풀 듯 살쪄가는 포도가 겁 없이 울타리를 넘어 자라고, 다 익은 유자 열매가 마치 미소를 머금은 작은 습득물처럼 길에 놓여 있는 앙겔레의 숲이여!

– 제1권 제2서

《휘페리온》은 주인공 휘페리온이 고향 티나에서 순수한 유년기를 보낸 후 아다마스라는 스승을 만나 본성에 대한 자각, 인식의 눈이 뜨이면서, 연인 디오티마와 함께 자연 속에 방치된 고대 황금시대의 유적지를 찾아다니며 신과 인간이 자유롭게 교류하던 아름다운 시절을 회상하고 사색하며 청년기를 보낸다.

하지만 그것만으로는 부족한, 알 수 없는 갈급함을 느끼던 중, 자신이 꿈꾸던 세계를 실현해 줄 영웅적 인물로 보이는 알라반다를 만나 우정을 나눈다. 그리고 그와 함께 이상理想 사회를 구현하기 위해 그리스 독립 전쟁에 참여한다. 하지만 전투 중 윤리의식과 정당성正當性을 상실한 인간들의 난폭 행위와 문명에 대해 환멸을 느끼고 죽기로 작정 격렬한 전투에 뛰어들지만, 죽지 않고 부상을 당해 후송된다. 이후 알라반다와 이별하고, 자신을 성찰하면서 '하나이면서 모두이고 모두이면서 하나'인 자연으로 회귀하고자 한다.

이 소설은 결국 신이란 외부에 존재하는 초월적 존재가 아니라 자연적 존재인 자신 안에 있으며, 신성神性은 내 안의 불협화음과 화해하여 평정을 얻는 것임을 일깨운다. 이는 자연철학인 스토아 철학과 스피노자의 범신론의 영향을 받은 듯하지만, 데모크리토스와 아리스토텔레스의 윤리학, 플라톤의 선善의 이데아, 《중용中庸》 사상, 《논어論語》의 '종심소욕불유구從心所欲不踰矩', 불가佛家의 '중도론中道論'과도 일맥 상통하고 있는 듯하다. 횔덜린은 아름다운 국가, 유토피아는 이상理想에 의해서가 아니라 내 안의 신성, 즉 인간성의 아름다움으로 이루어진다는 것을 말하고 싶었던 것 같다. 이는 어쩌면 이웃나라 프랑스대혁명의 모순과 폐해를 지켜본 횔덜린의 경험에서 나온 것이 아닐까 싶다.

> 존재하고 산다는 것, 그것으로 충분합니다. 이것이 신들의 명예입니다. 신적인
> 세계는 단지 하나의 생명인 것, 모두가 동등한 것입니다. 그 세계는 주인도 노
> 예도 존재하지 않습니다. 자연이 마치 사랑하는 이들처럼 번갈아 살고 있습니
> 다. 그들은 모든 것을, 정신과 가쁨과 영원한 청춘을 공유합니다.

일방적 지배가 없는 상태, 스스로 그러한 자연과도 같은 상태가 신
적인 세계이며, 그런 세계는 인간 스스로가 마음의 평온, 중용의 마
음을 가질 때만이 얻어질 수 있다는 것이다.

구조로 보면 이 작품은 성장 소설에 속한다. 성장 소설로는 동시대
작가 괴테의 《빌헤름 마이스터의 수업 시대》가 있지만, '빌헤름 마이
스터'가 현실과 이상을 배합시켜 사회에 잘 안착하게 하기 위한 교육
서이고 안내서라면, 《휘페리온》은 자기 성찰과 자기 완성을 담고 있
다는 점에서 차별화된다.

그렇다고 해서 횔덜린이 경험이나 교육의 필요성을 부정하는 것은
아니다. 경험하고 배우는 과정에서 시행착오를 거쳐야만 자신을 성찰
할 수 있는 힘이 길러지고 궁극적으로 신성에 이를 수 있기 때문이다.
다만 인간의 천성이 아직 성숙되지 않았을 때 훈련이나 기예를 가르
쳐서는 안 되며, '그 자신 외에 어떤 무언가가 존재한다'는 것을 되도
록 늦게 알도록 해야 참인간이 될 수 있다고 한다. 그렇게 인간이 인
간이 될 때 하나의 신이 될 수 있으며, 인간이 하나의 신일 때 비로소
인간은 아름다워진다. 이런 계몽주의적 생각은 루소의 《에밀》의 영

향을 받은 듯하나, 유년 시대에는 방임보다는 아다마스의 교육처럼 스스로 묻고 느끼고 깨달을 수 있는 힘, 즉 자율성을 키우는 수업이 필요하다고 한 점이 루소의 교육론과 다르다 하겠다.

휠덜린은 거의 전 생애를 정신 착란에 시달리다 간 불우한 작가다. 2살에 친아버지를, 9살에 새아버지를 여의면서 형성된 비감적 성격이 발병의 근원이 아니었나 싶다. 1792년 튀빙겐 신학교에 재학하던 시절 그리스를 배경으로 한 소설 쓰기에 몰두해서 1794년 《휘페리온 단편》을 문예지에 발표했고, 이듬해에 《휘페리온의 청년 시절》을 완성했다. 1795년 공타르가에 가정교사로 입주, 안주인 주제테Susette Gontard(1769~1802)와 사랑을 나누면서 이 소설의 집필에 열중, 1797년에 제1권을 출판했다. 그리고 주제테와의 관계가 드러나 공타르가에서 쫓겨난 후인 1799년에 제2권을 발행했다. 주제테와의 사랑은 그에게 많은 영감을 주었고, 실제로 그의 작품 속 디오티마는 감성적이고 온화했던 그녀가 모델이었다고도 한다. 하지만 '디오티마'라는 이름과 이미지는 플라톤의 대화편 《향연》 속 이상적理想的 가상 인물 디오티마에서 빌려왔다고 보는 게 옳을 것 같다.

공타르가에서 나온 후 도서관 사서, 가정교사 등등을 전전하다 정신 착란 증세를 보이기 시작했고, 1802년 주제테의 죽음을 알게 되면서 악화되었다. 하지만 이 기간 동안 그의 시는 정점에 이르러 대표 작품들을 쏟아냈고, 그리스 비극들을 완역 출판하는 등 왕성한 활동을 했으니, 광기와 창작의 상관관계가 새삼 경이롭기만 하다.

1805년에 반체제활동을 했다는 무고를 받은 친구 때문에 공모자로 취조를 받으면서 병력이 드러나 정신병원에 수용된다. 의사로부터 3년 시한부 생명을 선고받았지만, 후견인을 자청하고 나선 성물聖物 제작자 목수 에른스트 치머의 집으로 옮겨가 그의 부양을 받으며 의사의 예고와는 달리 40여 년을 더 살다 갔다. 생명부지인 에른스트 치머가 후견인으로 나선 것은 《휘페리온》을 읽고 "이렇게 아름답고 찬란한 영혼이 파멸해야 한다는 건 애석한 일이다"는 생각이 들었기 때문이라고 하니, 한 권의 책이 일으킨 기적이 놀랍기만 하다.

횔덜린은 73세가 되는 1843년 6월 7일 밤 11시 에른스트 치머의 집에서 평온하게 숨을 거뒀다.

횔덜린은 신적인 아름다움의 첫 번째 자식을 예술이라 했다. 예술을 통해 인간은 회춘하기를 되풀이함으로써 스스로에게 자신의 신들을 부여한다는 것이다. 태초에 인간과 신들은 일체였고, 거기에 영원한 아름다움이 존재했으며 고대 그리스인이 아름다울 수 있었던 것도 이 때문이라 했다.

"당신은 신적인 자연의 사제가 되어야 하며 당신에게는 이미 시적인 날들이 움트고 있다"고 한 소설 속 디오티마의 예언대로, 횔덜린은 문학이라는 신적 자연의 사제가 되어 '문학의 나라 안 아무도 발 딛지 않은 땅'에 시문학, 비평, 철학이 아름답게 어우러진 절대 소설 《휘페리온》을 남기고 찬란한 별이 되었다.

봄밤

늦은 저녁, 만개한 벚꽃 나무 길을 걷는다.

길 위에 꽃잎이 융단처럼 깔려 있다. 간밤 비바람에 꽃들이 앞다퉈 길을 나선 모양이다.

가지 위 작은 새 한 마리가 날아오르자 포르르 꽃잎이 날리더니 길 위 젖은 꽃잎에 포개 앉는다. "모든 꽃이 떨어질 꽃"이라던 하이쿠 한 구절이 떠오른다. 먼저 떨어지는 것을 서러워 말 일이다.

벤치 위 젖은 꽃잎을 만져본다. 차갑지만, 따뜻하다. 아직 눈부셨던 찰나의 기억을 품고 있어서일까.

꽃잎 융단 길을 걷고 또 걷는다. 눈은 황홀하지만, 발밑이 가볍지만은 않다. 밟는 것이 꽃잎이 아니라 꽃잎의 고된 노정路程이기 때문이다. 이렇게 뭇 발길에 밟혀 부서지고 흩어진 꽃잎은 천지 간을 떠돌다 어느 날 다른 꽃잎으로 피어나는 행운을 얻기도 하겠지.

어둠이 내린다. 가로등 없이도 길이 환하다. 집으로 돌아가는 길, 편의점 냉장고에서 맥주 한 캔을 집어 든다. 차가운 기운이 찌르르 손을 타고 올라와 온몸을 휘감더니 이내 사그라진다. 봄 덕분이다. 기온은

초가을과 비슷하지만, 대기의 결이 다르다. 서늘함을 품고 있어 옷을 여미게 하는 가을 대기와는 달리, 봄의 대기는 실크처럼 부드러워 마음까지 풀어헤치게 한다.

파리 뤽상부르크 공원 앞 노천카페에서 맥주 한 잔을 시켜놓고 하염없이 앉아 있던 어느 봄밤이 떠오른다. 고흐의 그림 〈아를르 포룸 카페 테라스〉 속 밤하늘 같은 군청색의 하늘, 피부를 감싸는 부드러운 대기, 바람에 실려 오는 은은한 꽃향기, 달큰 비릿한 새순 냄새, 그리고 목줄기를 타고 내려가던 쌉싸름하고 청량한 맥주의 맛!

노천카페는 아니지만, 집으로 돌아가면 앞 테라스 유리문을 활짝 열어 봄의 대기를 불러들이고, 방금 사 온 맥주를 유리잔에 거품이 일도록 콸콸 따라 쭈욱 마셔볼 요량이다.

"한 시각이 천금과 같은 봄밤(春宵一刻直千金)" 소동파의 절창처럼 천금 같은 이 밤을 불면으로 야금야금 즐겨도 좋을 것이고, "날 새는 줄 모르고 자는 봄잠(春眠不覺曉)" 맹호연의 꿈길을 따라 곤한 잠에 빠져보아도 좋을, 봄밤이다.

정선모

기억 그리고 사랑
허무의 광장, 존재의 밀실 – 최인훈의 《광장》
보이지 않는 경계들

월간 《한국시》(1989년)로 등단했으며,
현재 도서출판SUN 대표. 한국디지털
문인협회 부회장을 맡고 있다.
한국수필문학상(2003년), 신곡문학상
(2013년), 한국산문문학상(2014년), 현대
수필문학상(2019년)을 수상했다.
수필집 《빛으로 여는 길》(1995), 《지
휘자의 왼손》(1999), 《바람의 선물》
(2003), 《너를 위한 노래》(2019), 《우는
방》(2023) ,수필선집 《아버지의 기둥》
(2011), 저서 《북촌공예-오늘을 걷다》
(2017), 공저 《세상을 바꾼 여성정치인
들》(2018) 등을 펴냈다.

기억 그리고 사랑

　우리는 흔히 인간을 '기억하는 존재'라고 말한다. 지나온 시간을 되새기고, 소중한 이들을 마음에 새기며, 자신을 빚어낸 시간의 조각들을 기억하는 능력이 바로 인간 존재의 핵심이기 때문이다. 나의 정체성은 기억의 뿌리에서 자라난다. 내가 '나'라고 느끼는 것은 과거의 나와 지금의 내가 강물처럼 이어져 있다는 깨달음에서 비롯된다. 어린 시절의 기억과 학창 시절의 경험, 어제의 생각들이 모두 오늘의 나를 만들어낸 것처럼.

　사람과의 관계도 마찬가지다. 처음 만났을 때의 어색함, 함께 나눈 대화들, 기쁨과 슬픔을 함께한 순간들이 시간의 흐름 속에 차곡차곡 쌓이면서 깊은 인연이 된다. 실오라기가 모여 튼튼한 밧줄이 되듯, 우리가 공유한 모든 순간이 모여 지금의 소중한 관계를 만든다.

　만약 이 기억의 강물이 메말라 버린다면, 그 관계는 어떻게 될까? 사랑은 스러진 기억의 빈자리를 채울 수 있을까? 기억을 잃어가는 오랜 친구를 지켜보며, 나는 우리가 함께했던 수많은 순간들이 잊혀지는 것을 보게 되었다.

40년 지기인 그 친구는 상냥하고 총명하며, 부지런하고 정이 많은 사람이었다. 자녀들을 사랑으로 키운 어머니이자 든든한 아내, 그리고 나에게는 둘도 없는 벗이었다. 내 삶의 마디마디에 그녀와 함께한 시간이 갖가지 빛깔로 채워져 있다.

그런 그녀에게 어느 날 알츠하이머라는 그림자가 드리웠다. 처음엔 작은 신호들로 시작되었다. 익숙한 단어가 갑자기 떠오르지 않아 머뭇거리거나, 약속을 깜빡하는 일이 잦아졌다. 그러다 나와 만나기로 한 약속 장소를 찾지 못해 30분이나 헤맨 날이 있었다. 평소 길눈이 밝았던 그녀가 가까이 있는 카페를 찾지 못하는 것이었다.

그날 이후 가족에게 병원에 가보라고 권했다. 진단 결과는 초기 알츠하이머였다. 그녀 자신도 깨닫지 못한 사이에 병은 서서히 자리 잡고 있었던 모양이었다. 처음엔 느리게 진행되다가 어느 순간 급격히 악화되었다. 친구는 점점 많은 것을 잊어갔다. 소중했던 사람들의 얼굴도, 익숙한 풍경도, 결국은 내 이름마저도 기억하지 못했다.

밤이 깊을수록 별빛이 더 선명해지듯, 친구의 남편은 아내의 병이 심해질수록 더욱 지극한 마음으로 그녀 곁을 지켰다. 평소에도 금실 좋기로 소문난 부부였던 그들은 그 힘든 시간 속에서도 변함없이 손을 잡고 매일 집 근처 공원을 산책했다. 친구들의 모임이나 여행에도 꼭 함께했다. 그는 아내가 세상과 연결된 마지막 끈까지 놓지 않기를 바랐다. 기억이 완전히 사라지기 전까지 사람들과의 관계 속에서 그녀가 그녀답게 살 수 있도록 돕고 싶어 했다.

그가 그토록 애쓰는 이유를 단순히 '사랑'이라는 한마디로 설명할 수는 없을 것이다. 그것은 평생을 함께한 사람의 존재 그 자체를 끝까지 지키려는 간절한 마음에서 우러난 것이리라.

병세가 점점 심해지자 혼자 돌보는 것이 불가능해졌고, 주치의는 더 이상 집에서 보살피기 어렵다고 판단했다. 결국 친구는 집에서 멀지 않은 치매 요양센터에 들어가게 되었다. 센터에 입소하면 아내가 다시는 집으로 돌아올 수 없을 거라는 생각에 그녀의 남편은 오랫동안 깊은 고민에 빠졌다. 아내를 요양원에 맡긴 후, 그는 한동안 깊은 슬픔에 잠겨 전화조차 받을 수 없는 상태가 되었다.

천천히 현실을 받아들이기 시작한 그들은 이제 새로운 방식으로 만남을 이어간다. 면회가 가능한 날이면 빠짐없이 찾아가 아내가 좋아하던 노래를 틀어주고, 잘게 썬 과일을 입에 넣어준다. 그녀는 남편의 얼굴을 알아보지 못하지만, "사랑해"라는 말에는 여전히 희미한 미소를 짓는다.

면회를 가도 그들 사이에 옛날 같은 대화는 없다. 아내가 응답하지 않아도 그는 말을 건네고, 기억하지 못해도 여전히 사랑하며, 자신을 알아보지 못해도 그녀의 존재를 온전히 받아들인다.

그들을 지켜보며 마르틴 부버가 말한 '나-너' 관계의 진정한 모습이 아닐까 하는 생각이 든다. 부버는 《나와 너》에서 인간관계를 '나-그것'과 '나-너'로 나누었다. 전자는 상대를 도구처럼 대하는 관계이고, 후자는 인격과 인격이 진정으로 만나는 관계다. 친구의 남편에게 아내는 더 이상 대화하고 소통하는 존재가 아니다. 하지만 그럼에도 그는 여전히 그녀를 '너'라고 부른다. 자신을 알아보지 못해도 그는 변함없이 한 사람의 고유한 존재로 그녀를 대한다. 그에게 사랑은 함께한 모든 것을 기억하는 것이 아니라, '잊혀져도 변함없이 지켜내는 고

귀한 마음'이다.

사랑은 흔히 주고받는 감정이라고 생각하기 쉽다. 서로 마주 보고, 정다운 말을 나누고, 때로는 티격태격 다투다 화해하는 복잡한 상호 작용 말이다. 그러나 그의 사랑은 깊은 강물처럼 도도히 흐른다. 일방 적인 보살핌과 응답 없는 대화에도 그는 포기하지 않고 매일 아내 곁 을 맴돌며 살아간다.

사랑은 어쩌면 감정의 문제가 아니라 삶을 대하는 태도이고, 존재 를 품는 방식일지도 모른다. 그것은 내가 타인을 어떤 존재로 바라보 는가, 그의 상실과 결핍을 어떤 마음으로 받아들이는가의 문제다. 친 구의 남편은 아내의 상황을 외면하지 않았다. 그는 아내를 여전히 온 전한 인격체로 여기고, 소통할 수 없어도 끊임없이 그녀에게 말을 건 넨다. 그 말이 더 이상 그녀의 마음에 닿지 않을지라도, 그것이 '사랑' 의 마음이라는 사실은 변하지 않는다.

친구는 이제 거의 모든 것을 잊었다. 자신이 누구였는지, 무엇을 좋 아했는지, 누구를 사랑했는지마저. 그러나 그녀를 기억하는 사람은 아직 이 세상에 남아 있다.

그가 아내를 사랑하는 방식은 더 이상 그녀의 응답에 의지하지 않 는다. 말이 닿지 않아도, 기억이 희미해져도, 사랑은 여전히 그 자리 에 머문다. 그는 사랑이 무엇인지를 몸소 증명하고 있다.

그를 보며 생각한다. 사랑을 기억의 산물이라고 말할 수 있을까? 어 쩌면 사랑은 기억보다 더 깊은 층위에서 움트는 것일지도 모른다. 모 든 기억이 사라진 후에도 남아 있는 것, 소통할 수 없어도 여전히 '너' 라고 부르는 마음 말이다.

우리는 모두 언젠가 누군가의 기억 속에서 사라질 존재다. 시간이 흐르면 기억은 흐려지고, 결국 잊히는 것이 자연스러운 일이다. 하지만 그럼에도 불구하고 어떤 사람들은 끝까지 기억하고, 사랑하며, 그 자리를 지킨다. 망각과 소멸 앞에서도 굴복하지 않는 이 마음이야말로 우리를 진정으로 인간답게 만드는 것일지도 모른다.

정선모

허무의 광장, 존재의 밀실
- 최인훈의 《광장》

　　최인훈(1936~2018)은 한국 현대문학사의 한 이정표를 세운 작가다. 그는 체제와 이념의 굴레, 자유와 죽음의 경계, 타인과의 관계 맺음, 그리고 언어와 침묵의 역설까지, 이 모든 본질적 주제들을 탐색했다. '말할 수 없는 것'을 기어이 언어로 붙잡으려 했던 그의 창작은 현실의 거울이기를 거부하고, 사유의 지평을 미지의 영역으로 확장하는 대담한 시도였다.

　　함경북도 화령에서 태어나 해방과 분단, 한국전쟁이라는 격동의 시대를 온몸으로 겪은 그는, 한 개인이 겪을 수 있는 가장 극단적인 역사적 상황들을 체험하며, 이념과 현실, 개인과 역사 사이에 도사린 균열을 끈질기게 성찰했다. 이 모든 경험은 그의 문학 속에 집약되어 있으며, 특히 《광장》이라는 한 편의 소설은 그러한 사유의 정점이라 할 수 있다. 이 글은 최인훈의 《광장》을 통해, 우리가 마주한 '허무의 광장' 속에서 어떻게 '존재의 밀실'을 탐색하고, 역설적인 해방의 가능성을 찾을 수 있을지에 대한 탐색이다.

　　작가로서의 출발은 1959년 〈그레이 구락부 전말기〉와 〈라울전〉 등의 단편에서 시작되었지만, 그를 한국문학의 중심부로 이끈 작품은 1960년에 발표된 장편소설《광장》이다. 이 작품은 그동안 분단문학이 주로 다루어 온 민족주의적 서사와 이념 비판의 틀을 뛰어넘어, 인간 실존의 근본 문제를 정면으로 다룬다.

《광장》은 이념의 격돌과 개인의 고뇌를 단순한 대비 구도로 그리지 않는다. 이명준이라는 한 인물의 내면을 따라가며, 그가 마주한 역사적 현실이 어떻게 그의 존재를 구성하고 파괴하는지를 깊이 있게 추적한다. 그리고 그 파괴의 과정을 통해 오늘날의 우리 자신을 되돌아보게 된다.

광장의 환상, 밀실의 실재

《광장》은 남한과 북한이라는 극단적인 이념의 대척점을 설정하고, 그 사이에서 이명준이 겪는 고뇌를 그린다. 소설에서 이명준은 끝없이 묻는다. "광장은 어디에 있는가?" 그가 살았던 시대는 남과 북, 두 개의 극단적인 이념이 대립하던 시기였다. 하지만 그 어느 곳에서도 이명준은 '진정한 광장'을 찾지 못한다. 남한은 자유가 보장된 듯 보이지만, 그 자유는 물질주의와 위선, 그리고 냉소적 개인주의로 가득 찬 거대한 밀실이었다. 광장이라 불렸지만, 그 안에서 개인은 철저히 고립되는 '밀실'의 삶을 살아야 했다. 반면 북한은 모두를 위한 광장을 외치지만, 실상은 개인을 억압하는 집단주의의 감옥이었다. 남한에서는 "이것이 자유인가?"라는 자문을 던졌고, 북한에서는 "모든 것이 우리의 것"이라는 슬로건이 있었지만, 이명준에게는 어느 곳도 진정한 광장이 될 수 없었다. 오히려 그를 옥죄는 거대한 '밀실'의 확장일 뿐이었다.

이명준이 찾고자 한 '광장'은 '진정한 소통'이 가능한 공간, 타인과 관계를 맺으며 자신으로서 존재할 수 있는 '관계적 광장'이었다. 그는 남한에서 윤애, 북한에서 은혜와의 관계를 통해 그 꿈을 실현해 보려 했지만, 이념과 현실은 그 꿈을 번번이 가로막았다. 윤애와의 사랑은 사회적 시선과 체제의 경계에 가로막혔고, 은혜와의 관계는 혁명이라는 이름 아래 희생당했다. 결국 그는 체제의 광장뿐 아니라, 인간의 광장에서도 좌절하게 된다. 이명준이 겪은 비극은 체제의 문제가 아니라, 인간 자체가 지닌 소통의 불가능성과 관계의 한계에서 비롯된 깊은 허무였다. 이 소설은 "우리가 살아가는 세계는 정말로 광장을 허락하는가?" 혹은 "모든 광장은 결국 밀실로 귀결되는 것은 아닐까?" 하는 물음을 남긴다.

언어의 한계와 침묵의 반란

《광장》에서 언어는 중요한 문제의식으로 등장한다. 이명준은 남한에서도 북한에서도 진정한 자신의 목소리를 낼 수 없었다. 남한의 언어는 위선과 허위로 가득 차 있었고, 북한의 언어는 이념적 구호와 강요된 찬양으로 오염되어 있었다. 말은 넘쳐났지만, 그 어떤 말도 이명준의 내면을 담아낼 수 없었다. 그는 언어의 홍수 속에서 점점 더 고립되고 소외된다. 이러한 언어의 한계 속에서 이명준이 선택하는 것은 '침묵'이다. 이 침묵은 '언어가 불가능한 세계'에 대한 이명준의 궁극적인 절망이자, 동시에 그 절망 속에서 발견하는 '존재의 마지막 언어'다.

이명준은 말로 자신의 생각을 표현하려 할수록 답답함을 느꼈다. 그가 경험하고 느낀 것들을 기존의 말들로는 제대로 설명할 수 없었기 때문이다. 남한의 자유민주주의든 북한의 공산주의든, 어떤 이념의 말로도 그가 실제로 겪은 복잡하고 모순된 현실을 다 담아낼 수 없었다. 개인적인 감정이나 깊은 고민을 표현하려면 정치적인 말이나 딱딱한 관념적 표현으로는 한계가 있었다. 특히 분단된 현실에서 느끼는 외로움과 정체성의 혼란, 그리고 이데올로기에 휩쓸리지 않은 순수한 인간적 진실을 드러내려 할 때 기존의 언어는 오히려 진실을 가리거나 왜곡하는 역할을 했다. 이는 최인훈 작가가 당시 한국 사회의 이념적 언어와 정치적 수사가 가진 폭력성을 비판하면서, 동시에 언어 자체가 가진 한계를 깊이 있게 바라보았음을 보여준다.

이명준의 침묵은 '진정한 말을 할 수 없는' 세계에 대한 자발적인 거부다. 그의 침묵은 그 어떤 말보다도 강렬하게 그의 고뇌와 절망을 드러낸다. 나아가 이 침묵은 그가 찾아 헤맨 '광장'이 외부에 존재하는 것이 아니라, 오직 자신의 내면 깊숙한 곳, 즉 '존재의 밀실'에서만 찾을 수 있는 것임을 암시한다. 침묵은 외부 세계와의 단절을 의미하지만, 동시에 자기 존재의 가장 깊은 곳으로 침잠하여 진정한 자아를 대면하는 유일한 길이기도 하다. 이명준은 침묵을 통해 외부의 허위적인 '광장'을 거부하고, 자신의 내면에서 진정한 '밀실'을 구축함으로써 역설적인 자유를 획득하려 한다.

육체의 감옥을 벗어난 역설적 '광장', 바다

이명준의 마지막 선택, 즉 바다로의 투신은 《광장》의 가장 충격적이면서도 중요한 장면이다. 이 투신은 이명준이 찾아 헤맨 '광장'이 결국 외부 세계에서는 존재할 수 없음을 깨달은 후, '육체의 밀실'마저 벗어던지고 무한한 존재의 '광장'으로 나아가려는 역설적인 시도로 볼 수 있다.

이명준은 남한과 북한, 심지어 제3국을 향해 가는 배에서도 '광장'을 찾지 못했다. 그의 정신은 끊임없이 방황했고, 그의 육체 또한 이념의 억압과 소통 불능의 고통 속에서 지쳐갔다. 그의 몸은 더 이상 자유로운 주체의 도구가 아니라, 외부 세계의 폭력과 내면의 고통이 새겨진 '밀실'이 되었다. 그에게 육체는 영혼을 가두는 마지막 감옥이었던 것이다.

바다로의 투신은 이 육체의 밀실을 해체하고, 무한한 자연의 품으로 돌아가려는 행위다. 바다는 경계가 없고, 이념이 없으며, 언어가 필요 없는 궁극의 '광장'이다. 그곳에서 이명준은 비로소 모든 이념적 속박과 육체적 고통, 소통의 절망으로부터 해방된다.

이명준의 죽음은 그가 평생 찾아 헤맨 '광장'을 육체적 존재를 초월한 곳에서 역설적으로 발견하는 순간이다. 그의 삶이 '닫힌 항로'였다면, 그의 죽음은 모든 닫힘을 초월한 '무한의 열림'으로 귀결된다. 바다는 그에게 궁극적인 '광장'이자, 모든 존재가 하나 되는 '밀실'이 되는 것이다. 그의 죽음은 그 어떤 이념도, 어떤 관계도, 어떤 언어도 담아낼 수 없었던 그의 존재가 마침내 진정한 자유를 얻는, 가장 비

인간·철학·수필

극적이면서도 가장 숭고한 해방의 몸짓이다.

현대 사회의 소통 단절과 존재의 허무

최인훈의 《광장》은 1960년대 남북 분단이라는 특수한 상황을 배경으로 하지만, 그 안에 담긴 메시지는 시대를 초월해 오늘날에도 강력한 울림을 준다.

오늘날 우리 사회는 외견상 '광장'의 형태를 띠고 있다. 인터넷과 소셜 미디어가 그 어느 때보다 활발한 소통의 장을 제공하는 것처럼 보인다. 하지만 아이러니하게도 이런 '열린 광장' 속에서 우리는 더욱 깊은 '밀실'에 갇혀 있다. 그럼에도 우리는 여전히 진정한 '광장'을 갈망한다.

정보의 홍수 속에서 우리는 진실을 분별하기 어려워한다. 타인의 목소리에 귀 기울이기보다 자신의 의견만이 반복적으로 울려 퍼지고 강화되는 '메아리의 방'에 갇히곤 한다. 일방적으로 전달되는 피상적인 소통 속에서 우리는 더욱 고립감을 느낀다. 이명준이 겪었던 이념의 폭력은 오늘날 혐오와 편견, 가짜 뉴스의 형태로 변주되어 우리를 둘러싸고 있다. 우리는 여전히 타인의 눈치를 보며 자신의 진정한 목소리를 내지 못하고, '체제'라는 거대한 익명성 속에서 자신의 정체성을 잃어간다.

《광장》은 이런 현대 사회의 소통 단절과 존재의 허무를 예견한 듯하다. 이명준의 방황은 한 개인의 비극이 아니라, 진정한 소통과 관계가 부재한 현대인의 보편적인 모습이다. 우리는 여전히 '광장'이라는 환상을 좇으며 헤매고 있지만, 그 환상이 깨어질 때마다 마주하는 것은 더욱 깊어진 '밀실'의 실재다.

우리는 지금 어디에 서 있는가?

최인훈 작가는 60여 년 전 이명준이라는 인물을 통해 피할 수 없는 '존재의 밀실'과, 그럼에도 불구하고 끊임없이 '광장'을 향해 나아갈 수밖에 없는 인간의 본성을 날카롭게 통찰했다. 그의 작품은 우리에게 끊임없이 묻고 있다. 허무의 '광장' 앞에서 우리는 어떤 '밀실'을 선택하게 될 것인가. 그리고 그 답답한 밀실 안에서도 역설적인 해방의 가능성을 발견할 수 있을까. 이런 물음은 시대를 초월하여 오늘을 살아가는 우리 모두에게 여전히 깊은 성찰을 요구한다.

《광장》은 지금 이 순간에도 분열 속에서 살아가는 우리에게 중요한 질문을 던진다. 우리가 서 있는 이 '광장'은 과연 서로를 향해 열려 있는 소통의 공간일까, 아니면 서로의 목소리가 닿지 않는 고립된 '밀실'에 불과한가. 이명준이 끝내 찾지 못한 '광장'은 우리에게 남겨진 숙제처럼 느껴진다.

오늘날의 우리는 여전히 이해보다는 구분을 택하고, 함께 살아가는 일보다 내 입장을 증명하려는 데 더 익숙하다. 타인의 아픔보다 자신의 주장을 앞세우는 이 시대에, 《광장》은 다시 묻는다. "당신은 지금 어디에 서 있는가?"

이 소설이 지닌 가장 깊은 힘은 독자가 스스로 질문하고, 스스로 답을 찾아가도록 유도한다는 점이다. 우리는 이명준의 침묵과 그의 마지막 선택을 통해, 말로 다 설명할 수 없는 고통과 갈등을 어떻게 마주할 것인지 고민하게 된다.

이명준의 방황은 비극으로 끝났지만, 그가 던진 질문은 여전히 우리 곁에 남아 있다. 지금 우리가 서 있는 이 '광장'은 과연 서로 다른 목소리들이 만나 진정한 대화를 나눌 수 있는 공간인가, 아니면 각자의 주장만을 외치는 공허한 무대에 불과한가?

답은 결국 우리 자신에게 달려있다. 이명준이 찾지 못한 그 광장을 우리가 만들어갈 수 있는지, 아니면 그의 절망을 되풀이할 것인지는 오늘을 사는 우리들의 선택에 달려있다. 《광장》이 반세기가 넘도록 읽히는 이유는 바로 여기에 있다. 이 소설은 과거의 이야기가 아니라, 지금 이 순간 우리가 마주한 현실이기 때문이다.

보이지 않는 경계들

어릴 적 나는 지도를 펼쳐놓고 국경선을 따라 손가락을 천천히 움직이며 놀곤 했다. 손끝으로 그 선들을 따라가며 떠나는 상상 속 여행은 언제나 즐거웠다. 지도 위의 세계는 온갖 색깔과 선으로 가득했다. 바다는 푸른색, 산맥은 갈색, 나라와 나라 사이엔 붉은 선이 선명하게 그어져 있었다. 그 선들이 있기에 나는 내가 어디에 속해 있는지 알 수 있었고, 세상이 질서정연하게 나뉘어 있다는 안도감을 느꼈다. 경계가 있다는 것은 소속감을 주었고, 동시에 그 너머에 대한 호기심도 불러일으켰다.

그런데 지금의 나는 그 어떤 선도 보이지 않는 공간에서 하루의 대부분을 보낸다. 손끝으로 화면을 스치면 수많은 정보가 순식간에 펼쳐지고, 클릭 한 번으로 지구 반대편과 연결된다. 밤낮이 바뀌어도 상관없고, 언제 어디서든 다른 나라 사람들과도 즉시 대화할 수 있다. 국경도 없고, 관문도 없어 보인다. 그런데 정말 그럴까? 이 자유로워 보이는 공간에도 경계가 있을까?

디지털 세상은 누구에게나 열려 있다고 한다. 하지만 얼마 전 식당에서 본 장면이 자꾸 떠오른다. 키오스크 앞에서 한참을 망설이며 서 계신 어르신의 모습. 뒤에서 기다리던 젊은이가 도와드렸지만, 그분은 "이런 기계 때문에 밥도 제대로 못 사 먹겠다"며 한숨을 내쉬었다. 그 한숨 속에는 세상에서 밀려나는 느낌, 더 이상 이 사회의 일원이 아닌 것 같은 소외감 같은 것이 짙게 배어 있었다.

코로나19 시기에 온라인 진료와 배달 앱이 필수가 되었을 때, 많은 사람이 이런 소외감을 호소했다. 디지털 세상의 문은 분명 열려 있지만, 그 문턱을 넘기 위해서는 보이지 않는 능력들이 필요하다. 최신 기기를 다루는 법, 끊임없이 변하는 사용 방식에 적응하는 능력, 그리고 무엇보다 새로운 것을 받아들일 마음의 여유. 정보가 권력이고 연결이 경쟁력인 시대에, 디지털 세계에 발을 들여놓지 못한 이들은 점점 더 소외되어 간다. 물리적 장벽은 허물어졌지만, 그 자리에 더 정교한 경계가 생겨났다.

디지털 세상 속에는 또 다른 벽이 존재한다. 바로 우리가 마주하는 정보의 경로 속에 숨어 있다. 유튜브에서 좋아하는 연주자의 영상을 한번 찾아보면, 그 후로는 그 연주자의 영상들만 추천된다. 관심 있는 분야의 강의를 클릭하면 관련 영상들이 계속 따라온다. 내 취향을 고려한다는 명목으로 알고리즘은 우리의 관심을 '반영'해 주지만, 실제로는 점점 더 좁은 방으로 우리를 몰아넣는다.

편안하고 익숙한 그 방 안에서 우리는 알고 있는 것만 더 깊이 알게 되고, 모르는 것에 접근할 기회는 줄어든다. 더 심각한 것은 우리가 무언가를 놓치고 있다는 사실조차 깨닫지 못한다는 점이다. 나와 비슷한 생각을 하는 사람들의 의견만 듣게 되고, 다른 관점은 아예 존재하지 않는 것처럼 여겨진다. 디지털이 무한한 자유를 약속하지만, 실상은 보이지 않는 울타리 안에 우리를 가둬두고 있다. 우리는 그 울타리가 있다는 사실조차 잊은 채 살아간다.

가장 복잡한 경계는 아마도 '나' 자신 안에 그어져 있을 것이다. 현실의 나와 디지털 속의 나는 종종 전혀 다른 사람이다. 평소 말수가 적고 조용한 사람이 SNS에서는 활발하게 글을 올리기도 하고, 오프라인에서는 사람들과의 만남을 어색해하는 사람이 온라인에서는 많은 구독자를 거느린 크리에이터가 되기도 한다. 우리는 각 플랫폼에 맞춰 자신을 조정한다. 링크드인에서는 전문적인 나, 인스타그램에서는 매력적인 나, 페이스북에서는 사교적인 나. 하나의 자아가 여러 개로 나뉘고, 때로는 그 자아들 사이에서 길을 잃는다.

더 문제가 되는 것은 이 디지털 자아가 '좋아요'와 '조회 수'라는 숫자로 평가받는다는 점이다. 현실 속의 나를 끊임없이 디지털 속의 나와 비교하게 되고, 그 과정에서 자존감은 흔들린다. 어느 것이 진짜 나인지 헷갈리게 되고, 결국 우리는 자기 자신과 멀어진다. 무수한 자아의 반영 속에서 진짜 나를 찾기 어려워진다.

디지털 세계는 인간관계를 놀라울 정도로 확장시켰다. 그러나 수많은 사람과 연결되어 있지만, 정작 깊이 있는 관계를 유지하는 것은 더 어려워졌다. 하루 종일 메신저로 대화하지만, 정말 내 이야기를 들어주는 사람은 거의 없다. 여러 단체 채팅방에서 끊임없이 오가는 메시지들 대부분은 의미 없는 내용이다. 답글을 달지 않으면 무시한다고 생각할까 봐 계속 반응해야 하는 피로감이 쌓인다. 하루 종일 대화를 나누고 반응을 주고받지만, 그 안에 진심이 담기지 않으면 오히려 서로 간의 거리만 더 벌어진다.

관계는 더 가볍게 이어지고, 더 쉽게 끊어진다. '언팔로우' 한 번이면 사람과의 연결이 사라지는 세상. 진심은 이모티콘으로 전달되고, 사과는 텍스트 한 줄로 대체된다. 갈등이 생기면 대화로 풀기보다는 '읽씹'이나 '차단'으로 문제를 회피한다. 코로나19를 겪으며 이런 현상은 더욱 두드러졌다. 비대면 만남이 일상화되면서 우리는 더 자주 연결되었지만, 동시에 더 깊은 외로움을 경험했다. 언제 어디서든 연결되는 화면 너머의 관계는 편리한 반면, 직접 만날 때의 따뜻함과 진실한 감정은 전달하기 어렵다. 우리는 손을 뻗어도 닿지 않는 거리에서 살아가고 있다.

지금 우리는 디지털 기술이 모든 것을 바꿔놓고 있는 시대를 살아가고 있다. 세상은 분명 달라졌고, 더 많은 기회가 손 안에서 펼쳐진다. 하지만 디지털 기술은 물리적 경계를 허문 것과 동시에 더욱 미묘하고 복합적인 새로운 경계들을 만들어 냈다. 기술의 무한한 발전과 인간성의 본질적 가치 사이에, 넘쳐나는 정보 속에서 진정한 이해에 도달하는 일 사이에, 그리고 끊임없이 연결된 듯 보이지만 점점 깊어지는 고독 사이에 보이지 않는 담장을 세워놓았다.

이 경계들은 우리가 넘어서야 할 하나의 벽이다. 진정한 자유는 그 경계가 어디에 있는지를 깨닫고, 그 너머로 발걸음을 내디딜 때 비로소 시작된다. 알고리즘이 친절하게 건네주는 추천 목록에만 안주하지 않고 기꺼이 다른 관점의 창을 열어보려는 노력, 피상적인 연결만 늘려가기보다 진정한 만남을 향해 나아가는 것. 이런 작은 선택들이 모여 우리는 디지털 시대에 걸맞은 새로운 삶의 방식을 만들어갈 수 있다.

어쩌면 이 복잡한 디지털 세상의 경계를 넘기 위해 우리가 할 수 있는 일들은 그렇게 거창하지 않을지도 모른다. 때로는 스마트폰을 잠시 내려놓고 창밖을 바라보는 것만으로도 충분하다. 저 푸른 하늘, 느릿하게 걸어가는 사람들, 바람에 흔들리는 나뭇잎을 바라보며 디지털의 분주한 속도를 잠시 멈추는 것. 나와는 전혀 다른 생각을 가진 이의 이야기를 끝까지 귀 기울여 들어보는 것. 그런 사소한 행동들이 쌓여갈 때, 우리는 비로소 이 경계를 자유롭게 넘나들며 살아갈 수 있을 것이다.

지금 우리는 디지털 세상의 낯선 경계 위에 서 있다. 디지털이 선사하는 끝없는 편리함과 풍요로움을 마음껏 누리면서도, 그 이면에 드리워진 고립과 단절, 오해와 무감각의 경계를 동시에 마주한 채로. 역사를 돌아보면, 인류는 항상 새로운 기술 앞에서 혼란을 겪었다. 인쇄술이 등장했을 때 기존 권위는 무너질 것이라 두려워했고, 전화가 보급되었을 때 사람들은 직접 만나는 문화가 사라질 것이라 우려했다. 하지만 우리는 매번 그 경계를 넘어서며 더 풍요로운 삶을 만들어왔다.

디지털 시대의 경계 역시 이전의 기술적 전환들과 다르지 않다. 중요한 것은 그 경계를 인식하고, 그것을 넘어서려는 의지를 잃지 않는 일이다. 빠르게 변하는 세상에 뒤처질까 두려워 움츠러드는 이들에게 먼저 손을 내미는 일, 낯설고 불편한 연결을 감수하며 서로를 이해하려는 노력, 그러한 실천이야말로 우리가 이 복잡한 디지털 시대를 보다 인간답게 살아가는 가장 현실적인 방법일 것이다.

지도 위의 그 붉은 선들처럼, 디지털 세상의 경계들도 우리가 어디에 있는지를 가늠하게 해주는 이정표가 될 수 있다. 경계가 있다는 것은 그 너머에 새로운 가능성이 있다는 뜻이기도 하다. 그 경계를 인식할 때, 우리는 진정으로 자유로운 여행을 시작할 수 있을 것이다. 이번에는 손끝이 아닌 마음으로, 상상이 아닌 현실에서 말이다.

정진희

바리데기처럼
폐쇄적이고 적의에 찬 어느 소년의 성장일기 – 소설가 이승우의 《생의 이면》
별은 빛나건만

2007년 《에세이플러스》(현, 《한국산문》)로 등단했다.

2007년부터 《한국산문》에 작가 인터뷰를 연재하며 편집위원으로 활동했다.

2014년 4월부터 2018년 3월까지 《한국산문》 발행인, 한국산문작가협회 회장을 역임하고 현재는 한국산문 상임고문, 국제펜클럽 한국본부 회원, 한국문인협회 이사로 있다.

26인의 작가를 인터뷰한 대담집 《외로운 영혼들의 우체국》과 수필집 《우즈강가에서 울프를 만나다》(2016년 세종도서 나눔도서 선정), 《떠나온 곳에 남겨진 것들》을 출간했다.

남촌문학상, 조경희수필문학상 신인상, 한국산문문학상, 윤오영문학상, 박종화문학상을 수상했다

바리데기처럼

"지극한 사랑을 받으면 힘이 생기고, 지극히 사랑을 하면 용기가 생긴다."

오래전, 어느 책에서 이 글을 읽고 뒤통수를 한 대 맞은 기분이었다. 이후로 이 문장은 오랫동안 나를 사로잡았다. 내가 매사에 자신이 없고 힘이 없는 건 지극한 사랑을 받지 못해서라는 것을 이해하는 데 걸린 시간이었다.

맞다. 그래서 늘 기가 죽어 있었는데 그걸 감추느라 자신만만해 보이려고 했을 뿐이다. 그걸 안 이후로 나는 '지극한 사랑'이라는 단어가 목에 걸렸다. 일찍 돌아가신 아버지 때문에, 언니만 사랑한 엄마 때문에, 딸 6명 사이에 3대 독자 외아들로 태어나 할머니 밑에서 자란 남편 때문에 사랑을 받지 못했다고 생각했다. 주위에서 가족으로부터 따뜻한 관심과 사랑을 받는 사람이나, 영화나 드라마에서 세심한 사랑을 나누는 연인들을 보면 가슴속에 커다란 물웅덩이가 생기곤 했다.

이 글을 곱씹은 지 수년이 지난 후 또 한 번 뒤통수를 맞았다. '지극히 사랑을 하면'에 걸린 것이다. 그전에는 '용기가 생긴다'를 이해하느라 '사랑을 하면'을 간과했다. 누군가를 지극히 사랑하면 그를 위해 뭐든 할 수 있는 용기가 생기는 거겠지. 어머니가 자식을 위해 물불 안 가리고 뛰어들 수 있는 것처럼. 그렇게 이해하고 지나갔던 것이다.

어느 날, 힘과 용기가 같은 맥락의 뜻이라는 생각이 들자 지극히 사랑을 하는 것과 지극한 사랑을 받는 것도 같은 맥락이지 않을까 하는 생각이 들었다. 행위 주체는 다르지만 '힘'이나 '용기'가 생기는 것은 같다. 힘이든 용기이든 둘 중 하나라도 있으면 세상의 풍파에 휘둘리지 않고 살아낼 힘이 생길 테니까 말이다. 지극한 사랑을 받지 못해 힘이 없다면 지극히 사랑을 하면 용기가 생길 터. 그러니 사랑을 못 받아서 힘이 없다는 것은 핑계이지 않은가. 사랑을 받기는커녕 가족에게서 버림받은 바리데기는 자신의 불행과 험난한 환경을 원망하지 않고 아버지의 목숨과 수많은 타인의 고통을 위해 한없는 사랑을 베풀었다. 사랑을 받으려고만 했던 것에 나의 문제가 있었음을 알고 나니 얼굴이 붉어졌다.

클레어 키건의 소설 《이처럼 사소한 것들》이 원작인 영화 〈이처럼 사소한 것들〉을 보았다. 작품의 주제는 크게 보면 1990년대 아일랜드의 모자보호소와 막달레나 세탁소에 대한 고발로 부조리한 사회에 대한 비판의식이고, 작게 보면 삶의 사소한 것들이 얼마나 중요한 것인지에 대한 경고다. 그리고 그런 주제를 탄탄히 받치고 있는 것은 '사랑의 순환'이다. 지극한 사랑을 받은 사람이 힘을 지닌 어른이 되고, 지극한 사랑을 베풀 때 용기가 생기는 것을 증명하고 있다.

사생아로 태어난 주인공 빌 펄롱은 자신의 어머니와 자신이 성장해서 독립할 때까지 돌봐준 한 여인의 사랑과 친절을 잊지 않는다. 가사 일꾼이었던 어머니가 16세 때 임신을 했지만, 주인이었던 윌슨 부인은 내치지 않고 품어주었다. 펄롱이 태어나 자랄 땐 학교도 보내주고 공부도 가르치며 가족처럼 대해 주었다. 그가 약혼하고 독립할 땐 거금을 지원해 주기도 했다. 덕분에 그는 석탄 야적장을 운영하는 주인으로 행복한 가정을 꾸려가고 있었다. 어느 날 그는 동네 수녀원에 석탄 배달하러 갔다가 금방 출산한 듯한 여자가 광에 갇혀 고통당하는 것을 목격하면서부터 괴로워한다. 지역에서 막강한 권력인 수녀원은 불행한 여자들의 인권을 착취하며 사리사욕을 채운다는 소문이 돌았다. 그들과 사이좋게 지내야 한다는 아내와 주위 사람들의 권고에 심한 갈등을 하지만 결국 그는 수녀원을 찾아가 광에서 그녀를 데리고 나온다. 거대 권력에 대한 두려움을 무릅쓰고 부당한 대우와 고통 속에 빠진 한 인간을 외면하지 않은 것이다.

　가여운 여인을 데리고 나서는 펄롱의 당당한 마음속엔 뭔지 모를 기쁨이 솟았다. 윌슨 부인의 사랑으로 자신과 어머니가 온전한 삶을 선물 받은 것처럼, 그 사랑을 다시 누군가를 위해 베풀 수 있다는 행복감이었으리라.

> 펄롱은 미시즈 윌슨을, 그분이 날마다 보여준 친절을, 어떻게 펄롱을 가르치고 격려했는지를, 말이나 행동으로 하거나 하지 않은 사소한 것들을, 무얼 알았을지를 생각했다. 그것들이 한데 합쳐져서 하나의 삶을 이루었다.
> ―《이처럼 사소한 것들》중

상처받은 영혼을 일으켜 세우고 불의에 맞설 수 있는 용기는 어디서부터 오는가. 인생의 기로에서 결과에 연연해 하지 않고 자신의 신념대로 올바름을 선택할 수 있었던 것은 그가 어린 시절 날마다 받았던 친절과 배려와 격려 덕분이다. 사소해 보이지만 그것들이 합해져 강력한 힘이 되고 그 힘으로 다시 사랑을 베푸는 사랑의 순환을 확인한 소설과 영화였다.

생각해 보니 아버지가 병상에 눕기 전, 어린 나를 데리고 생애 마지막 여행을 다녀오신 것도 미리 준비한 선물이었다. 늘 무릎에 앉히고 긴 머리를 손수 빗겨 땋아주시곤 했던 아버지. 시골집에서 임종하시기 일주일 전에 서울에 있는 내게 편지를 보내신 아버지의 극진한 사랑이 기억난다. 생사의 갈림길에서 암통을 무릅쓰고 어린 딸에게 유언으로 남기신 편지엔 인생을 현명하게 살아야 한다는 말씀이 있었다. 엄마가 언니를 더 사랑한 것은 분명하지만 거기엔 내 책임도 있다. 뭐든지 자립적이고 남에게 신세 지는 것을 싫어한 나는 언니에 비해 잘 사는 것처럼 보였을 거다. 그래도 내가 두 아이를 출산했을 때 몇 달이나 손수 산바라지를 해주시던 모습이 잊히지 않는다. 특히 하루에 다섯 시간의 긴 기도 속엔 자식들을 향한 지극한 사랑이 담겨 있었다. 3대 독자인 남편도 무뚝뚝하지만, 지금껏 내가 부탁하는 것은 잊지 않고 기억했다가 들어준다. 사랑의 표현 방법이 다를 뿐이다. 내가 지극한 사랑을 받지 못한 게 아니라, 지극히 사랑하지 않아 힘도 용기도 없었던 것임을 깨닫는다.

대부분 축복받으며 태어나 알게 모르게 누군가의 사랑과 친절 속에 어른이 된다. 어른이 된다는 것은 자기 몫의 사랑을 베푸는 것이다. 에리히 프롬은 자기 자신이 소유한 것 중 가장 귀한 것, 생명, 관심, 이해, 기쁨, 지식, 슬픔 등 살아 있는 모든 표현과 현실을 주는 것이 사랑이라고 한다. 상대방의 가장 귀한 것을 받는 이런 사랑은 세상의 공격과 상처로부터 우리를 일어서게 하고, 끝내 포기하지 않을 용기를 주며 그것은 또 다른 사랑의 씨앗이 된다. 받고 베풀며, 베풀고 받는 사랑의 순환은 위대하다.

　그러나 이보다 더 위대한 것은 받지 않고도 베푸는 사랑이다. 바리데기처럼.

폐쇄적이고 적의에 찬 어느 소년의 성장일기
- 소설가 이승우의 《생의 이면》

이승우는 누구인가

그의 글에는 '관념적, 형이상학적'이라는 수식어가 붙는다. 감성보다 지성의 언어로 개인의 내면을 탐색하는 작가 이승우다. 김주연 문학평론가는 "인류 보편의 정서를 기독교적인 세계관 위에서 다루는 작가", "말과 말 사이 거대한 우주를 보는 사람, 이승우"라고 한다.

그는 신의 문제와 인간의 죄의식, 현대자본주의가 품고 있는 불안과 고독, 불행한 가족사를 겪은 인물들의 상처와 고통 등, 다양한 주제와 소재를 아우르며 형상화하고 있다. 각 작품마다 독특한 인물 형상화와 개성 넘치는 스토리텔링으로 독자를 빨아들인다. 한국 문단에서 이청준의 계보를 잇는 그는 이상문학상을 비롯하여 유명 문학상을 휩쓸며, 글을 쓰는 많은 작가에게 영향을 미치고 있다.

한국 작가로는 최초로 프랑스 갈리마르 총서에 《식물들의 사생활》과 《그곳이 어디든》이 실렸고 국내보다 유럽, 특히 프랑스에서 인기가 높다. "벽돌을 쌓는 것 같은 문장", "쨍, 하고 강철 소리가 날 만큼 분명하고 강렬한 글쓰기"라고 비유되는 그의 관념적이고 치밀한 문체가 번역에서 호평받는 이유로 여긴다.

이승우 작가에게 주목하게 된 것은 프랑스 작가 르끌레지오가 1998년 방한 시 "한국에서 노벨문학상 수상자가 나온다면 이승우일 거다"라고 한 기사를 읽고 나서다. 우리는 한강 작가의 노벨문학상 수상 쾌거를 이뤘지만, 이승우 작가 역시 해외에서 얼마나 주목하고 있는지를 알 수 있는 대목이다. 그는 1981년 중편《에릭직톤의 초상》으로 22세의 천재라는 찬사를 받으며 등단했다. 그리고 1992년 발표한 《생의 이면》으로 제1회 대산문학상을 수상하며 일약 유명작가 반열에 올랐다. 등단 이후 발표한 40여 권의 순도 높은 작품으로 한국 문단의 수준을 높였다는 평가를 받고 있다.

생의 이면

처음 펼친 책은 그의 자전적인 소설 《생의 이면》이다. 그의 유년기를 포함, 26세까지의 성장기를 담고 있다. 작가의 말에서 "나의 숨결과 혼이 가장 진하게 배어 있는 작품"이라며 작가 스스로 자전적 소설이라고 밝히면서도 "모든 소설은 허구"라는 말로 연막을 친다. 그러나 "진실을 드러내기 위한 허구"라며 개인의 삶의 이력으로 읽히는 것에 동의한다. 따라서 이 책의 내용은 작가 이승우의 이야기라고 해도 무리가 없을 것 같다. 그의 말대로 선택과 배제, 굴절과 왜곡을 감안하면서 말이다.

소설은 '나'라는 화자가 《작가탐구》의 편집자로부터 '박부길'이라는 작가의 삶을 써달라는 의뢰를 받는 것으로 시작한다. 한 작가의 삶을 연대기적으로 재구성함으로써 그의 삶이 문학에 어떻게 반영되었는지를 보여주는 기획이다. '나'는 '박부길'을 두 번 만나 인터뷰를 하고 그의 소설들과 기사들을 두루 섭렵한 후 '박부길'의 의식 안쪽에 단단하게 붙어 그의 삶과 문학을 지배해 온 억센 흉터를 따라가기 시작한다. '박부길'의 소설을 바탕으로 '나'의 설명과 해석이 교차하면서 '박부길'의 유년기에서 청소년기가 완성되고, 청년으로 진입하기 직전 시작된 첫사랑 이야기는 소설 〈지상의 양식〉으로 소개된다. 다시 '박부길'의 작품들과 '나'의 설명으로 26세까지의 연보를 마치고 있다.

자신의 삶을 다른 사람의 취재를 통해 밝히는 독특하고 영리한 구조로 나=박부길=이승우라는 등식이 성립된다. 이 책에서 인용된 소설가 '박부길'의 작품은 12권의 장편소설과 7권의 중 단편집과 3권의 산문집이다. 한 권의 책 속에 20여 권의 책을 인용하기 위해 들였을 그의 치밀한 계획과 방대한 작업량을 생각하면 《생의 이면》을 한 권의 책이라고 하기엔 아까울 정도이다.

'생의 이면'이라면 눈에 보이는 표면적인 삶의 형태들이 아니라 마음 깊이 감춰진 밝힐 수 없는 어둠, 그것이 내면 의식에 암암리에 퍼져 곰팡이처럼 피어난 그림자 아닐까. 표면에 드러나지 않지만 주도면밀하게 생을 이끌고 가는 또 하나의 얼굴 같은.

책 속에서 '나'에 의해 전개되는 '박부길'의 어린 시절은 금기의 영역을 침범하여 아버지를 죽음에 이르게 한 기억으로 참혹하다. 마당 뒤편에 감금된 미친 남자에게 손톱깎이를 가져다준 아이는 그가 죽은 후에야 그가 아버지였음을 알아챈다. 아버지는 죽고 어머니는 집 안에서 추방된 아이는 큰아버지 밑에서 살게 된다. 그때부터 뿌리내린 외로움과 죄의식은 생의 또 다른 한 면으로 자리 잡는다. 해서 이 책은 '결코 돌아가고 싶지 않은 유년을 향한 고통스러운 여행. 부끄러움과 그리움의 이율배반적인 존재로서의 모성. 추방의 모티브를 통한 인간의 운명에 대한 깊고 어두운 탐구'로 요약된다.

> 모든 금령이 신성한 것은, 그것들이 징벌의 공포로 포장되어 있기 때문이다. 두려움을 유발하지 않는 법은 신성으로부터 멀다. 신성은 어디 있는가. 두려움 속에 있다. 아니, 두려움에 대한 예감 속에 있다. 그런데 그것은 왜 두려운가. 금지된 것은 사람을 끈다. 그것이 이유이다. 금령은 권고가 아니라 유혹이다. 사람들이 범죄를 저지르기 때문에 금령이 생긴 것이 아니다. 사람들은 금령이 있기 때문에 범죄를 저지른다.
>
> – 《생의 이면》, 문이당, p32, 33

아이에게 살부에 대한 죄의식은 고향으로부터 도망치고자 하는 탈주의 근원이 되었고 극도로 폐쇄적이고 조숙한 14세 소년은 결국 아버지 무덤에 불을 지르고 고향을 떠난다. 가출하여 만홧가게와 장터를 배회하며 구두닦이, 중국집 배달로 2년여간의 떠돌이 생활을 하다 재혼한 어머니를 만나 중학교에 편입한다. 어려서부터 현실 도피로 책에 몰두했던 소년은 17세 때 두 번의 필화 사건을 겪으면서 바깥세상과 자신의 좁고 허름한 세계 사이에 담을 쌓는다. 고교 3년 동안 한 낮에도 빛 한 조각 들어오지 않는 어둡고 눅눅한 자취방에서 세상을 향한 문을 닫고 어둠과 자아를 동일시하며 지낸다.

> 가난과 외로움과 근거 없는 적대감의 나날, 그것들은 그 시절 내 삶의 목록이었다. 내 삶의 전부였다. 그것 말고는 달리 가진 것이 없었다. 아, 빚도 재산이라고 한다면 그런 뜻에서 그것들은 나의 재산이었으리라.
>
> – 같은 책, p117

생각이 많은 18세 소년은 뼛속을 시리게 하는 외로움과 사무치는 혈육에의 그리움을 맹목의 독서로 대체하며 아득한 낙망의 정서를 키운다. 아버지의 부재와 모성 결핍, 세상에 대한 적의와 불만으로 점철된 나날들 끝에 우연히 들어간 교회에서 숙명 같은 연상의 여자를 만나 사랑에 빠진다.

> 그 향기의 유혹은 얼마나 아득하던지. 얼마나 형언할 수 없는 절망의 심연이던지. 나는 그때 알았다. 순수야말로 가장 큰 유혹이라는 것을. 수도자들은 어떤 사람들인가. 가장 큰 유혹에 매혹당해 작고 사소한 유혹들을 버린 사람들이다. 그들은 유혹과 싸우는 자들이 아니라 유혹에 투항한 자들이다. … 그녀의 향기는 내게 그런 사념들을 불러일으켰다. 곱고 맑은 방울 소리를 딸랑거리며 그렇게 내게로 다가왔다.
>
> – 같은 책, p151

동질의 원형질을 가진 단 한 사람, 사랑하는 여자의 바람대로 그는 목사가 되기 위해 고교 졸업 후 신학교에 입학한다. 폐쇄적이고 불만 투성이인 그는 단지 한 여자에 대한 사랑을 얻기 위해, 신에 대한 확고한 믿음이 부재한 상태로 목사가 되겠다고 결심한 것이다.

신학 공부의 목표가 그녀였기에, 사랑에 서툰 그의 변덕과 횡포에 그녀가 떠나자 그는 공부의 의미를 잃어버린다. 신학교를 나와 다시 고교 시절 지냈던 어두운 동굴 같은 방에서 칩거하던 중, 어둠이 제 몸처럼 익숙해진 어느 날 갑자기 글을 쓰기 시작한다. 기도처럼 쏟아지는 내면의 고백이다. 해가 바뀌어 군대에 가게 되고 제대 후엔 대학 선배가 목회하는 시골교회의 한쪽 방에서 본격적으로 글을 쓴다. 글쓰기의 물꼬를 튼 것은 아버지와의 화해였다.

박부길과 나

이승우는 책 속에서 한 작가의 작품은 "선택과 배제, 굴절과 왜곡을 통해 걸러진 사실들이며 그것만이 의미 있는 사실"이라고 한다. 그렇게 탄생한 작품은 어떤 식으로든 그 작가의 것이며 파편들 속에 감추어 둔 작가의 내밀한 음성을 들어야 한다고 화자인 '나'를 통해 말하고 있다. 독자에게 중요한 것은 소설 속에 형상화된 작가이지 현실 속의 작가가 아니며, 소설과 작가를 동일시하는 것은 나쁜 버릇이라고 한다. 이 부분에서 나는 동의할 수 없다. 가끔 소설 속에 형상화된 인물을 작가에게 대입시키기는 하지만 소설 속 인물과 작가를 동일시하지는 않기 때문이다. 내가 알고 싶은 것은 현실적인 작가의 삶이다.

그래서 나는 연보를 중요하게 본다. 그가 어디에서 태어나 어디서 살았는지, 무슨 공부를 하고 무슨 일을 겪었는지, 어떤 사람들을 만났고 어떤 영향을 받았는지, 어떤 활동을 하고 주요 작품들이 쓰인 시기가 언제였는지 등을 알면 작가의 작품을 이해하는 데 도움이 되기 때문이다.

책의 끝부분은 "그때부터 지금까지 그의 글쓰기는 감춰진 것 드러내기이다. 그 드러내기는 그러나 감추기보다 더 교묘하다. 그것은 전략적인 드러냄이다. 말을 바꾸면 그는 감추기 위해서 드러낸다"는 문장으로 끝을 맺고 있다. 자전적이라면서 허구가 너무 많이 섞인 걸까. 사실과 거짓 사이, 들춤과 은폐 사이를 오가며 독자의 판단을 훼방 놓는 것 같다. 그는 '박부길'의 삶을 나타낸 그의 소설들 역시 드러내기 위해 감추고, 감추기 위해 드러낸 것이라고 한다. 자신의 삶을 고스란히 드러내는 것이 아니라 한 작가를 탐구하는 구조를 통해, 드러내고 감추는 교묘한 방법으로 독자를 끝까지 긴장시키고 있다.

이러한 '박부길'의 삶을 기반으로 '나'가 풀어가는 한 인물에 대한 정체성, 삶의 현실에 대한 적의, 종교에 대한 해석 등을 묘사하는 단어들은 치밀하고 단단하다. 꼬리를 물고 이어지는 문장들은 안타까운 이별 인사처럼 이어지고, 켜켜이 쌓인 생각의 단층을 낱낱이 풀어서 보여주는 것은 현미경처럼 예리하다. 지나친 자의식의 분출과 반복되는 감정 과잉이 불편하기도 하지만 내게는 그것마저 '박부길'의 내면을 토해 내는 절절함으로 읽힌다.

내가 《생의 이면》에 이토록 몰입되는 것은 이승우라는 작가의 소설적 뛰어남만이 아니다. 나는 그가 만들어 냈거나, 자신의 모습이거나

간에 '박부길'이라는 인물에 겹쳐지는 나의 모습 때문이다. '박부길' 처럼 나 역시 불우하고 불안했던 청소년 시절이 있었다. 어차피 모두 죽는데 왜 살아야 하는지 끊임없이 질문했던 날들. 아버지의 부재와 어머니의 무관심이 가져온 사랑의 결핍은 세상에 혼자 내던져진 것 같은 고립감과 외로움을 가져왔다. 책에 빠져 지내는 동안 누구와도 소통할 수 없는 불화의 계절을 지냈고, 나도 모르게 사람과의 사이에 벽과 경계를 두었다. 그리고 고등학교 1학년 때 기독교에 입문하게 되고 그곳에서 첫사랑을 만난 것도 '박부길'과 같다. '박부길'처럼 나의 반쪽이라 여길 만큼 동질의 남학생과 성스러운 곳에서 성스러운 마음으로 성스러운 연애를 했다. 소설 속에서 '박부길'은 괴팍스러운 집착이 빚은 불화로 사랑하는 여자를 잃고 소설가의 길을 간다. 나는 각박한 현실에 나름 적응하느라 사랑하는 남자를 버리고 세속적인 삶의 길을 갔지만 결국 문학의 길에 서 있다. 청소년기에서 청년기에 이르는 많은 부분이 '박부길'의 삶과 일치하는 것에서 우선 동질감을 느꼈다면, 두 번째로는 책 속에 나타난 '박부길'의 종교관이다.

종교는 독서와 탐구의 대상일 뿐

소설 속에서 '나'와 '박부길'은 두 번 만난다. 나도 이승우와 두 번 만났다. 첫 번째는 2010년 어느 가을날쯤으로 기억된다. 《한국산문》 '화제 작가' 코너에 들어갈 기사를 쓰기 위해서였다. 나와 나이가 동 갑인 그는 웃는 모습이 아름다운 미남형이다. 그날 그는 삶과 문학에 대한 답은 섬세하게 들려주었는데 종교에 대한 이야기는 내가 원하는 답을 해주지 않았다. 나는 오랫동안 종교와 문학의 괴리에 대해 의문을 품고 있었던 터라 그가 문학을 하는 데 신학이 불편하진 않았는지를 물었다.

"문학을 하는 사람들 중에 종교와 갈등하는 사람들이 종종 있어요. 그것은 한국 교회가 교회형 인간을 요구하기 때문이라고 봐요. 하나님과의 만남이 중요한 건데…. 종교가 각 개인의 문화를 불편하게 하면 안 되는 거지요. 저는 신학 공부를 하고 보니 그런 문화 스트레스에서 자유로울 수 있었어요. 기독교의 창세기는 세계와 인간의 원형입니다. 살인, 불륜, 전쟁부터 사랑, 윤리, 도덕 등 모든 것의 집합체죠. 나는 낮은 자세로 수직과 수평의 사랑을 가르치는 기독교 세계관이 마음에 들어요. 종교는 내게 세계관인 겁니다."

기독교의 교리와 인간의 세속적인 감정 사이의 괴리감 내지는 유일신에 대한 회의나 비판 정도를 기대했던 것과 다른 답이 나오자 낭패를 당한 느낌이랄까. 어설픈 인터뷰어였던 나는 그때 '화제 작가' 이승우 편을 엄청 답답한 마음으로 썼던 거 같다. 물꼬가 막힌 기분이었으니까. 그리고 2025년, 철수회 동인지에 낼 '작가 편'을 나는 '이승우'로 잡았다. 예전에 그 답답했던 것을 기필코 풀고야 말겠다는 각오도 조금은 작용했다. 마침 소나기문학관에서 이승우 강연이 있다는 것을 알고 그를 만나러 갔다. 아무 준비도 없이 다시 한번 만나서 이야기를 들을 기회를 잡아야겠다는 마음이었다. 10년 만의 만남이었다. 조금 더 연륜이 깊어진 얼굴이었지만 다정한 미소와 예민한 눈빛은 여전했다. 그날 강연은 '소설 읽기'에 대한 내용이었다. 강의를 마친 그는 갈 길이 바빴다. 할 수 없이 하게 된, 다음에 한번 만나자는 약속은 다음에 한번 밥 먹자는 약속과 다르지 않다. 다른 사람들과 어울린 자리에서 반갑다고 오늘 강연 잘 들었다고 요즘 어떻게 지내시냐고 그런 변죽만 울리다 돌아왔다. 두 번째 낭패감이었다.

《생의 이면》을 거듭 읽었다. 책 속에서 '나'는 '박부길'의 음성이 아닌 작품을 따라가며 '박부길'의 삶을 파악하여 재구성한다. "소설에 쓰인 사실대로가 아니라 책 속 문장들 사이에서 작가를 읽어야 한다. 독자는 작가를 만나기 위해 책 속으로 들어가야 한다"는 문장이 내게 열쇠가 되었다. 내게도 '문' 하나가 열리는 기분이 들었다. 내가 궁금해하는 것을 책 속 문장들 사이에서 찾을 수 있다는 희망이 보였다. 그리고 세 번째 읽기를 마쳤을 때 비로소 그의 종교관이 어슴푸레 드러났다. 그는 신학교 재학 시 기숙사에서 한방을 쓰던 C에게 자신의 문학과 종교에 대한 신념을 담았다.

> C는 엉뚱하게도 문학도이다. 그의 하나님은 사람들 속에 있다. 이때 사람은 보편적인 의미의 사람이다. 그의 관심은 사람들의 심령 속에 숨어 있는 하나님을 일깨우는 것이다. 구체적으로 그는 엔도 슈사쿠의 《침묵》이나 라게르크비스트의 《바라바》 같은 소설을 써서 진리의 끄트머리라도 드러내 보이고 싶다는 꿈을 가지고 있다.
>
> – 같은 책, p225

《침묵》은 어떤 소설인가. 인간의 고통에 침묵하는 하나님을 향해 끊임없이 대답을 종용하며 하나님과 종교에 대한 회의로 고통스러워하는 신부 이야기다. 《바라바》도 믿음과 의심 사이에서 고뇌하는 인간의 모습을 그리고 있다. 유일신을 향한 의심과 종교에 대한 갈등에 휩싸인 인간에게 신과 믿음이란 무엇인가, 진리란 무엇인가, 어떻게 살아야 하느냐는 질문을 던지는 작품들이다. 여기서 나는 이승우가 오래전 인터뷰 때 말했던 기독교 세계관을 생각해 본다. 절대신을 향한 믿음이 아니라 인간 속에 함께하는 신, 윤리와 도덕에 날 선 종교가 아니라 인간과 세계의 질서로서의 그 세계관을 추구하는 거다. 특히 낮은 자세로 사랑을 강조하는 기독교 교리를 자신의 문학세계 안으로 받아들인다. 그래서 신조차 세상의 한 부분으로 이해하고 있다. 그는 '박부길'의 글을 빌어 종교에 대한 입장을 이렇게 말한다.

> 내게, 종교는 정치와 마찬가지로 독서와 탐구의 대상이다. 그뿐이다. … 종교에 몰두한 자는 전부를 본다. 전부를 보는 자는 부분의 결함에는 눈을 주지 않는다. 그러나 종교를 해부하는 자는 부분을 본다. 부분을 보는 자는 부분의 결함에 눈이 가면 끝내 전부를 보지 못한다. 그리하여 신봉자에게는 모든 것이지만 해부자에게는 아무것도 아닌 것이 된다. 종교를 탐구와 해부의 대상으로 취급하는 자가 빠지게 되는 함정이 여기에 있다. 그 함정은 깊고 허무해서 여간해서는 빠져나오기가 어렵다.
> – 같은 책, p235

위의 글에서 이승우는 종교가 자신에게는 문학의 일부임을 밝히고 있다. 그가 '박부길'처럼 한 여자 때문에 신학교를 갔는지 아닌지는 정확히 알 수 없지만, 그가 신학을 했음에도 불구하고 기독교 작가가

인간·철학·수필

아닌 것만은 확실하다. 그리고 그 과정에서 얼마나 깊고 허무한 심연을 건넜는지 어렴풋이 짐작하게 된다. 나는 이 대목을 읽으면서 이승우의 종교관을 이해했다.

나는 신학교까지 가진 않았으나 《좁은 문》의 알리사처럼 완전히 신에 함몰되어 있었다. 방학 때마다 기도원에서 금식기도를 하고 주말마다 철야 예배를 보았다. 성인이 되어서도 일 년 중 절반을 부흥회에 참여했다. 사랑에 굶주린 자의 맹목이 간절함과 만나 광신자 내지는 신비주의자가 되었다. 문학을 흠모하는 정신과 신을 향한 영적 세계 사이에서 나는 늘 어지러웠다.

종교에서 자유로워진 것은 중년에 이르러 간화선을 만나서였다. 이제 기독교는 내게 많은 종교 중 하나고, 문화다.

문학의 길

이승우의 종교관이 이해되면서 나는 그동안 답답했던 체증이 내려간 기분이 들었다. 한편으론 오래전에 책 속에 밝혀둔 것을 이제야 찾은 것이 미안하고 부끄럽다.

인간 내면의 허기와 욕망을 그린 《에리직톤의 초상》, 장애인 아들을 업고 사창가를 드나드는 엄마를 통해 인간의 본성과 존재의 근원적 질문을 던지는 《식물들의 사생활》, 수도원을 배경으로 죄의식과 구원의 의미가 지상의 삶과 어떻게 연결되는지에 대한 치열한 성찰을 담은 《지상의 노래》, 아버지를 매개로 한 인간의 존재론적 탐구인 《한낮의 시선》, 죄와 죄의식에서 벗어나 구원에 이르고자 하는 종교적 탐색과 철학적 사유를 담은《캉탕》, '나'를 통해 타자와 세상을 읽는 진정한 의미의 '읽기'를 탐구한《고요한 읽기》, 인간관계의 본질, 진실과 거짓 등으로 이승우 특유의 철학적 사유가 응축된《모르는 사람들》의 책에 빠져 한 계절을 보냈다. 오래전 읽었던 책들도 새롭게 다가왔다. 그의 문학세계관을 알고 나니 이승우라는 작가가 더 친밀하게 느껴진다. 그의 표정에 담긴 애매모호한 어색함마저.

그에게 소설가의 길을 걷게 된 이유를 물었을 때 오래전 그가 한 말이다.

> "중학교 2학년 때 서울로 올라와 형과 자취를 했어요. 어머니와 떨어져 살던 가난과 외로움과 적대감의 나날이었죠. 세상에 대한 원한과 적의, 존재에 대한 결핍감으로 닥치는 대로 책을 읽고 전쟁하듯 일기를 썼습니다. 고등학교 1학년 때부터 교회에 다녔고 2학년 땐 특별한 경험도 했죠. 그때 목사가 되겠다는 결심을 하고 장학생 선발 고사를 통해 서울신학대학에 입학했구요. 그런데 종교의 리더가 되고자 하는 사람들에게 요구하는 기능들이 저와 잘 맞지 않았어요. 오히려 고등학교 때부터 문예반 활동을 하며 시를 쓰던 문학성이 살아났죠. 그리고 군 입대를 앞두고 폐결핵 판정을 받게 된 것이 소설가의 길을 열어준 셈이랄까요?"

그가 22세(1981년) 때 폐결핵으로 고향 집에 은거하던 중 로마 성 베드로 광장에서 교황 저격 사건이 일어난다. 교황을 향해 총을 쏜 아그자라는 청년에게서 '신을 향한 인간의 폭력'을 보면서 그는 최초로 소설의 열망에 빠지게 됐다. 그로부터 45년이 흘렀다.

인간·철학·수필

그는 자신의 불행을 외부에 있는 신에게 의지하지 않고 독서와 탐구 정신으로 자기만의 문학세계를 구축했다. 인간 심리에 대한 치밀한 사유와 해석, 바늘구멍 하나 들어갈 틈 없는 문장, 상상을 뛰어넘는 서사와 구조의 독특함, 기독교적 윤리와 인간 세계와의 탁월한 분석 등. 한 명의 작가가 이토록 무게감 있는 작품들을 이렇게 꾸준히, 45년 동안 쓸 수 있다는 것이 놀랍다. 김윤식 평론가는 그의 작품을 평하면서 "《에리직톤의 초상》 이래 쉼 없이 오직 이런 '생각'에만 매달려온 작가의 면모가 조금도 쇠하지 않고 싱싱함을 보는 것은 즐겁기에 앞서 놀라움"이라면서 "비평적 포인트, 너절한 심리 묘사 따위를 극력 피하고 오직 행동 묘사에 일관한 헤밍웨이와 견준다면 어떠할까"라고 했다. 한국의 헤밍웨이, 나는 이런 작가를 가진 한국 문단이 자랑스럽다. 나와 동갑내기 작가 이승우. 상처투성이에 폐쇄적이고 적의에 찬 소년의 성장기 《생의 이면》이 방황하는 영혼들을 일으켜 세우고 더 나은 삶을 향해 나가게 하면 좋겠다.

별은 빛나건만

분명 혹이다. 아침에 일어나 목이 뻣뻣해서 손으로 목 주변을 문지르다 이상한 걸 느꼈다. 목의 오른편 아래쪽이 평평하지 않고 뭔가 튀어나온 것 같았다. 잘못 감지한 게 아닐까 싶어 다시 목 주변을 꼼꼼히 문질러 보았다. 여전히 덩어리가 만져졌다. 늙어서 살이 울퉁불퉁해진 게 아닐까. 정말 혹이라면 이렇게 바깥으로 만져지는 것도 암일까. 염증은 바깥으로 나온 것은 오히려 괜찮다고 하던데 혹시 혹도 바깥으로 만져지는 것은 희망적인 게 아닐까. 이번엔 좀 더 분명히 확인해 보자며 목 주변을 샅샅이 문질러보았다. 그런데 확실히 살 속에 혹이 만져졌다. 쌀알과 아몬드의 중간 크기쯤 되는 타원형의 혹이었다. 이건 분명한 사실이었고 심각한 건지 미약한 건지는 모르겠지만 종양 내지는 암이라는 생각이 들었다. 차근차근 생각해 보자는 비장한 마음과 드디어 내게도 암이 찾아왔다는 불행한 마음, 얼마나 많은 고통이 따를 것인지에 대한 궁금함과 내가 하고 있는 일들을 어떻게 해야 할지에 대한 걱정이 쓰나미처럼 덮쳐왔다.

애써 태연한 척 아침을 먹으면서 남편에게 말했다. 오른쪽 목 아래로 혹이 만져져요. 갑상선 암인가? 남편은 쳐다보지도 않고 그게 뭐 암이겠어? 한다. 나는 서운함을 담은 걱정스러운 말투로 말한다. 병원에 가보고 싶은데 오늘이 하필 일요일이라. 그럼 내일 가봐. 마치 남의 일처럼 말한다.

설거지를 마치고 책상 앞에 앉아 인터넷 검색을 시작한다. '오른쪽 목 아래쪽 혹'이라고 치니 '갑상선 암'이라는 예가 제일 많이 뜬다. 안 그래도 늘 피곤했다. 5년 동안 한약을 먹은 것이 피곤을 감춘 꼴이 된 것 같다. 갑상선 암 수술을 했던 김 선생이 생각났다. 혹이 만져지는 부분에 검은색 사인펜으로 동그라미를 그려서 표시한 후 핸드폰으로 사진을 찍었다. 그 사진을 그에게 전송하려다가 그만둔다. 혹시 오후가 되어 혹이 안 만져진다면 호들갑이 될 게 아닌가. 그래도 지금 이 불안한 마음을 누군가와 공유하고 싶다. 나 혼자 갖고 있기엔 지구가 어깨에 올라앉은 것만 같다. 결국 김 선생에게 전화를 걸었다. 그는 내일 바로 병원에 가서 검사를 받아보라고 한다. 구체적으로 대학병원이 지금 파업 중이니 동네 병원 중 CT가 있는 곳으로 가서 1차 검진을 하란다. 친절한 안내에도 불구하고 세상천지 홀로인 듯 외로워진다. 외로움에서 벗어나기 위해 책을 한 권 펼친다.

톨스토이의 소설 《이반 일리치의 죽음》은 이반일리치가 성공적인 삶을 영위하던 어느 날 옆구리에 이상 증세를 발견하면서 죽음을 맞이하는 과정을 보여주고 있다. 그 과정에서 그는 비로소 삶을 뒤돌아본다. 극심한 통증보다 그를 더 괴롭힌 것은 자신이 평생 추구했던 '품위'가 거짓과 위선 위에 놓인 허위임을 깨닫는 거였다. 결국 자신의 삶이 잘못되었다고 인정하고 잘못된 인생을 어떻게 해야 할지를 고민한다. 톨스토이 특유의 삶에 대한 치열한 성찰과 반성이 한 세기를 건너와 내 가슴을 친다.

심장은 100m를 10초로 달리는 것처럼 두근거리는데 몸은 천근만근이다. 아침 점심을 대충 때웠는데도 저녁밥 생각이 없다. 갑옷을 입은 듯 답답해 마당에 나가 앉는다. 한여름의 열기가 저녁에도 식지 않는다. 8월의 정원은 미친 듯 타오르는 생명력으로 나무마다 터질 듯 팽팽하다. 청록의 푸르름은 돈으로 환산할 수 없는 평화를 준다. 그런데 오늘 문득 태연한 저들의 싱싱함이 부럽다 못해 화가 난다. 만약 내가 암으로 진단을 받는다면 어떤 일이 일어날까. 치료를 받으면서 이 정원을 다시 볼 수 있을까. 만약 말기라서 한정된 시간이 주어진다면 내게도 죽음을 인정하고 받아들이기까지 몸부림치는 시간이 올까. 이반처럼 삶을 뒤돌아보며 후회와 회한에 젖게 될지, 그래도 지금까지 잘 살았다고 하게 될지, 쏟아지는 의문과 걱정으로 몸과 마음이 갈팡질팡이다.

동쪽 하늘로 달이 떠오른다. 나무들 사이로 어스름이 내리고 적막이 쌓이기 시작한다. 눈을 감는다. 이반처럼 일생을 뒤돌아본다. 그나마 철없던 어린 시절은 고통 없이 기억된다. 부조리한 세상과 삶의 고뇌로 무거웠던 청년 시절은 불우했지만 솔직하고 정직했다. 중장년 시절을 지나며 불의의 편에 서진 않았지만, 개인주의적 안일함에 빠져 주위를 외면했다. 그러다 보니 사랑해야 할 것과 사랑하면 안 될 것을, 미워해야 할 것과 분노해야 할 것을 제대로 구분하지 못했다.

손해 보지 않는다면 적당히 타협했고, 불편하더라도 적당히 관계 맺고, 진정으로 하고픈 것은 나중이라며 뒤로 미루었다. 한때 비틀거리고 주저앉아 울기도 했지만, 남들 보기에 괜찮은 집, 괜찮은 사람이라는 소리를 듣기 위해 애썼다. 어느덧 늘그막에 이르러 남한테 손가락질은 안 받을 정도로 산다. 그러고 보니 내 욕망은 타인의 욕망이다. 이반의 말처럼 내 안에서 아우성치는 어렴풋하고 은밀한 유혹들은 가차 없이 내팽개치고 살았다.

삶에 대한 반성으로 고뇌하는 이반의 모습에 정신이 번쩍 난다. 그가 누군가 같이 울어 줄 사람을 바라는 대목에선 나도 모르게 눈물이 났다. 낮부터 저녁까지 그의 죽음을 따라가며 그의 분노와 고통과 괴로움이 마치 내 일인 듯 감정이입이 되어 같이 울고, 같이 아팠다. 진실된 인간관계란 어떤 것인지, 품위란 어떻게 지켜야 하는지, 죽음을 어찌 맞이할 것인지 생각해 보게 했다. 그것은 도구적 삶으로 전락해 가는 현대사회에서 어떻게 살아야 할 것인가에 대한 고민이기도 하다.

성실하게 전진하되 회의와 반성을 지닌 삶, 열정으로 몰입하되 허무와 모순을 기억하는 삶, 뜨겁게 사랑하되 미움과 분노를 구별하는 삶, 그런 삶이면 어떨까. 아니, 삶이란 게 언제 내 뜻대로 흘러간 적이 있었던가. 늘 감사하고 현재에 충실하자면서도 시도 때도 없이 무기력과 불평에 시달리고 있지 않은가. 다행히 의지박약의 나를 작품 속 이반이 다시 일으켜 세운다. 막연했던 죽음에 대해 예행연습을 한 듯 두려웠던 마음이 가라앉는다. 불안한 마음에 꺼내 읽은 책인데 인생을 뒤돌아보게 하고 인생의 의미를 생각하게 한다.

마당에 어둠이 고이기 시작한다. 낮의 열기가 가라앉고 시원한 바람 한 줄기 지나가면서 마음을 식힌다. 한 번 왔다 가는 삶이라고 마음을 달랜다. 슬그머니 아직 죽고 싶지도 않거니와 암 투병도 하고 싶지 않다는 욕심이 일어난다. 다시 '죽음도 삶의 연장'이라던가, '잘 사는 것이 잘 죽는 것'이라는 말을 떠올리며 심호흡을 한다. 나름 운동도 열심히 하고 좋은 음식도 챙겨 먹었는데 왜 내게 병이 온 거지? 라는 원망의 마음이 올라온다. 아직 일어나지 않은 것에 대한 걱정은 소용없는 일이라며 내일 아침 병원 갈 마음 준비를 한다. 아침 8시부터 밤 10시까지, 14시간이 흘렀다. 불안과 안심이, 공포와 체념이, 엎치락뒤치락 씨름하는 밤이다. 어두워질수록 별은 빛나건만 마음은….

홍혜랑

서울 출생. 숙명여고와 고려대학교 법학과를 졸업했다. 독일 마아부르크대학교 독어독문과에서 현대독일어를 전공하고, 한국외국어대학교 독어과 대학원에서 문학석사를 마쳤다.

1986년~2002년 경희대, 고려대, 서울여대, 한국외국어대 등에서 교양독일어를 가르쳤다. 1992년~2000년 한국번역가협회 번역능력인정시험 출제위원을 역임했다.

1994년 《한글문학》 수필부문으로 등단, 에세이집 《이판사판》(2002년), 《자유의 두 얼굴》(2007년), 《회심의 반전》(2016년) 등을 출간했다. 수필선집 《문명인의 부적符籍》(2009년), 《운명이 손대지 못하는 시간들》(2022년), 공저 《한국여류수필선》 일역판(2008년)이 있다.

2015년 《한국산문》 제1회 평론 공모를 통해 등단했다. 수필문우회 운영위원이며, 제26회 현대수필문학상, 제10회 조경희수필문학상 대상을 수상했다.

사랑의 타자성他者性 메커니즘

"나의 동료 앙리 기요메 그대에게 이 책을 바친다."

비행사이자 작가인 앙투안 드 생텍쥐페리(1900~1944)가 그의 대표
작 《인간의 대지》 맨 앞에 쓴 헌사다. 친구 사이의 우정을 넘어, 작품
《인간의 대지》가 오늘날까지 변함없이 명작으로 평가받는 데에 공헌
하고 있는 헌사라는 생각이 들었다. 기요메와 생텍쥐페리 두 사람은
모두 비행사. 시점은 다르지만, 조난 사고의 한계 상황 속에서 그들
이 경험한 사랑의 심리적 메커니즘은 완벽하게 일치했다. 《인간의 대
지》 마지막 페이지를 덮으면서 나는 평소 사랑이라는 말을 너무 쉽게
입에 올리며 살았다는 생각이 들었다.

동료 비행사 기요메가 눈 덮인 안데스산맥을 넘다가 불시착하는 조
난을 당했다. 생텍쥐페리는 실종된 기요메를 찾기 위해 닷새 동안 다
른 동료 조종사와 함께 비행기로 안데스산맥을 샅샅이 뒤졌지만, 실
종자의 아무런 흔적도 발견하지 못했다. 희망의 끈을 더 이상 붙들고
버틸 수 없을 무렵이었다. 이레째 되는 날 마침내 그는 기적을 보았다.
백설의 안데스산맥 상공을 누비던 비행기 안에서 지상을 내려다본

생텍쥐페리의 눈에 구조차 한 대가 산길을 이동하고 있는 것이 보였다. 도로를 따라 비행기와 차량은 나란히 착륙했다. 기요메를 태운 차량이 맞았다.

"겨울의 안데스산맥은 사람을 돌려보내지 않는다"라는 말처럼 겨울 산은 잔혹하다. 기요메가 이레 동안 벌인 사투를 동료에게 들려준다. 비행기가 곤두박질친 후 기체에서 몸을 빼내긴 했지만, 태풍의 눈보라에 나자빠졌다. 두 발로 일어났지만, 또 쓰러졌다. 비행기 동체 아래로 기어들어 가 눈밭에 몸을 피할 수 있는 구덩이를 팠다. 48시간 기다려 강풍이 잠잠해지자 걷기 시작했다. 해발 4,500m의 고개를 기어올라, 깎아지른 듯한 암벽을 따라 걸었다. 영하 40도의 기류에 발과 무릎과 손에서 피가 흘렀다. 나흘 밤, 닷새 낮을 걸었다. 눈밭에 쓰러지면 다시 일어나지 못할 것 같아 자신에게 조금의 휴식도 허용하지 않았다. 돌덩어리로 변하지 않기 위해, 넘어지면 재빨리 몸을 일으켜 세웠다.

기요메의 장담이다. "내가 해낸 일은, 맹세컨대, 그 어떤 짐승도 하지 못했을 일이야. 그 어떤 동물도 나 같은 생존력으로 살아남지는 못했을 것일세." 맹수에 비하면 한없이 나약한 존재가 인간이다. 기요메의 생환은 분명 인간 한계의 새로운 분수령이다. 그가 탈진 상태에서 죽음으로 이어지는 잠의 유혹을 물리칠 수 있었던 것은 그 자신의 힘이 아니었다. "내가 살아 있다고 믿는다면 아내는 내가 걷고 있으리라 생각하겠지. 동료들도 그렇게 생각하겠지. 그들 모두 날 믿고 있는데 만일 내가 걷지 않고 여기서 잠들어 버린다면 난 사람이 아닌 개가 되는 거야." 조난자 기요메의 생존 의지는 촬스 다윈의 생태학적 본능

의지를 넘어섰다. 인간에게만 내재된 사랑의 타자성 메커니즘이다.

 기요메를 죽음의 잠에 빠지지 않게 고문하듯 붙잡아준 것은 가족과 동료들의 존재 그 자체였다. 그들의 존재는 얼어붙는 기요메의 육체 속 혈관과 근육을 타고 도는 생명의 불씨였다. 사랑의 괴력이었다. 기요메의 말이 맞다. 그가 해낸 일은 어떤 짐승도 하지 못했을 것이다. 짐승의 생명 의지는 단지 종種의 기원에서 비롯되는 것이며 타자의 존재가 들어설 자리가 없다. 기요메는 잔혹한 겨울의 안데스산맥에서 인간의 존엄을 지켜낸 초인이었다.

 동료 기요메의 조난 사고가 있은 지 몇 년 후, 생텍쥐페리 또한 파리를 출발해 사이공으로 비행하던 중 리비아 사막에 불시착하는 사고를 당한다. 정비사 앙드레 프레보와 함께였다. 한 달여 만에 캐러밴에 의해 사막에서 구조될 때까지, 광활한 리비아 사막 대지에는 오직 그들 두 사람뿐이었다. 그들은 물을 찾아 헤매면서 헛것을 보는 신기루를 수도 없이 경험한다. 신기루는 조난자의 광기가 만들어낸 거짓의 빛이다. 이번엔 비행기의 연료탱크를 해체하고 낙하산 천 조각을 찢어서 밤에 내리는 이슬을 받아 모았다. 기쁨도 잠시. 연료탱크의 독성인지 낙하산 천의 독성인지 구토의 발작이 너무 심해 두 사람은 몸을 뒤틀며 담즙까지 쏟아냈다. 차라리 마시기 전의 갈증보다 더 괴로웠다.

 "인간의 육신이 물을 마시지 않고 사흘을 견디지 못하는 것은 내 잘못이 아니다. 나는 내가 생각했던 만큼 자유롭지 않다. 나는 탯줄처럼 우물에 매어두는 끈에서 한 발짝만 어긋나면 죽는다." 생텍쥐페리는 프레보와 함께 사막의 구릉을 넘고 또 넘어 쓰러질 때까지 걷고 걸었다. 그들은 서로의 살아 있음을 순간순간 확인한다. 탈진한 프레보가 중얼거린다. "내가 이 세상에 혼자라면, 난 그냥 누워버릴 텐데." 안데스산맥의 눈보라 속에서 살아 돌아온 기요메가 했던 바로 그 말 아닌가. 자기 존재의 존재 근거가 바로 타자 존재임을 몸으로 깨닫는 순간이다. "난파당한 사람은 우리가 아니라, 우리의 침묵에 애간장을 태우며 우리를 기다리는 사람들이다. 그들을 향해 우리는 걸어야 한다! 사랑한다는 것, 그것은 서로를 마주보고 있는 것이 아니라, 함께 같은 방향을 바라보며 걷는 것이다."

리비아 사막에 불시착한 생텍쥐페리와 정비사 프레보의 모습이 가끔 망막에 어른거린다. 유럽 땅 한 귀퉁이에 불시착했던 반세기도 훨씬 지난 회억이 겹쳐서일 것이다. 머지않아 인간의 대지를 떠나 영원의 품에 안긴 후에도, 사막의 '바람과 모래와 별들' 사이에서 엎어지고 넘어지며 다시금 같은 방향을 향해 끝없이 함께 걷기를 꿈꾸고 있다.

마음의 철학
- 가브리엘 마르셀의 경우

구상(1919~2004) 시인은 학창 시절 일본의 한 서점에서 프랑스 철학가 가브리엘 마르셀(1889~1973)의 책을 발견하고 '만남의 비의祕意'를 느낄 만큼 반겼다. 평소 나는 구상 시인의 산문시에서 영혼의 위로를 느낄 때가 많았던 터라, 구상 시인과 철학가 가브리엘 마르셀의 영혼이 만나는 지점이 늘 궁금했다.

우리말로 번역된 마르셀의 저서는 절판되어 서점에 없었다. 도서관에서 빌린 책에 밑줄을 그을 수 없어 눈으로만 읽어 그런지 책과의 거리가 생각보다 좁혀지지 않는다. 마르셀의 책들이 왜 국내에서 지속적으로 출판되지 않고 절판되었는지, 현대인에게 그의 책이 왜 별로 읽히지 않는지 나름 짐작할 수 있었다. 근대의 합리주의가 외면한 신비, 초월 등 영적 세계가 마르셀에게는 전혀 옛것이 아니었다. 그는 관념이 아니라 언제나 구체적 삶 속에서 직관과 경험을 통해 존재에 참여했다. '구체 철학'의 어원도 알 수 있었다.

마르셀의 철학은 스승 앙리루이 베르그송(1859~1941)의 생명 사상과 맥을 같이하지만, 마르셀은 자신의 사상을 체계화하고 유형화하는 것을 싫어했다. "철학의 과정은 논증이 아니라 탐구다. 나의 사상들을 무슨 무슨 학파라는 도그마적인 체계에 가두고 싶지 않다." 그러면서도 자신의 사상을 소크라테스주의라고 스스로 평가했다. 사물의 본성에 대한 끊임없는 질문뿐만 아니라, 소크라테스 특유의 초월적 경험도 마르셀의 평가에 한몫했을 것이다. 철학의 유형을 싫어하는 마르셀이지만, 그의 정신세계가 덴마크의 철학자 키르케고르(1813~1855)의 유신론적 실존주의에 맞닿아 있음은 간과할 수 없다.

키르케고르는 일찍이 관념주의 철학자 헤겔(1770~1831)의 사변적인 형이상학을 바리사이들의 가르침에 비유하면서 이렇게 비판한 적이 있다. "자기 자신들은 손가락 하나 까닥하지 않고 신도들에게 율법을 요구한다. 철학자들은 자신들의 관념적 인식 세계에서 살지 못하면서 사유 세계만을 집요하게 파고든다. 그들은 거대한 성을 지어 놓고 자신들은 밖에 있는 헛간에 살고 있는 사람들이다." 지적 욕구와 호기심을 따라 관념 속에서만 활보하는 철학가들을 향한 키르케고르의 거침없는 직언이었다. 특히 "실존은 지성으로 이해할 수 있는 것이 아니다. 실존과 사유를 동일시한 헤겔은 신앙의 여지를 조금도 남겨놓지 않았다"는 그의 지적은, 인간의 실존에서 신앙을 빼고 나면 기껏 남는 것은 사유의 유희라는 의미로 들리기도 한다.

키르케고르가 헤겔의 신앙 없는 관념론을 비판하듯, 마르셀 또한 훗날 니체(1844~1900)의 무신론적 실존주의를 비판했다. 니체가 세상을 떠난 후, 반세기가 되기 전 니체 철학이 질풍노도처럼 인류문화 전체를 뒤흔들기 시작했다. 니체에게 홀딱 반해 있던 나는 니체에 대한 마르셀의 비판을 이번에야 알게 되었다. "니체의 '힘에의 의지'에는 인간에게 생래적으로 내재된 초월성과 신앙심이 배제되어 있다"는 것이다. 니체의 역동적 실존 사상에 가려져 마르셀의 목소리가 잘 들리지 않았을 것이다. 듣고 보니 힘에의 의지가 반드시 창조적 일에만 관여하는 것이 아님은 맞다. 신의 시선이 닿지 않은 사람에게는 힘에의 의지가 어떤 형태로 돌변할 수 있는지 인류는 이미 경험한 바 있지 않은가. 히틀러가 '힘에의 의지'라는 니체의 인간론을 어떻게 정치에 끌어들였는지 암흑의 역사를 우리는 기억하고 있다.

철학의 문으로 들어가 신학의 문으로 나오다

잠시 의문이 스친다. 헤겔과 니체는 철학가다. 신앙의 여백이 없는 헤겔의 관념론, 초월성과 신앙심이 배제된 니체의 힘에의 의지 등 철학가들의 사상에서 신앙이 빠져 있다는 것이 왜 흠이 될까. 이내 의문을 거두었다. 키르케고르나 마르셀이 무신론의 철학가들에게 바라는 것은 철학이냐 신학이냐 장르의 문제일 리 없다. 인간은 창조 때부터 생득적으로 초월성과 신앙심이 내재된 신비의 존재이므로, 철학가가 탐구하는 인간도 마땅히 이런 창조성에서 출발해야 한다는 것이 유신론적 철학가들의 지적이었을 것이다.

출발이 잘못된 탐구는 어차피 처음으로 돌아가기 마련인가. 청년 시절 폭풍 같이 몰아치는 이성적 열정으로 철학에 입문한 성 아우구스티누스(354~430)가 마지막 닿은 곳은 철학이 아닌 신학이었다. 철학의 문으로 들어갔다가 신학의 문으로 나오는 영혼의 발걸음이 정녕 개인의 선택이기만 할까. "진리를 탐구하는 것은 인간의 이성이지만 완성은 계시에 의해서다"라는 중세의 스콜라 철학자 토마스 아퀴나스(1225~1274)의 경험신앙은 후대의 많은 유신론적 실존주의 철학가들에게 이어진다. 가브리엘 마르셀도 그들 중 한 사람이다.

프랑스 파리에서 태어난 마르셀은 4살 때 어머니를 여의고, 새어머니인 숙모에 의해 양육되었다. 죽은 어머니에 대한 환상과 엄격했던 새어머니의 현존 사이에서 갈등하던 자신의 어린 시절을 '불모不毛의 우주'라고 부를 만큼 마르셀은 일찍부터 인간 실존의 민낯을 체험했다. 인간은 어떠한 상황 속에서도 서로 교류하며 함께 살아야 한다는 것, 인내하고 적응해야 한다는 존재의 의미를 우선 가족이라는 테두리 안에서 깨달은 것이다. "가정은 존재가 드러나는 장소다. 가족은 있음 그 자체로 인정받고 사랑받아야 할 존재다." 삼십 세가 훨씬 넘어 비교적 늦은 나이에 가톨릭 교회를 알게 된 마르셀은 어느 날의 일기장에 이렇게 기록했다. "나에게 더 이상 의문은 없다. 오늘 아침의 놀라운 세계, 명백하게 나는 처음으로 은총의 세계에 있었다. 이 말들은 두렵다. 그러나 그것은 있는 그대로이다." 철학가 마르셀의 회심이다. 초월적 경험을 표현하기가 얼마나 난감한지 느낄 수 있는 일기장이다.

마르셀의 초월적 세계는 특히 그의 '희망 철학'에서 드러난다. 여기에서의 희망은 평소 우리가 사용하는 통속적 의미의 희망을 훨씬 뛰어넘는다. 소유를 원하는 희망이 아니라 영혼의 세계에서 빛을 구하는 희망이다. 마르셀에게 희망의 철학이 있다면 키르케고르에겐 절망의 철학이 있지 않은가. 절망은 죽음에 이르는 병인가. 신을 믿는 키르케고르는 죽음에 이르는 병을 치유하는 처방을 스스로 알고 있었다. "절망은 정신의 병이지 육체의 병이 아니다. 육체의 병은 육체를 녹여 없앨 수 있지만, 정신의 병은 그렇지 않다." '인간은 정신이다'라는 키르케고르의 강렬한 메시지에는 신으로부터의 계시적 창조성이 담겨 있다. 신神은 이미 태초에 인간의 정신 안에 신 스스로 거처할 장소를 마련해 놓은 것이다. 그 안에서 인간이 때때로 느끼는 절망은 죽음에 이르는 병이 아니라, 희망의 길로 가는 숨겨진 빛의 에너지일 뿐이다.

마르셀의 희망 철학은 그가 직면했던 '부서진 세계'에서 태동한 생명의 빛이었다. 어릴 적 어머니의 죽음으로 인한 가정적 불모의 환경, 그리고 인류에게 재앙을 안겨준 세계 2차대전에 참전했던 그의 경험은 지울 수 없는 삶의 부조리였다. 하지만 자연은 인간이 원하든 원하지 않든 자기 궤도를 돌지 않던가. 그에게 인간의 실존은 더 이상 철학적 탐구의 대상이 아니었다. 인간은 자연을 멈추게 할 수 없고 희망할 뿐이다. 희망은 저절로 오지 않는다. 영혼의 심연에서 신비의 빛을 만나기까지 마르셀은 희망에 헌신했다. 신과의 진정한 교감은 언제나 '헌신의 모습'으로 나타난다. 헌신이야말로 마르셀의 희망 철학이 주위의 철학가들로부터 주목받는 지점이다.

프랑스의 시인 샤를르 베기의 짧은 시어 속에 마르셀의 '희망'이 밀도 있게 압축되어 있다. "신앙과 사랑은 이해할 수 있건만, 희망만은! 희망은 경이, 기적, 하나의 신비다." 시인과 마르셀, 그들이 신의 시선 안에서 체험하는 희망의 신비를 나는 생각 속에서 상상해 볼 뿐이다. 마르셀은 생각의 철학가가 아니라 느낌의 철학가였다. 생각은 빌려올 수 있지만 느낌을 빌려올 수는 없다. 그래도 위로는 있다. 체험하지 못하면서도, 희망의 광채 속에 구원이 있음을 의심하지 않는 나의 믿음이다.

철학가 플라톤은 계시 강림의 은총을 누리지 못한 철학가였다. 칸트 또한 인간의 이성 너머에 존재하는 '물物 자체'의 세계를 확신하면서도 계시로서 그 세계를 경험한 적은 없다. 경험 너머의 초월적 존재는 이성으로 인식할 수 있는 세계가 아니다. 고맙게도 인간에겐 경험하지 못해도, 인식하지 못해도 그 '있음'을 믿을 수 있을 만큼의 또 다른 이성이 주어졌다. 신의 존재를 '요청'하는 것이다. 인간에겐 신이 있고 없고가 중요한 것이 아니라 신이 필요하기에 그렇다.

철학자 가브리엘 마르셀과 구상 시인의 만남이 내게 그토록 궁금했던 것은 크나큰 시절인연이었다.

인간·철학·수필

어느 추기경의 기도
- 피론주의 수강 노트

    조선 시대의 문신 황희(1363~1452)는 조선 왕조 전체를 통틀어 가장 명망 있는 재상이었다. 태조로부터 세종에 이르기까지 우의정, 좌의정, 영의정 부사 등 도합 사반세기 동안 정승의 자리에 머물렀던 그가 단지 관운이 좋아서였을까. 재상으로서의 발자취는 실록實錄에 기록되어 있을 터지만, 실록에 기록되지 않은 일화 한 토막은 오늘도 세상에서 회자되고 있다.

    다투는 두 종에게 "네 말이 옳다. 네 말도 옳다"고 말하는 남편을 지켜보던 정승의 아내가 어찌 이것도 옳고 저것도 옳으냐고 물었다. "당신 말도 옳소"라고 했다는 명재상의 아포리아는 한 가정의 가부장으로서보다는 세상을 다스리는 재상으로서의 고뇌이기도 했을 것이다. 좁디좁은 울타리 안에서 고만고만하게 살아가는 우리네 보통 사람도 사소한 결정 앞에서 길 없는 막다른 골목에 설 때가 허다하지 않은가. 젊은 날 나는 대화의 문법에 맞지 않는 황희 정승 일화를 우스갯소리로 아주 가볍게 넘기곤 했었다. 그 속에 인간의 고뇌가 아니 자연의 이치가 녹아 있음을 그때는 알지 못했다.

빛바랜 동서양의 인문 고전 학당에 다시 앉으니 늙음을 잊을 만큼 즐겁다. 고대 철학가들의 표현에서 수사법의 요철을 좀 평평하게 고르고 나면, 그들의 생각과 감각이 오늘을 살고 있는 우리네의 상황과 별반 다르지 않음이 드러난다. 인류의 정신사는 끊임없이 진리 탐구의 길 찾기 이외에 다른 것이 아니었다. 이미 고대 그리스 시대에서도 진리로 가는 길은 하나만 있는 것이 아니었다. 자신이 알고 있는 것을 진리라고 주장하는 스토아학파의 대척점에는, 진리는 알 수 없는 것이며 인식 불가능하다는 아카데미아 학파가 있었다. 이 두 학파를 모두 거부한 사람들이 회의주의 학파였다.

기원전 3세기경 엘리스 출신 회의주의자 피론(BC 360~270)의 이름에서 유래하는 피론주의는 고대 그리스에서 생겼다 없어진 사상이 아니었다. 피론주의는 오늘도 여전히 현대인의 진리 탐구에 깊숙이 참여하고 있다. 보이는 것과 생각하는 것이 서로 다를 때, 긍정도 부정도 못 하는 애매한 상황을 경험하지 않는 사람 있을까. 상충하는 명제 앞에서 결론을 내리지 않고, 오직 탐구만을 이어가는 피론주의는 진술은 하지만 확언하지 않는다. 답이 없다는 것을 알면서 계속 답을 구하는 지적 활동이 철학이라면, 철학의 적통은 회의주의가 이어오고 있는 것 아니겠나. 고대 로마의 철학가 세네카(BC 4~AD 65)가 "진리란 흔들리는 물 위에 뜬 달"이라고 말한 것은 오늘도 그대로 진리다. 그는 한때 스스로 자신의 생각을 진리라고 믿고 뱉어낸 말들을 부끄러워하며 "말 못 하는 짐승이 부럽다"고 했다. 조선 시대의 황희 정승이야말로 동방의 세네카, 외로운 피론주의자였다는 생각이 든다.

우리가 인식하는 감각 표상은 실재가 아니라는 것에 열화같이 동참한 시대정신이 오늘의 실존의식 아니겠나. 실존주의는 새로운 물결이 아니라 그리스 시대부터 인간의 영혼 속에서 잠시도 멈춰 본 적 없는 회의주의의 재현인 것이다. 회의주의의 덕목은 판단 유보다. 판단 중지는 현대의 철학가 후설의 현상학이 만들어낸 새로운 명제가 아니라, 본래 고대 그리스 철학가들의 '필요'에서 태어난 개념이었음을 알 수 있다. 그들은 판단 유보에서 마음의 평안을 얻는다고 했다. 삶과 철학이 따로따로가 아닌 글자 그대로 삶 속의 철학, 철학 속의 삶이었다. 피론주의는 예나 지금이나 평안을 원하는 모든 사람이 돌아갈 본향인 것이다.

지난해 연말 이후 반년 동안 우리는 국가적으로 사회적으로 매우 혼란스러운 시간을 보냈다. 팩트는 하나일 텐데 정보는 제각각이다. 유튜브라는 정보 매체가 혼란을 부추겨서인지 저마다 자신이 믿는 것을 추호도 의심하지 않는다. '확신'이다. 최근에 관람한 영화 한 편속에 나온 장면이 울림을 멈추지 않는다. 영화 〈콘클라베〉의 한 장면이다. 전 세계의 추기경들이 모여 교황을 선출하는 행사가 콘클라베다. 행사의 진행을 맡은 토마스 로렌스 추기경이 투표에 앞서 모든 추기경과 함께 기도한다. "확신만 있고 의심이 없다면 신비도 없을 것이고 더 이상 믿음도 필요치 않을 것입니다. 의심하는 교황을 허락하시도록 기도합시다." 판단 중지는 인간의 의지를 넘어서는 은총의 세계로까지 이어져 있음을 관람객도 함께 묵상했다.

고대 그리스 철학의 회의주의는 오늘날 콘클라베에서 간구하는 추기경의 기도문이 되었다. "참된 신앙은 이해하려는 믿음이며, 이해를 다 했다고 믿는 순간 신앙은 멈춘다"는 중세 기독교 성인의 성찰도 피론주의의 연속이었다. 전위前衛라는 시대의 이름이 공시적인 특정한 시대를 지칭하지 않듯, 피론주의도 한 시대를 특정하는 시대 정신이 아니다.

고대 그리스 철학 교실에서 주섬주섬 챙긴 피론주의를 좀 더 일찍 만났더라면, 오늘까지의 긴긴 인생이 지금보다는 편안하지 않았을까 무용한 미련에서 벗어나지 못하고 있다.